복음과 함께 고난을 받으라

Lidelsernes Evangelium

Christelige Taler

af

S. KIERKEGAARD

Kjøbenhavn

Hos Universitetsboghandler C. A. Reitzel

Trykt i Bianco Lunos Bogtrykkeri

1847

복음과 함께 고난을 받으라

쇠렌 키르케고르 지음
이창우 옮김

카리스
아카데미

복음과 함께 고난을 받으라

2023년 2월 15일 초판 1쇄 발행
2024년 7월 11일 개정판 1쇄 발행

지은이 | 쇠렌 키르케고르
옮긴이 | 이창우

발행인 | 이창우
기획편집 | 이창우
표지 디자인 | 이형민
본문 디자인 | 이창우
교정·교열 | 나원규, 지혜령

펴낸곳 | 도서출판 카리스 아카데미
주소 | 세종시 대평로 56 515동 1902호
전화 | 대표 (044)868-3551
편집부 | 010-4436-1404
팩스 | (044)868-3551
이메일 | truththeway@naver.com

출판등록 | 2019년 12월 31일 제 569-2019-000052호

책값은 뒤표지에 있습니다.
ISBN 979-11-92348-01-8(세트)
ISBN 979-11-92348-14-8

"그러므로 너는 내가 우리 주를 증언함과 또는 주를 위하여 간힌 자 된 나를 부끄러워하지 말고 오직 하나님의 능력을 따라 복음과 함께 고난을 받으라."

디모데후서 1장 8절

차례

|일러두기|

번역대본으로는 Søren Kierkegaard, *Upbuilding discourses in Various Spirits,* tr. Howard V. Hong and Edna H. Hong, Princeton: Princeton University Press, 2009을 번역하면서, 덴마크의 키르케고르 연구소에서 제공하는 덴마크어 원문과 주석을 참고하였다. 부언한다면, 만연체의 문장을 단문으로 바꾸었고, 분명하지 않은 지시대명사를 구체적으로 표현했고, 독자들의 이해를 돕기 위해 문장을 추가한 곳도 있다. 가능하면 쉬운 어휘를 선택했다는 점을 밝힌다. 중요 단어는 영어와 덴마크어를 병기하여 의미를 명확히 하고자 했다.

성경구절의 인용은 한글 개역개정판 성경을 사용하였고, 가능하면 성경의 어휘를 사용하여 원문을 번역하였다.

'홍수에 마실 물이 없다'는 격언처럼 오늘날 기독교의 실상과 위기를 정확하게 지적하는 말은 없다. 100여 년 전에 유럽에서 기독교 신앙의 본질의 회복을 외쳤던 키르케고르가 소위 번영신학으로 대표되는 한국의 그리스도인들에게 다시 다가왔다.

신앙을 가지므로 무거운 멍에가 가벼워질 것이며 세상에서의 궁핍과 비참함과 고난이 해결될 것이라 믿는 그리스도인들에게 "그것은 그리스도의 의도가 아니다."라고 외치며 오히려 무겁지만 가볍게 질 방법을 제안하고 있다. '고난이 우리에게는 유익하다'는 믿음으로 대변되는 키르케고르의 '하나님 앞의 단독자' 사상은 우리로 하여금 현재의 고난을 이길 수 있게 하며 스승의 길을 따르려는 제자도를 제시하고 궁극적으로 기독교 신앙의 본질을 회복할 방안을 제시하고 있다. 계속되는 키르케고르의 신앙과 사상에 우리가 주목하고 환영해야 할 이유가 여기에 있다.

김태식 교수_한국침례신학대 교회사 교수

고난은 기독교에서 떼려야 뗄 수 없는 핵심 주제이다. 그럼에도 불구하고 기독교인조차도 할 수만 있다면 고난과 맞닥뜨리고 싶지 않은 것이 솔직한 현실이다. 코로나 이후로 많은 사람이 힘들어하고 있다. 《복음과 함께 고난을 받으라》는 책 제목이 시사하는바, 얼마나 돌덩이처럼 마음이 무거운가! 하지만 책을 읽는 내내 키르케고르의 천재적인 통찰과 영감으로 주님 안에서 고난을 받는 것만큼 값지고 의미 있고 귀한 것은 없다는 것으로 서서히 마음의 엔진 기어가 바뀜을 느낄 것이다. 특별히 이 책 3부는 고난에 대해 집약되고도 탁월한 영성을 펼쳐놓은 고난에 대한 잠언이다. 그리스도를 따르는 것이 그리스도인이 걸어가야 할 길이라면 환난과 고난이 바로 길임을 제시한다. 고난이 왜 복음인지, 고난이 주는 유익과 고난의 학교에서만 배울 수 있는 교훈과 가르침은 잠자는 우리의 영혼을 일깨우기에 충분하며 기쁨으로 고난의 길을 걸을 수 있게 한다.

마은희 목사_둥지상담소 소장

150여 년 전 덴마크에서 발간되어 나왔던 '기독교 강화집'의 귀한 뜻을 이창우 목사님을 통해 접하는 키르케고르의 글은 일반 번역 책이 아니라 성경이 내 안으로 들어오는 경험이 되곤 한다. 고등학생 때《죽음에 이르는 병》이라는 제목의 책을 접할 때 그 의미도 잘 모른 채 충격받은 후, 내게 키르케고르는 철학자라기보다 너무나 지금 이 시대에 고민하는 설교하며 목양하는 목회자 같다. 이론이 아니라 살아 역사하시는 하나님의 말씀 그대로를 잘 요리된 채로 섭취하게 한다.
특히《복음과 함께 고난을 받으라》는 첫 장부터 십자가 앞에서의 통회하는 눈물을 가슴에서부터 우러나오게 했다. 목회자로서 사소한 것이라 하여 십자가와 분리했던 것들을 낱낱이 드러내고 오히려 더 고난이 감사로 바뀔 뿐 아니라 자유를 얻는 계기가 되었다. 나그네로 사는 영광스러운 부르심도, 주님을 따르는 제자의 정의를 올바로 세워주고 '주님의 온유'를 새롭게 배우고 복음과 상관없이 장식되었던 많은 영역을 정리하도록 다루어 주었다. 신비하게 복음은 환난의 자리를 기쁨으로 받아들이는 힘이 됨을 다시 강하게 가르쳐 준 책이다. 하나님과 신앙으로 씨름하는 모든 사람에게 강력히 추천하고 싶다. 목회자들에게 더욱 필요하다.

염순옥 목사_새롬교회 담임목사

제목소화하기. 복음은 구원의 기쁜 소식이다. 복된 소리라면 어떤 고난이든, 어떤 방법으로든 그것을 해결해 주는 것이어야 한다. 그런데 그 복음과 함께 고난을 능동적으로 받으라고 한다. 복음의 본질이 바뀔 수도 없는데 말이다. 고통은 피하고 즐거움을 좇는 것이 유기체의 생존본능인데, 가능한 일인가? 지금도 여전히 현대인의 구미에 맞는 취향저격 메시지가 위력을 떨치고 있는데. '이것이냐, 저것이냐'와 같은 크고 작은 선택과 결단의 연속이 우리의 삶인데 다른 선택의 여지없이 외길, 좁은 길로 가라고 한다. 그 근거와 이유는 이미 믿음의 선조들과 예수께서 그 길을 걸었고, 예수님은 완전한 모범이자 길 자체가 되었기 때문이다. 예수는 복음의 필요충분조건을 충족하셨다. 다만 아직도 옛사람의 본능이 꿈틀거리며 나 자신을 처절하고 철저하게 진짜 절망의 나락으로 빠뜨릴 때, 곤두박질쳐가면서 고난의 복음의 매력에 빠질 수 있을 것 같다.

이기원 목사_문산상동교회 담임목사

이 작품은 1847년에 출판된 키르케고르의 《다양한 정신의 건덕적 강화》(Upbuilding Discourses in Various Spirits) 3부의 작품 중에 제3부에 해당됩니다. 제3부의 작품인 《복음과 함께 고난을 받으라》의 덴마크어 원제목은 Lidelsernes Evangelium이고 우리말로 옮기면 "고난의 복음"입니다. 부제로는 "기독교 강화"라는 말이 등장하는데, 이 단어는 그의 작품에서 처음으로 등장하는 용어입니다. 이 작품의 부제가 의미하는 바는 그 정도로 이 작품은 기독교적인 것을 포함하고 있다는 뜻입니다. 일종의 기독교의 본질로 봐도 좋습니다. 그 다음해에는 아예 "기독교 강화"라는 용어가 작품의 제목으로 등장합니다. 바로 그것이 1848년에 출판된 《기독교 강화》라는 작품입니다. 이 작품에는 4부의 작품이 있고 이미 국내에 《이방인의 염려》, 《고난의 기쁨》, 《기독교의 공격》, 《성찬의 위로》로 소개된 바 있습니다.

《복음과 함께 고난을 받으라》는 2부의 작품과 관련하여 설명하면 도움이 될 것입니다. 《다양한 정신의 건덕적 강화》 제2부의 작품은 작년(2022년)에 《새와 백합에게 배우라》로 이미 출간되었습니다. 이 작품은 마태복음 6장의 새와 백합에 관련된 강화로 새와 백합이 크리스천의 모범으로 등장합니다. 새와 백합은 주님께서 말씀하신 주님을 닮은 모범이요, 본보기입니다. 그럼에도 불구하고 3부의 작품인 《복음과 함께 고난을 받으라》와 비교한다면, 새와 백합의 모범은 치명적인 단점이 있습니다. **새와 백합이 아무리 우리의 본보기가 될 수 있다 해도, 복음과 함께 고난을 당하지 않습니다.** 아니, 아예 새와 백합은 이런 고난에 대해서는 무지합니다. 이것이 새와 백합이 아무리 우리의 본보기라 해도 본질적으로 기독교적이지는 않은 이유입니다.

이런 점에서 생각해 본다면, 우리는 키르케고르가 왜 3부의 작품의 부제에 "기독교 강화"라는 이름을 붙였고, 고난을 강조할 수밖에 없는지 그의 의도를 파악할 수 있습니다. 키르케고르는 무엇보다 '고난'을 강조합니다. 고난을 제거하면 기독교의 본질은 사라지고 맙니다. 왜냐하면 **진리는 고난 자체가 길이기 때문입니다.** 고난 자체가 길인 경우, 고난과 길을 분리할 수 없습니다. 또한, 진리가 길인 곳에서, 덴마크 속담인 "필요가 가장 클 때, 도움이 가장 가깝다."가 언제나 맞는 것은 아닙니다. 오히려 필요가 가장 클 때, 도움은 더 멀리 있는 것처럼 보이죠. 진리가 길인 곳에서, **언제나 맞는 말은 "고난이 가장 클 때, 완전성에 가장 가깝다."라는 것입니다. 따라서 "고난의 극치는 영광의 극치"입니다.** 키르케고르는 이런 방식으로 고난을 통해 세속적 가치를 전복시킵니다.

이 세상에서는 성공이 영광이고, 부자가 되고 남들이 다 부러워하는 명예를 얻는 것이 영광입니다. 하지만 고난 자체가 길인 경우, 세상에서 고난 당할수록 더욱 영원의 영광은 커집니다. 고난이 최고조에 이르면 영광 역시 최고조에 이릅니다. 바로 이것이 기독교의 본질적 특징입니다. 이런 점에서 그리스도의 흔적을 지닌 자는 가슴에 고난의 흉터를 가진 자입니다. 이 흉터를 가진 자만 그리스도께서는 제자로 여기실 것입니다.

제자란 선생을 본받는 자입니다. "제자가 그 선생보다 높지 못하나 무릇 온전하게 된 자는 그 선생과 같이 될 것입니다."(눅6:40) 우리는 이 이상을 포기할 수 없습니다. 정신적인 고통은 현실과 이상의 차이에서 발생합니다. 이것이 사실이라면, 문제의 해결은 간단합니다. 이상을 제거하면 고통은 사라집니다. 문제는 우리는 예수 그리스도를 닮아야 하는 이 이상을 포기할 수 없다는 것입니다. **따라서 이 길은 가벼울 수 없습니다. 오히려 굉장히 무거운 길인데도, 가볍게 걷는 법을 터득한다는 점에서, 기쁘게 이 길을 간다는 점에서, 매일의 기적이라 말할 수 있습니다.**

문제는 대다수의 많은 사람들은 고난을 싫어한다는 것입니다. 또한 인간의 명석한 두뇌는 지금까지 고난이나 고통을 효과적으로 제거하는 쪽으로 기술을 발전시켜 왔습니다. 아마 그렇지 않았다면, 인류가 이렇게 편안한 삶을 누리지도 못했을 것입니다! 저는 이런 과학의 발전이 인간이 살아가는 물리적 공간의 불편함을 제거하는 것에 대해 반대하지 않습니다. 또한, 역자 역시 인류가 겪을 수밖에 없는 물리적인 고통을 효과적으로 제거하는 인간의 지혜에 대하여 감탄하며 그 기술들을 누리는 삶을 삽니다. 아마 대표적인 분야가 의학일 것입니다. 하지만 <u>키르케고르가 말하고 있는 고난은 이런 물리적인 것이 아님을 명확히 구분해야 합니다.</u> 따라서 역자는 영어로 suffering, 덴마크어로 Lidelsen으로 되어 있는 핵심어를 '고통'이라는 말보다는 '고난'이라는 말로 옮겼습니다. <u>키르케고르가 말하고자 하는 고난은 '영적인 고난'입니다.</u>

정신적 고난의 문제가 얼마나 심각한지는 아마 여러분들도 다 아실 것입니다. 인류의 문명이 발전했다고 해서, 과학 기술이 발전했다고 해서, 인간의 정신적인 고통의 문제를 감소시켜 주지 못했습니다. 아니, 오히려 더욱 과학이 발전하고 물리적인 공간은 더욱 편리해졌지만 정신적인 문제는 극복된 것이 아니라 점점 더 증가되는 것처럼 보입니다. 이는 현대인들의 고질적인 질병인 우울증, 소진증후군, 정신적 탈진 상태와 같은 증상들이 과거 어느 시대보다 더 많아진다는 데서 어떤 힌트를 얻을 수 있습니다. 뿐만 아니라, 과거의 어느 때보다 자살도 증가추세에 있습니다.

인간의 명석한 두뇌로 지속적으로 고통을 경감시킬 수 있는 기술을 발전시켜왔으나 **안타깝게도 정신적 고통의 문제는 해결되지 않았습니다.** 이런 이 시대에 많은 사람들은 더욱 고통당하기를 원치 않습니다. 또한, 크리스천조차 고난을 제거하기 위한 목적으로 신앙생활을 영위하는 경우가 많습니다. 그러나 키르케고르 말마따나, 고난 자체가 길인 경우 이런 신앙생활은 기독교적인 것이 아닙니다.

오히려 영적으로 말하자면, 기독교는 잔인합니다. 왜냐하면 세속적인 세상에서 여러 문제들로 고통당하면서 살다가 무언가 의지하고 싶어 교회에 오면, 교회는 짐을 덜어주는 것이 아니라 마치 더 무거운 짐을 떠맡기고 싶어하는 듯한 태도를 취하기 때문입니다. 바로 이것이 본질의 기독교입니다. **기독교는 고난을 제거하지 않습니다. 오히려 역으로 주님을 닮아 이 길을 가다 보면 이 길은 고난으로 포장되어 있음을 발견합니다.** 문제는 그동안 기독교가 너무 쉬운 길을 만들었다는 데 있습니다. 기독교는 쉬운 길을 만들 수도 없고 만들어서도 안 됩니다. 진리로 살아가는 삶은 어느 시대나 동일하게 어려웠고 앞으로도 그럴 것입니다.

크리스천 개인으로 볼 때는 더 큰 문제가 있습니다. 많은 사람들이 고난당하기를 원하지 않습니다. 진리로 고난 당하는 것은 거의 관심이 없습니다. 왜냐하면 그 정도로 삶의 문제가 힘들고 어렵기 때문입니다. 고난을 회피하기 위해 기도하거나 고난과 고통의 문제에서 구원해 주실 분으로 하나님을 의지하고 기도합니다. 하지만 크리스천은 이런 삶의 태도로는 행복할 수도 없고, 기뻐할 수도 없습니다. 설령 상황이 좋아진다 해도, 그래서 기뻐할 수 있다 해도 잠시 뿐입니다. 인생은 마치 위험천만한 곳을 거닐고 있는 것과 같아, 항상 위험에 노출되어 있고 미래는 불확실하기 때문입니다. 인간이 처한 상황을 조금만 깊이 생각해 본다 해도 고난을 회피하는 것만으로는 문제를 해결할 수 없음을 알게 될 것입니다. 그런데도 대다수의 설교자들 역시 마치 예수 믿으면 고난이 제거될 것처럼 설교합니다. 설교를 듣는 회중들도 "아멘"으로 화답합니다. 하지만 설교자는 회중이 듣고 싶어하는 설교만 할 수 없습니다.

이제 믿는 자들은 본연의 자세로 돌아가야 합니다. 복음과 함께 고난을 당해야 합니다. 고난을 회피한다고 해서 고난이 사라지는 것이 아닙니다. 오히려 회피하려 하면 할수록, 복음과는 상관없는 고난과 삶의 문제에 대한 고통에 시달리게 될 것입니다. 하지만 이것을 꼭 기억하십시오. 이 세상에서 믿는 자에게 유익한 단 하나의 '멍에'가 있습니다. "내 멍에는 쉽고 내 짐은 가볍다."라고 말씀하신 **예수 그리스도의 멍에**입니다.

불교는 일찍이 인생이 '고난의 바다'였다는 것을 깨달았습니다. 오죽하였으면 108가지의 고통을 생각했고 이 고통에서 벗어나기 위해 염주를 돌리지 않습니까! 그리하여 이 문제를 극복하기 위해 세상에서 벗어나 결국 산으로 갔습니다. 하지만 인간이 과연 고난의 바다에서 벗어날 수 있을까요? 교회는 세상 속에 교회이지 세상 밖의 교회가 아닙니다. 교회는 세상을 벗어나 산으로 갈 수는 없습니다. 오히려 교회는 세상 속에서 **'무고한 유형지'**가 되어야 합니다. 자크 엘륄의 말마따나, 믿는 자는 도시의 포로요, 세상

의 포로입니다.[1]

문제는 무엇입니까? 이 이 포로 상태를 벗어날 수 없으면서도, 그 안에서 기뻐하라는 것입니다. 이것이 가능하겠습니까? 하지만 이것은 **복음의 명령**입니다. 마치 포로 상태였던 사도 바울처럼 말입니다. 그는 포로 상태였을 때도 기뻐했습니다. 그러면서 "이와 같이 너희도 기뻐하고 나와 함께 기뻐하라(빌2:18)"는 것입니다. 또한, 예수 그리스도의 마음을 품으라고 권면합니다(빌2:5).

보통 사람들은 고난이 제거된 기쁨이 순전한 기쁨인 것처럼 생각합니다. 하지만 그런 기쁨은 쾌락에 불과합니다. 온라인 게임을 즐기며 기뻐할 수 있습니다. 하지만 이 경우, 기쁨은 잠시이고 곧 **더 큰 공허와 무의미**에 시달리게 될 수 있습니다. 시험에 합격하기 위해 공부에 열중하고 있는 수험생을 상상해 보십시오. 그는 시험에 합격하기 위해 공부를 해야 합니다. 또한, 공부를 하는 과정 중에 많은 좋아하는 것들을 포기해야 하며, 그 과정 중에 고통을 당합니다. 그렇지만 그는 시험의 합격을 위해 인내합니다. 그가 시험에 합격했을 때, 기뻐합니다. **이 기쁨은 분명 게임을 즐기며 기뻐했던 그 기쁨과는 차원이 다릅니다. 왜냐하면 이 기쁨은 공허한 기쁨이 아니고 의미로 가득 채워져 있어 이 기쁨은 쉽게 증발되어 사라지지 않습니다.** 그의 기억 속에 오래 오래 간직될 것입니다! 여러분들은 고난이 없는 온라인 게임을 즐기는 기쁨과 고통스러운 과정을 거친 시험에 합격한 기쁨 중에서 어느 것이 더 완전한 기쁨이라 생각하십니까?

하지만《복음과 함께 고난을 받으라》에서 말하고자 하는 기쁨은 이런 종류의 기쁨이 아니라는 것을 명심하십시오. 키르케고르에게 고난이 없는 기쁨이 온전한 기쁨이 아니라, 고난 중에 있는 기쁨만이 온전한 기쁨입니

---

1   자크 엘륄,《도시의 의미》최흥숙 역 (서울: 한국로고스연구원, 1998), 122쪽.

다. 더 충격적으로, 사람이 항상 죄책으로 고난당할 때만, 그리하여 죄책으로 고난 당하면서 기뻐할 때만 완전성에 도달합니다. **죄책으로 고난 당하는 것은 결핍이 아니라, 완전함입니다.** 이 부분에 대하여는 독자들이 독해하면서 확인해 보시기 바랍니다.

이 작품에서 말하고자 하는 기쁨을 명확히 구분하는 것은 중요합니다. 그렇지 않으면, 개념의 혼동을 불러올 수도 있습니다. 니체는 그의 책《도덕의 계보학》에서 기독교를 비판합니다.[2] 기독교에서 말하고자 하는 기쁨은 **'자기 학대의 기쁨', '의지의 광기'**라는 것입니다. 그에 따르면, 기독교는 양심의 가책을 느끼게 한 다음, 벌을 받는 것을 즐기게 만든다는 것입니다. 이런 죄의식, 양심의 가책과 같은 개념은 결국 '부채'라고 하는 물질적 개념에서 유래했다는 것이지요. 채권자와 채무자와의 관계인데, 형벌을 일종의 고통을 가하는 배상의 개념으로 해석한 것입니다. 이때 채권자에게 배상이나 보상의 일종으로 쾌감을 누릴 권한이 주어지며, 채무자에게 '형벌'을 가함으로써 채권자는 일종의 지배권에 참여합니다. 니체는 도덕의 발전 단계에서 이 부분을 굉장히 중요하게 설명하고 있습니다.[3]

그러나《복음과 함께 고난을 받으라》는 이와 전혀 다른 '채무의식'에 대해 말하고 있습니다. 물론, 이 작품은 명시적으로 '채무의식'에 대해 말하지 않습니다. 다만, 십자가에 달린 죄수가 한 말을 인용하며, 크리스천은 언제나 '죄책으로' 고난 당한다고 말합니다. 죄 없이 고난 당한 분은 예수 그리스도 한 분뿐이라는 것입니다. 이 작품이 전체 7장의 강화 중에서 4장에 해당되며, "하나님과의 관계에서 사람이 항상 죄책으로 고난 당하는 기쁨"이라는 제목으로 되어 있습니다. 전체 7장의 강화 중에 가장 해석이 난해하고

---

2   니체, 《선악의 저편•도덕의 계보》 김정현 역 (서울: 책세상, 2017), 제2논문 18장 참고.

3   앞의 책, 제2논문 5장.

분량이 많습니다. 역자는 4장의 강화가 해석도 난해하고 독해도 힘들지만 기독교적 '실존'의 개념에 굉장히 중요한 글이라 평가합니다.

4장의 강화와 함께 고찰해 보면 좋은 작품이 《사랑의 역사》입니다.[4] 이 작품은 명시적으로 '채무의식'에 대해, **사랑의 빛을 지는 것이 어떤 의무를 부과하는지** 다루고 있습니다. 따라서 이 두 작품과 니체의 '채무의식'에 차이를 비교하면, 명확하게 니체가 말하고자 하는 기쁨과 키르케고르가 말하고자 하는 기쁨의 의미는 결정적인 차이를 보인다는 것을 알 수 있을 것입니다. 이런 차이에 대한 분석은 향후 강좌로 제공하겠습니다. 다만, 독자들은 이 작품을 읽으면서 7장 전체에서 말하고자 하는 '기쁨'이 세속적인 의미에서의 기쁨과 어떤 점이 다른지 고민하면서 독해하기를 바랍니다.

마지막으로, 키르케고르가 말하는 '고난'의 의미의 차이를 생각해 볼 필요가 있습니다. 이 역시 '채무의식'과 관련된 것으로 '무한한 빛', '값을 수 없는 은혜'와 관계하고 있습니다. 이와 관련하여 대화상대로 적합한 인물은 포이어바흐입니다. 포이어바흐는 그의 책 《기독교의 본질》에서 "고난 당하는 것은 기독교의 최고의 명령이다. 기독교의 역사는 인간 수난의 역사다."라고 말하였습니다.[5] 포이어바흐뿐 아니라, 프랑스 철학자 시몬 베유와 몰트만도 고난을 강조하였습니다.[6] 그럼에도 불구하고 역자는 키르케고르가 말하고자 하는 고난이 이런 사상가들이 주장하는 고난의 의미와 어떤 의미에서 차이가 있는지를 구분하는 것은 중요하다고 생각합니다. 이 역시 기회가 된다면, 나중에 강좌로 제공하겠습니다.

---

4 쇠렌 키르케고르, 《사랑의 역사》 임춘갑 역 (서울: 다산글방, 2005), 제1부 5장 참고하라.

5 루트비히 포이어바흐, 《기독교의 본질》 강대석 역 (서울: 한길사, 2022), 140쪽.

6 이 부분에 대하여는 시몬 베유의 《중력과 은총》, 몰트만의 《십자가에 달린 하나님》을 참고하라.

마지막으로 성경 말씀을 인용하며 마무리하겠습니다. 이 세상의 포로가 된 바울, '이 세상의 유형지'에서 무고하게 갇힌 바울이 말합니다.

"그러므로 너는 내가 우리 주를 증언함과 또는 주를 위하여 갇힌 자 된 나를 부끄러워하지 말고 오직 하나님의 능력을 따라 복음과 함께 고난을 받으라."(딤후1:8)

서문

　이 기독교 강화들(한 측면 이상에서, 따라서 한 가지 이유 이상으로 설교라 불릴 수 없습니다.)은 '게으른 순간의 호기심'을 만족시키기 위해 의도된 것이 아닙니다. 그렇지만 수많은 생각으로 방황하고 있는 단 한 명의 고난 당하는 자라도, 그 생각들을 수단으로 무거운 순간을 더 가볍게 하는 법을, 많은 생각들을 관통할 수 있는 길을 찾아낸다면, 그때 저자는 그런 생각을 제공하려는 자신의 의도에 후회하지 않을 것입니다.

　이것이 "고난의 복음"입니다! 이 강화들이 이 주제를 철저하게 파헤친 것이 아니더라도, 각 강화는 다 소모할 수 없는 물약입니다. 하나님을 찬양하십시오! 이 특별한 강화가 철저하진 않더라도, 각 강화는 기쁨을 찾기 위해 마실 만하기 때문입니다.

S.K.

그리스도를 따른다는 생각 속에
어떤 의미와 기쁨이 있는지

기도

주여, 당신은 한때 이 땅을 걸으셨고 우리가 따라가야 하는 발자국을 남겨놓으셨습니다.

주여, 당신은 여전히 하늘로부터 모든 순례자들을 내려다보시고, 지친 자들에게 힘을 더하시고, 낙심한 자들을 격려하시고, 길 잃은 자들을 복귀시키시고, 몸부림치는 자들에게 위로를 주십니다.

주여, 당신은 각 개인들이 당신을 따랐는지 심판하시기 위해 세상 끝 날에 다시 오실 것입니다.

우리의 하나님이며 우리의 구세주시여, 영혼의 눈앞에 안개가 걷힐 수 있도록 당신의 본보기가 우리 앞에 명확히 서게 하소서. 우리의 눈앞에 오직 이 본보기만이 불변하도록 굳세게 세워주소서.

그래서 우리가 당신을 닮음으로써, 당신을 따름으로써, 우리가 심판대 앞에 바로 설 수 있는 올바른 길을 찾게 하소서. 왜냐하면 모든 인간은 반드시 심판대 앞에 서야 하기 때문입니다.

오, 그러나 우리가 또한 다가올 삶에서 당신으로 말미암아 당신과 함께 영원한 행복을 누리게 하소서.

그리스도인이라는 이름

[01]**"누구든지 자기 십자가를 지고 나를 따르지 않는 자도 능히 내 제자가 되지 못하리라."**(눅 14:27)

안내는 진실로 충분하게 인생길에 제공됩니다. 하지만 얼마나 놀라운 일인가요! 왜냐하면 온갖 미혹(Vildfarelse)이 안내자인 양 행세하기 때문입니다. 그러나 미혹이 아무리 다양할지라도, 진리는 유일하게 오직 한 분, "내가 길이요, 생명이다." 말씀하신 오직 한 분께 있습니다.[02] 오직 이 하나의 안내만이 일생 동안 생명으로 인도합니다.

수천수만 명의 사람들이 어떤 이름을 지녔고, 그 이름은 그들이 이 안내를 선택했다는 것을 보여주며, 그 이름을 따라 자신을 일컬어 "그리스도인"[03]이라고 불렀다는 것은, 그들이 주 예수 그리스도께 속했다는 것을 보여줍니다. 또한 그들이 주인이든 종이든, 노예이든 자유인이든, 남자든 여자든, 그분께 예속된 종들이라는 것을 보여줍니다.[04]

그들은 자신을 **그리스도인**이라고 부릅니다. 또한 다른 이름으로도 자신을 부릅니다. 그 모든 이름들은 이 한 가지의 안내와 관계가 있다는 것을 명시하는 것뿐입니다. 즉, 그들은 자신을 일컬어 **"믿는 자"**라고 부릅니다. 그리하여 이것은 그들이 이 세상에서 순례자, 나그네(strangers), 그리고 외국인

(aliens)⁰⁵이라는 것을 의미합니다. 그러나 그가 손에 지팡이를 지녔다고 해서, 자신이 '순례자'인 것을 증명해 주지 않습니다. 또한 자신을 대중 앞에서 '믿는 자'라고 부른다고 해서, 실제로 그가 '여행하고 있다'는 것을 증명해 주지도 못합니다. 왜냐하면 많은 사람들이 나그네가 되지 못한 채, 지팡이만 지닐 수 있기 때문입니다. 그러나 믿음은 단순히 다음을 의미합니다.

"내가 바라는 것이 여기 이 땅에 있지 않다. 바로 그런 이유로 나는 그리스도인이 나그네라고 믿는다."

믿음은 특별히 믿는 자를 이끄는 깊고, 강하고, 축복받은 격동함 (restlessness)을 의미합니다. 그렇기 때문에 그는 이 세계에서 편히 쉬며 안주할 수 없습니다. 그러므로 격동하지 않은 채 완전히 안주한 사람은 믿는 자가 되기를 중단해 왔습니다. 왜냐하면 믿는 자는 사람이 자기 손에 순례자의 지팡이를 들고 앉아 있는 것처럼 앉아 있을 수 없기 때문입니다. 믿는 자는 앞을 향해 여행합니다.

그들은 자신을 일컬어 **"성도의 교회**(the communion of saints)**"**⁰⁶라고 부릅니다. 그리하여 이것은 믿음이 쉬어야 할 때, 순례자의 지팡이를 내려놓아야 할 때, 그들이 마땅히 되어야 하는 모습을, 언젠가 그들이 소망했던 모습을 나타냅니다.

그들은 자신을 일컬어 **"십자가를 진 자**(cross-bearer)**"**라고 부릅니다. 그리하여 이것은 세상을 관통해 가고 있는 그들의 길이 춤추는 것만큼 가볍지 않다는 것을 의미합니다. 이것은 그들을 위한 믿음이 세상을 이길 수 있는 기쁨이 된다 하더라도, 그 길은 여전히 무겁고 힘들다는 것을 의미합니다.

배가 바다를 가르며 자신의 무거운 길을 가로질러 가는 순간에도 바람 앞에서 전 속력으로 가볍게 돌진하듯, 그리스도인의 길도 세상을 이기는 믿음을 볼 때 가볍습니다. 그러나 그가 저 깊은 곳에 있는 힘겨운 일을 볼 때, 그 길은 무거워집니다. 그들은 자신을 일컬어 **"그리스도를 따르는 자"**라고 부릅니다. 이것이 그리스도를 따른다는 생각 속에 어떤 기쁨과 의미가 있는지 이 시간에 생각해 볼 바로 그 이름입니다.

그리스도를 따른다는 생각 속에 어떤 의미와 기쁨이 있는지

따른다는 의미

용감한 전사가 대담하게 앞으로 나가면서 적의 모든 화살을 가로막으면서도, 뒤따라오는 그의 병사들을 보호하고 있을 때, 우리는 이 병사들이 그를 따른다고 말할 수 있습니까?

사랑스러운 아내가 세상에서 가장 소중히 여기는 남편의 삶에서 그토록 닮고 싶었던 아름다운 본보기를 찾았을 때, 그리하여 그를 의지하면서 그의 옆을 걷고 있다면(왜냐하면 여자는 남자의 옆에서 나왔으니까),[07] 우리는 이 아내가 남편을 따른다고 말할 수 있습니까?

대담한 스승이 조롱으로 에워싸이고 질투로 핍박받으면서도 조용하게 그의 자리에 서 있을 때, 모든 공격이 오직 스승에게만 향하고 그를 지지하는 추종자에게 향하고 있지 않을 때, 우리는 이 추종자가 그를 따른다고 말할 수 있습니까?

암탉이 적이 다가오는 것을 보면서 그녀의 날개를 펴서 뒤에 따라오는 병아리들을 덮고 있을 때, 우리는 이 병아리들이 암탉을 따른다고 말할 수 있습니까?

아니, 우리는 이런 식으로 말할 수 없습니다. 관계는 바뀌어야 합니다. 용감한 전사는 그의 병사가 진실로 그를 따르는지 분명히 할 수 있도록 옆으로 비켜서야 합니다. 모든 화살이 병사의 가슴을 겨냥할 때, 실제로 나타난 위험에서 그가 그를 따르는지, 혹은 병사가 용감한 자를 잃었기 때문에 그가 비겁하게 위험에서 등을 돌려 용기를 잃었는지 명확히 할 수 있도록 용감한 전사는 옆으로 비켜서야 합니다.

숭고한 남편, 아! 그는 비통해 하는 과부가 그의 지원이 없이도 그를 따르고 있는지 명확히 할 수 있도록 하기 위해 그녀를 떠나야만 하고 그녀 옆으로 비켜서야만 합니다. 혹은 그의 지원을 빼앗기고도, 진실로 그녀가 그 본보기를 포기하지 않는지 확인하기 위해 이 숭고한 남편은 떠나야만 합니다.

대담한 스승은 자신을 숨기거나, 무덤 속에 스스로 숨겨져야 합니다. 그때 제자가 진정으로 스승을 따르고 있는지, 조롱으로 에워싸이고 질투로 핍박받는 자리에서 견디고 있는지 밝히 드러나기 때문입니다. 혹은 스승이 죽음으로 명예롭게 그 자리를 떠났지만, 부끄럽게도 제자는 그의 평생에 그 자리를 버렸는지 확인하기 위해 스승은 숨겨져야 합니다.

그때, 따른다는 것은 당신이 따르고 있는 자가 걸었던 같은 길을 걷는 것을 의미합니다. 그러므로 이것은 스승이 더 이상 눈에 보이는 모습으로 앞에 걷고 있지 않다는 것을 의미합니다. 따라서 제자들이 그리스도를 따르는지를 명확히 하기 전에, 그분이 떠나시고 죽는 것이 필요했습니다.

이 일이 일어난 후 수많은 세기가 흘렀습니다. 그러나 이 일은 여전히 계속해서 일어나고 있습니다. 그리스도께서 거의 눈에 보이는 모습으로 아이 옆에 걸으셨던 시기가 있었고 또한 아이 앞에 먼저 갔던 시기가 있었습니다. 그러나 또한 그리스도께서는 감각적인 눈의 상상력으로부터 사라진 때가 있었습니다. 이것은 이제 어른이 결정의 진지함(earnestness of decision)으로 그를 따르는지를 명확히 하기 위해서였습니다.

아이가 엄마의 옷을 잡을 수 있도록 허락받았을 때, 아이는 엄마가 걷고 있는 같은 길을 걷는다고 말할 수 있을까요? 아니, 아무도 그렇게 말할 수 없습니다. 먼저 아이는 엄마가 걸었던 같은 길을 걸을 수 있기 전에 홀로, 혼자 힘으로 걷는 방법을 배워야 합니다.

아이가 혼자 걷는 법을 배웠을 때, 엄마는 무엇을 합니까? 그녀는 자신을 눈에 보이지 않도록 해야 합니다. 그녀의 상냥함이 여전히 남아 있다는 것, 그렇습니다, 여전히 변하지 않고 상냥함은 남아 있습니다. 아니, 아마도 아이가 혼자 힘으로 걷는 방법을 배우고 있는 바로 그때 상냥함은 더욱 증가할 것입니다. 우리는 이것을 잘 알고 있습니다. 그렇지만 아마도 아이는 항상 그것을 이해하지 못합니다. 그러나 영적으로 말한다면, 홀로, 혼자 힘으로 걷는 방법을 배워야 한다는 것은 누군가의 제자가 되어야만 하는 사람에게 할당된 과업을 의미합니다. 그는 혼자 힘으로 걸어야만 하고 홀로 걸어야만 합니다.

얼마나 이상합니까! 아이가 혼자 힘으로 걷는 법을 배워야 할 때, 우리는 **아이의 걱정**에 대해 항상 웃으면서 거의 농담처럼 이야기합니다. 그러나 혼자 힘으로 걷는 것과 홀로 걷는 것, 이것보다 가장 심오한 괴로움과 고통을 위한, 더 강하고 더 진실하고 더 마음을 사로잡는 어떤 표현의 언어를, 찾을 수 없습니다. **하늘의 배려**는 절대로 변함이 없다는 것을 우리는 잘 알고 있습니다. 그렇습니다. 이것이 이렇다면, 하늘의 배려는 이 위험한 때에 더욱 걱정하고 있다는 것도 잘 알고 있습니다. 그러나 사람이 배우고 있는 동안은 언제나 이 배려를 잘 이해하지 못합니다.

그때 따른다는 것은 혼자 힘으로 걷는 것을 의미하며 홀로 스승이 걸었던 같은 길을 걷는 것을 의미합니다. 눈 앞에 보이는 누군가 상담받을 사람이 없다는 것, 혼자 힘으로 선택해야만 하는 것, 엄마가 눈에 보이게 도움을 주지 않기 때문에 아이가 헛되이 비명을 지르듯이 공허하게 비명을 지르는 것, 어떤 사람에게도 도움받을 수 없고, 하늘조차도 눈에 띄는 도움을 주지 않기 때문에 공허하게 절망하는 것, 이 모든 것이 따른다는 것이 의미하는 바입니다. 그러나 눈에 보이지 않게 도움을 받는나는 것은 혼자 힘으로 걷는 방법을 배우는 것을 의미합니다. 왜냐하면 그것은, 더 이상 눈에 보이지 않는 스승의 마음과 일치하는 삶을 배우는 방법을 의미하기 때문입니다.

혼자 힘으로 걷는다는 것! 당신을 위해 선택할 수 있는 단 한 명, 단 한 명의 사람조차 없습니다. 단 하나의 중요하고 유일한 문제에 관해 당신에게 조언해 줄 수 있는, 당신의 구원에 대하여 결정적으로 상담해 줄 수 있는 단 한 명의 사람조차 없습니다. 여태껏 그렇게 많은 사람들이 원했을지라도, 그것은 당신에게 해로울 뿐입니다.

홀로 가십시오! 당신이 그렇게 선택했다면, 당신은 확실히 동료 순례자를 찾을 수 있을 것입니다. 그러나 결정적인 순간에, 치명적인 위험이 있을 때마다 당신은 홀로 있게 될 것입니다. 어떤 사람도, 단 한 사람도, 당신의 애교 섞인 호소를 듣지 못합니다. 단 한 사람도 당신의 열정적인 불평에 주의를 기울이지 않습니다. 그러나 도움은 있고 하늘에는 충분한 의향이 있습니다. 그러나 그 도움은 눈에 보이지 않습니다.

하늘에 의해 도움을 받는다는 것은 홀로 걷는 법을 배우는 것입니다. 이 도움은 밖으로부터 오지 않을뿐더러 당신의 손을 붙잡지 않습니다. 마치 친절한 사람이 아픈 환자를 돕는 것만큼 하늘은 당신을 돕지 않습니다. 당신이 길을 잃을 때, 억지로 당신을 복귀시키지 않습니다. 절대로 아닙니다. 당신이 완전히 굴복할 때만, 당신의 의지를 완전히 포기할 때만, 그리고 당신의 온 마음을 헌신할 때, 그때 도움은 눈에 보이지 않게 옵니다. 그러나 그때 당신은 진실로 홀로 걸었습니다.

우리는 긴 여행 동안 새를 이끌고 있는 강력한 본능을 보지 못합니다. 본능이 먼저 앞에 날아가고 새가 뒤에 날아가는 것이 아닙니다. 길을 찾아가는 것은 새인 것처럼 보입니다. 마찬가지로 우리는 스승을 보는 것이 아니라 스승을 닮은 제자만 볼 뿐입니다. 왜냐하면 그는 같은 길을 따라 혼자 힘으로 걷고 있는 진정한 제자이기 때문입니다.

십자가를 진다는 것

바로 이것이 누군가를 따른다(følge efter)는 생각의 의미입니다. 그러나 **그리스도를 따른다**는 것은 그분의 십자가를 떠맡는 것(take up one's cross)을 의미합니다. 혹은 본문에서 언급되어 있듯이, 십자가를 지는 것, 운반하는 것(carry one's cross)을 의미합니다. 그리스도께서 "누구든지 나를 따라오려거든 자기를 부인하고 자기 십자가를 지고 나를 따를 것이니라."(마16:24)라고 설명한 것처럼, **십자가를 지는 것은 자기를 부인하는 것을 의미합니다.** 이것은 또한 예수 그리스도 안에 있었던 바로 그 마음입니다.

"너희 안에 이 마음을 품으라 곧 그리스도 예수의 마음이니, 그는 근본 하나님의 본체시나 하나님과 동등됨을 취할 것으로 여기지 아니하시고 오히려 자기를 비워 종의 형체를 가지사 사람들과 같이 되셨고 사람의 모양으로 나타나사 자기를 낮추시고 죽기까지 복종하셨으니 곧 십자가에 죽으심이라."(빌2:5-8)

자기를 부인하는 것이 아무리 **힘들고 느린 과업**일지라도 본보기가 이렇다면, 본받음(Efterfølgelsen, imitation)도 역시 같아야 합니다. 본받음은 지고가야 할 십자가, 견뎌야 할 십자가, 본보기의 가르침에 의하면 죽기까지 복종하며 지고 가야 할 십자가가 되어야 합니다. 본받는 자(Efterfølger, imitator)는 십자가에 달려 죽지 않더라도 "십자가를 지고서(with the cross on)"[08] 죽어가면서 본보기를 닮습니다.

하나의 선한 행동, 하나의 고상한 결심은 자기를 부인하는 것이 아닙니다. 아, 슬픕니다! 이것이 아마도 세상에서 배운 것입니다.[09] 심지어는 이것이 보기 드물어서 하나의 선한 행동이 놀라움으로 인사를 받기 때문입니다. 그러나 기독교는 다르게 가르칩니다. 그리스도는 "네가 온전하고자 할진대, 가서 네 소유를 팔아 가난한 자들에게 주라."[10]라고 말했습니다. 많은 사람들은 확실히 이 요구가 기괴하고 과도하다는 것을 발견합니다.

그러나 젊은이가 이 일을 실천했다 해도 우리는 그를 존경조차 하지 않을 것입니다. 다만 그를 괴짜로 비웃거나 바보 같은 사람으로 불쌍히 여길 뿐입니다. 그렇지만 그리스도는 다른 방식으로 말합니다.

"가서 네게 있는 것을 다 팔아 가난한 자들에게 주라. 그리고 와서 십자가를 지고 나를 따르라."(막 10:21)[11]

그러므로 재산을 파는 것과 가난한 사람에게 나누어 주는 것은 십자가를 지는 것이 아닙니다. 혹은 기껏해야 시작일 뿐입니다. 십자가를 지고 그리스도를 따르기 위한 좋은 시작일 뿐입니다. 가난한 사람에게 모든 재물을 나누어 주는 것은 첫 번째 단계입니다. 즉, **십자가를 떠맡는 것**(to take up the cross)입니다. (언어가 일종의 순진한 발명을 허용한다면) 연장된 지속성인 다음 단계는 **십자가를 지는 것**(to carry one's cross)입니다. 이것은 단 한번이 아니라 날마다 일어나야 합니다. 제자가 자기를 부인하며 포기하기 원치 않는 것, 이 것은 결코 아무것도 아닙니다.

이 사람이 기꺼이 자기를 부인하려 하지 않는 것이 아주 사소한 것이든 아주 큰 것이든, 그것은 본질적인 차이가 없습니다. 왜냐하면 아무리 사소 한 것들까지도, 요구받는 자기 부인과의 잘못된 관계로 인해 생긴 죄에서 는 무한히 중요하게 되기 때문입니다. 최선을 다하기를 희망하면서 부자 청 년이 하지 못했던 것을 하기 원하는 누군가가 있었습니다. 그러나 그는 여 전히 제자가 되지 못했습니다. 왜냐하면 그는 멈추어 서서 자신이 이뤄놓은 위대한 업적을 "쟁기를 잡고 뒤를 돌아보았기 때문입니다."[12]

혹은 그가 계속 앞으로 간다 하더라도, 여전히 제자가 되지 못합니다. 왜냐하면 원대한 무엇인가를 이루었다고 생각했기에 그에게 사소한 것은 별로 중요하지 않기 때문입니다. 아, 사소한 것에서 자기를 부인한다는 것 이 모든 것들 중에서 왜 이렇게 가장 어렵습니까!

어떤 종류의 고상한 자기 부인은 확실히 큰 문제들에서 자기를 부인할 수 있기 때문이 아닌지 궁금합니다. 그러나 더 작을수록, 더 시시할수록, 요 구조건이 더 하찮을수록, 자기 사랑에서 모욕은 더욱 커집니다. 왜냐하면 의무와 관련하여, 그런 하찮은 것들은 자신과 다른 사람들의 **지나친 찬양** (extravagant praise)을 빼앗기 때문입니다. 그러나 그때 겸손해질수록, 자기 부 인은 그만큼 더욱 커집니다.

사람이 혼자 있는 것처럼, 마치 외딴곳에 있는 것처럼 산다면, 도대체 왜 자기를 부인하는 것이 모든 것들 중에서 가장 어렵습니까? 어떤 종류의 세련된 자기 부인은 많은 사람들이 존경하는 마음으로 지켜볼 때, 확실히 자기를 부인할 수 있기 때문이 아닌지 저는 궁금합니다.

그러나 자기 부인에 있어 어떤 본질적인 차이도 없습니다. 사람이 상황에 따라 자기를 부인하는 것이 거의 아무런 차이도 만들어내지 못하는 것처럼(이런 점에서는 거지도 무조건적으로 왕만큼이나 자기를 부인할 수 있습니다), 사람이 자기를 부인하려 하지 않는 것과 관련된 차이가 또한 아무런 본질적 차이도 만들어내지 못합니다. 왜냐하면 자기 부인은 자기를 부인할 수 있는 깊은 내면성(inwardness)이기 때문입니다.

이것은 무겁고 어려운 과업입니다. 자기 부인이 짐을 벗어던지는 문제인 것은 사실입니다. 그리하여 여기까지는 충분히 쉬운 것처럼 보일 수도 있습니다. 그러나 자기 사랑(self-love)은 그 짐을 지고 가기를 그토록 열망하기 때문에, 그 짐을 벗어던지는 것이 아주 힘들죠. 그렇습니다. 자기 사랑은 짐을 지기를 열망하기 때문에, 자기 사랑에 있어 그것들이 짐인지를 이해하는 것이 유일하게 가장 크고 어려운 과제입니다.

그때 그리스도를 따른다는 것은 자기를 부인하는 것을 의미하며 비천한 종의 형체로 그리스도께서 걸었던 **같은 길을 걷는 것**을 의미합니다. 그분은 모욕을 당하고, 버림받고, 조롱당하고, 세상을 사랑했으나 세상에 의해 사랑받지 못했습니다. 그러므로 그것은 **혼자 힘으로 걷는 것**을 의미합니다. 자기를 부인하는 중에 이 세상과 이 세상에 속한 모든 것을 포기한 사람은 일반적으로 마음을 사로잡고 유혹했던 모든 관계를 포기합니다.

"그러므로 그는 자기 밭으로 가지 못합니다. 값을 흥정할 수도 없고 장사하거나 아내를 얻을 수도 없습니다."[13] 필요하다면, 자신의 아버지와 어머니, 형제와 자매를 전보다 덜 사랑하는 것이 아니라 그분이 이 사람들을 미워하라고 말한 것보다는 그리스도를 더 사랑하라는 것입니다.[14] 진실로 이 사람은 혼자 힘으로 걷고 있고, 이 세계에서 홀로 걷고 있습니다. 삶의 교차

되는 분주함 속에서 이런 방식으로 사는 것은 불가능하고 어려운 것처럼 보입니다. 실제로 어떤 사람이 이런 방식으로 사는지를 판단하는 것은 더욱 불가능합니다.

그러나 이 과업이 성취되었는지 판단하는 것은 영원이라는 것을 잊지 마십시오. 이 세상에서는 세상의 모든 것들에 대한 끊임없는 이야기가 있을 지라도, 영원의 진지함은 세상의 모든 것들에 대하여 수치감에서 나온 침묵을 요구하고 있다는 것을 잊지 마십시오.

영원에서 당신은 얼마나 많은 **재산을 남겨 놓았는지** 질문 받지 않습니다. 그것은 **생존자들**이 물어 봅니다. 혹은 영원에서 당신은 얼마나 많은 전투에서 승리했는지, 얼마나 영리했는지, 얼마나 많은 영향을 끼쳤는지, 즉 **당신은 후손들에게 얼마나 명성을 떨쳤는지** 질문 받지 않습니다. 절대로 아닙니다. **세상에 세속적인 것들을 얼마나 남겨놓았는지** 영원은 묻지 않습니다.

그러나 당신이 하늘에 얼마나 많은 재물을 모았는지, 얼마나 자주 당신의 마음을 극복했는지, 자신을 얼마나 통제했는지 아니면 노예가 되었는지, 당신은 자기를 부인하면서 얼마나 자신을 이겼는지 아니면 그렇게 하지 못했는지, 자기를 부인하면서 선을 위하여 얼마나 자주 희생을 했는지 아니면 그러기를 바라지 않았는지, 얼마나 자주 자기를 부인하면서 당신의 적을 용서했는지, 일곱 번을 했는지 아니면 일곱 번씩 일흔 번을 했는지,[15] 자기 부인을 하면서 얼마나 자주 모욕을 견뎌왔는지, 자신을 위해서가 아니라, 자신의 이기적 이익을 위해서가 아니라, 하나님을 위하여 자기를 부인하면서 얼마나 고난을 당했는지, 영원(eternity)이 당신에게 물을 것입니다.

그리고 당신에게 묻는 자인 이 판사(judge)의 의견(verdict)에 대해 당신은 더 높은 사람에게 간청할 수 없는 바, 이 판사는 왕국들과 나라들을 정복했던 전쟁 사령관이 아닙니다. 또한 이 판사는 당신이 세운 세속적인 업적에 대하여 이야기할 수 있는 분도 아닙니다. 왜냐하면 그분의 나라는 특별히 이 세상에 속해 있지 않기 때문입니다.[16]

그분은 자주색으로 예복을 입은 것이 아닙니다. 당신은 그분과 함께 하고 있는 사람들이 엄선된 사람들(select company)이라는 것을 발견할 수 있는데, 그분은 오직 조롱으로만 이 예복을 입었기 때문입니다.[17]

그분은 강한 영향을 끼치지도 못했고, 따라서 당신의 세속적인 비밀들에 가담하는 것을 바랄 수조차 없었습니다. 그가 너무 멸시를 받았기에 특별히 구별된 사람은 감히 은밀한 밤의 비밀에서만 감히 그를 방문할 수 있었기 때문입니다.[18]

아, 그러나 같은 마음을 가진 사람들과 함께 있으면 항상 위로가 있습니다. 어떤 사람이 겁이 많다면, 그때 전사의 법정(tribunal of warriors)에 서지 않도록 하는 것이 위로가 될 것입니다. 어떤 사람이 이기적이고 세속적이라면, 그때 자기 부인에 의해 심판을 당하지 않도록 하는 것이 위로가 됩니다.

이 판사는 자기 부인이 무엇인지 알기만 하는 것이 아닙니다. 또한 이 판사는 단순히 심판하는 방법만 알고 있는 것이 아닙니다. 어떤 불법 행위도 이 판사 앞에서는 자신을 숨길 수 없기 때문입니다. 절대로 그분은 알기만 하는 것이 아닙니다.

그분의 현존 자체가 아주 좋아 보였던 모든 것, 세상에서 찬사로 들리고 보였던 모든 것을 침묵하게 만들고 창백하게 만드는 심판(judging)입니다. 즉, 그의 현존이 심판입니다. 왜냐하면 그분이 자기 부인(self-denial)이기 때문입니다.

하나님과 동등된 분이 비천한 종의 형체를 가진 바,[19] 천사의 군단을 명령할 수 있는 분이,[20] 진실로 세계의 창조와 파괴를 명령할 수 있는 분이,[21] 아무런 방어도 하지 않은 채 걸고 있었습니다. 세상의 모든 것을 자신의 권세 아래 둘 수 있는 분께서 모든 권세를 포기하셨고, 심지어 자신의 사랑하는 제자들을 위해 아무것도 할 수가 없었습니다. 그러나 그분께서는 오직 그들에게 비천과 경멸이라는 같은 조건을 제공하고 있을 뿐입니다. 창조의 주인이셨던 분께서 자연 자체에 제한되어 침묵하고 계셨습니다. 왜냐하면 그분께서 영혼을 포기하고 나서야 휘장이 찢어지고 무덤이 열리며 자연의 힘이 그분이 누구인지를 무심결에 드러낼 것이기 때문입니다.[22] 이것이 자기 부인이 아니라면, 무엇이 자기 부인입니까![23]

그리스도를 따르는 기쁨

이것이 그리스도를 따른다는 생각의 의미입니다. 그러나 자, 이제는 **이 생각 속에 어떤 기쁨이 있는지** 생각해 보기로 합시다.

나의 사랑하는 독자, 당신이 인생의 문턱에 서 있는 젊은이를 상상한다면, 그의 앞에 수많은 길들이 놓여 있는 곳에서, 젊은이가 어떤 진로를 따라가는 것이 좋은지 스스로 묻는다면, 각각의 특별한 길이 어디로 가게 되는지를 먼저 면밀히 조사하지 않겠습니까? 혹은 마찬가지로 전에 이 길을 걸었던 사람이 누구인지 찾아내기 위해 노력하지 않겠습니까?

그때 우리는 사람들 사이에 보존된 유명하고 칭송받고 영광스러운 이름을 그 청년에게 언급합니다. 아마도 우리는 먼저 선택이 젊은이의 가능성에 균형잡힐 수 있도록, 제공된 가르침의 양이 풍부할 수 있도록 많은 이름들을 언급합니다. 그때 젊은이 자신은 내적인 필요에 의해 이끌리어 선택을 좁힙니다.

마침내 단 하나, 오직 단 하나의 이름이 남습니다. 그 이름은 그의 눈에 그리고 그의 마음을 따라 모든 것들 중에 가장 탁월한 이름이 됩니다. 젊은이의 심장이 강렬하게 고동칠 때, 그는 이 이름, 오직 하나의 이름을 자신에게 언급합니다. 그리고 말합니다.

"나는 이 길을 따라 걸을 거야. 왜냐하면 그가 이 길을 따라 걸었으니까!"

자, 우리는 관심을 흩트리거나 그런 이름들을 언급하는 데에 시간을 낭비하지 맙시다. 왜냐하면 진실로 하늘에서와 땅에서 오직 **단 하나의 이름**이 있기 때문입니다. 그러므로 사람이 진지하고 올바르게 선택해야만 한다면, 선택해야 할 단 하나의 길이 있습니다. 사람이 선택해야만 하므로, 여러 갈래의 길이 있다는 것은 틀림이 없습니다. 그러나 또한 영원의 진지함이 선택에 의지해야 한다면, 선택할 수 있는 단 하나의 길만 있을 뿐입니다.

선택함에 있어 아무런 차이가 없는 선택은 영원의 진지함이 없습니다. 전에 말했듯이, 선택이 어떤 실제적인 선택이 될 수 있게 하기 위해 다른 어떤 것을 선택할 수 있는 가능성이 있어야만 할지라도, 선택이 영원의 진지함을 가져야 한다면 선택에서 무조건적으로 모든 것을 잃고 모든 것을 얻어야 합니다.

하늘에서와 땅에서 단 하나의 이름, 단 하나의 길, 단 하나의 본보기가 있습니다. 그리스도를 따르기로 선택한 사람은 모든 이름 위에 있는 이 이름을 선택합니다. 모든 하늘 위에 높이 올리신 이 본보기를 선택합니다. 그러나 동시에 이것은 인간을 위한 본보기일 수 있기에 인간적입니다. 이 이름은 하늘에서와 땅에서, 두 장소에서 가장 높은 이름으로 불립니다.[24]

이름이 지상에서만 언급되었던 본보기들이 있습니다. 그러나 가장 높은 이름, 하나인 오직 그 이름, 물론 이 이름은 하나이고 유일한 이름이라는 것을 확인할 수 있는 독점적 특성을 가져야 합니다. 이 이름은 하늘뿐만 아니라 땅에서도 그렇게 불립니다.

이 이름이 우리 주 예수 그리스도의 이름입니다. 그러나 그가 걸었던 같은 길을 걷기로 감히 선택하는 것은 즐거운 일 아닙니까! 불행하게도, 헷갈리는 세상의 대화에서 단순하고 진지한 무엇이든지 간에 때로는 거의 농담처럼 들릴 때가 있습니다. 확실히 세상에서 가장 큰 권력을 행사했던 사람이 자신을 일컬어 베드로의 후계자(Efterfølger)라고 부릅니다.[25] 그러나 그리스도의 제자(Efterfølger)가 된다는 것!!![26] 이것은 교만하도록 유혹하는 것이 아닙니다. 이것은 가장 높은 자와 가장 낮은 자, 가장 현명한 자와 가장 멍청한 자를 위한 동등한 기회입니다. 이것은 그 이름의 축복입니다.

다른 사람이 이룰 수 없는 **뛰어난 사람**이 되는 것은 정말로 영광스러운 것일까요? 오히려 이것은 우울한 것 아닙니까! 다른 사람이 굶어 죽어도 은쟁반에 만찬을 즐기는 것, 수많은 사람들이 집이 없을 때조차 대궐에 사는 것, 어떤 보통 사람도 범접할 수 없는 학자가 되는 것, 수천수만 명의 사람들을 배제한다는 의미에서 어떤 이름을 갖는 것이 정말로 영광스러운 것입니까!

이것이 그렇게도 영광스럽습니까! **이생에서의 삶**(mortal life)**의 부러운**

(musundelig) **구별**, 이것이 최상이라면, 이것은 비인간적이지 않습니까! 행복하기 위해 사는 인생이 견딜 수 없는 것이 아닙니까!

반면에, 그리스도를 따르는 것이 유일한 기쁨이라면, 얼마나 다른가요! 최고가 될 수 있는 것. 진실로 이보다 더 고차원적인 기쁨은 있을 수 없습니다. 그러나 이런 최고의 기쁨도 **하늘의 자비로운**(miskundelig) 생각이 가져다주는 기쁨만큼 더 확신 있고, 더 복이 있고, 더 안전하지 않습니다. 하늘의 자비로운 생각은 이렇습니다.

누구나 최고가 될 수 있다.

그래서 그리스도를 따르기로 선택한 사람은 길 위에서 앞으로 전진합니다. 또한 그가 이 세상을 아는 법을 배워야 하고 이 세상 속에 무엇이 있는지를 배워야 할 때, 이 세상의 강함과 자신의 나약함을 배워야 할 때, 혈과 육[27]의 싸움이 두려울 때, 길이 걷기에 어려울 때, 적들이 어마어마할 때, 반면 친구가 아무도 없을 때, 그때 그는 고통으로 인해 탄식이 절로 나옵니다.

"나는 홀로 걷고 있어."

나의 독자, 걸음걸이를 배우기 시작한 아이가 어른에게 "나는 홀로 걷고 있다고요."라고 말하면서 울고 있을 때, 어른은 다음과 같이 말하지 않습니까?

"와, 훌륭하다. 얘야!"

그리스도를 따르는 자들도 마치 이와 같습니다. 우리가 일반적으로 말한다면, 필요가 가장 클 때 도움이 가장 가깝습니다.²⁸ 하지만 이 길을 따라 걸을 때, 이것이 항상 사실인 것은 아닙니다. 여기 이 길 위에서는, 가장 큰 고난(sufferings)은 완전성에 가장 가깝습니다.

당신은 이것이 사실인 다른 길을 알고 있습니까? 다른 길을 따라가다 보면 반대의 경우가 더 진실합니다. 고난이 온다면 그 무게는 압도적입니다. 압도적인 만큼 사람은 잘못된 길에 들어섰음을 의미할 수 있습니다. 그러나 **그리스도를 따라가는 길에서는 고난의 극치는 영광의 극치입니다.** 순례자가 탄식할 때, 그는 진실로 마음 깊이 축복받았다고 여깁니다.

사람이 어떤 다른 길로 들어섰을 때에는 그 길의 위태로운 것들에 대해 미리 잘 알아두어야 합니다. 길을 가다 보면 일이 무사히 잘 풀릴 수도 있습니다만, 그가 앞으로 더 전진할 수 없을 만큼 많은 장애물들이 나타날 수도 있습니다. 그러나 자기 부인의 길에서, 그리스도를 따라가는 길에서는 영원한 안전이 있습니다. 이 길을 따라가다 보면, 고난의 '표지판'이 있습니다. 이것은 사람이 올바른 길로 전진하고 있다는 기쁨의 표지판입니다.

그러나 도대체 어떤 기쁨이 감히 최선의 길을 선택하는 것, 가장 높은 곳으로 인도하는 길을 선택한 것보다 더 큰 기쁨이 있겠습니까! 이 길이 영원히 안전하다는 기쁨을 제외하고, 도대체 어떤 기쁨이 이것만큼 클까요!

그러나 아직 그리스도를 따른다는 생각 속에 포함된 마지막 하나의 축복된 기쁨이 있습니다. 이미 제시한 대로 그리스도께서는 제자들과 함께 걷지 않았습니다. 그분은 또한 제자들 앞에 보이지도 않습니다. 그러나 그분은 먼저 가셨습니다. 이것이 제자의 즐거운 소망입니다.

제자는 그분을 따라가야 합니다. 자기 부인의 길에서 그분을 따른다는 것은 진실로 한 측면입니다. 그리고 이것 또한 즐겁습니다. 그러나 그분을 따라가다가 영원한 행복에 이르게 되는 것은 별개의 다른 측면입니다. 죽음이 사랑하는 두 연인을 갈라놓았고 생존자가 죽을 때 우리는 다음과 같이 말합니다.

"그가 먼저 갔고 이제 그녀가 그를 따라갔어."

같은 방식으로 그리스도는 먼저 가셨고, 그뿐만 아니라 제자를 위해 거처를 예비하기 위해 먼저 가셨습니다.[29]

우리가 인간의 선조들에 대하여 말할 때, 그가 먼저 감으로써 그를 따르는 자를 위해 더욱 쉬운 길을 예비했다는 것은 맞는 말입니다. 그 길이 세상적인 것, 일시적인 것, 불완전한 것들에 속해 있다면, 그 길이 제자들에게 아주 쉬워졌다는 것은 사실일 수 있습니다. 그러나 이것이 자기 부인의 완전한 길 혹은 기독교의 길의 경우에서는 아닙니다.

본질적으로 이 길은 모든 제자들에게 동일하게 어렵습니다. 그러나 그때 완전히 다른 의미에서 먼저 가셨던 그리스도께도 해당됩니다. 그분은 먼저 가심으로써 제자들을 위한 길을 예비한 것이 아니라 제자들을 위한 거처를 하늘에 예비하기 위해 먼저 가셨습니다. 인간의 선조들은 정당하게 다음과 같이 말할 때가 있습니다.

"자, 이제 뒤따라오는 것은 훨씬 쉬울 거야. 왜냐하면 길은 깨끗하게 치워졌고 예비되었기 때문이지. 그리고 이제 문도 넓다고."

반면 그리스도께서는 다음과 같이 말해야 합니다.

"자 보라, 그대가 자기 부인의 이 좁은 문을 통해 이 어려운 길을 따라 걸을 준비가 되어 있다면, 모든 것은 하늘에 예비되어 있다."[30]

세상의 분주함 가운데 있을 때에는 내세의 이 장소는 아마도 불확실한 것처럼 보입니다. 그러나 자기를 부인하면서 세상과 자기를 버린 사람은 그러한 장소가 있다는 것에 대해 뚜렷한 확신이 있어야만 합니다. 결국, 존재하고 있는 사람은 어떤 곳에 있음에 틀림이 없습니다. 그는 어딘가에 의지할 곳이 있어야만 합니다. 그러나 그가 포기한 이 세상에 의지할 장소를 가질 수 없습니다.

그러므로 다른 장소가 있어야만 합니다. 진실로, 그가 세상을 포기할 수 있기 위해 존재해야만 합니다. 그가 실제로 자기와 세상을 부인했다면 이것을 이해하는 것이 얼마나 쉽겠습니까! 이런 관점에서 사람이 실제로 영원히 자신의 삶을 확신해 왔더라면, 다가올 삶에 그러한 장소가 있다는 것을 그가 얼마나 진실하게 확신하는지 보기 위해 그의 개인의 삶을 시험하는 것도 또한 쉽습니다.

사도 바울은 "만일 그리스도 안에서 우리가 바라는 것이 다만 이 세상의 삶뿐이면 모든 사람 가운데 우리가 더욱 불쌍한 자이리라."라고 말합니다.(고전15:19) 이것은 진실로 사실입니다. 왜냐하면 앞으로 다가올 삶에 **영원한 행복**이 없다면, 그리스도를 위하여 세상의 모든 재물을 포기하고 모든 악을 견딘 사람은 사기를 당한 것이고 두렵게 속임을 당한 것이기 때문입니다.

다가올 삶에 영원한 행복이 없었더라면, 생각건대 그런 사람은 불쌍히 여겨야만 합니다. 그때, 어떤 사람이 세상적인 것들과 안일한 생활을 갈망하지 않는다면, 이 땅의 이익을 얻으려고 노력하지 않는다면, 심지어 그런 이익이 제공되었을 때, 그것을 잡지 않는다면, 그가 수고와 고뇌와 감사할 수 없는 과업을 선택한다면, 그것이 무엇이든지 간에 그가 최선의 이유(best cause)를 선택했기 때문에 그것을 선택한다면, 그가 이 세상의 것들 없이 지내야만 할 때, 그가 그것들을 얻기 위해 최선을 다했다는 것을 알면서도 위안을, 어떤 위안을 얻을 수 없었다면, 그때 물론 그는 세상의 시야에서는 바보입니다. 그는 이 세상에서 불쌍한 자입니다.

다가올 삶에 영원한 행복이 없었다면, 그는 진실로 모든 사람들 중에서 가장 불쌍한 자일 것입니다. 바로 그의 자기 부인이 그를 불쌍하게 할 것입니다. 이 세상의 것들을 얻기 위해 노력하는 대신, 자발적으로 그것들을 포기한 그를 더욱 불쌍하게 할 것입니다.

그렇지만, 다가올 삶에 영원한 행복이 있다면, 그때 이 불쌍한 자, 그는 모든 사람들 중에서 가장 부요한 자입니다. 이 세상이 최고의 것이라면, 그는 이 세상에서 가장 불쌍한 자가 되었을 것입니다. 그러나 영원한 행복이 있다면, 세상에서 가장 불쌍한 자가 되는 것은 다른 무언가 있습니다. 혹은 영원한 행복이 없었더라면, 가장 불쌍한 자가 되었을 텐데 말입니다.

이 영원한 행복이 있다는 것은 바울에 의해 가장 영광스럽게 입증되고 있습니다. 왜냐하면 그것 없이 자신이 모든 사람들 중에서 가장 불쌍한 사람이 되었을 것이라는 것을 의심할 수 없기 때문입니다. 반면에, 사람이 이 세상에서 안전하기 위해 노력한다면, 이 세상의 이익을 확신하기 위해 애쓴다면, 그때 다가올 삶에서 예비된 행복이 있다는 그의 장담은 확실히 설득력이(convincing) 사라질 것입니다. 그들은 다른 사람을 설득시키기도 어렵고 자기 자신을 설득하기도 어렵습니다.

그러나 이로 인해 어떤 사람도 판단하지 맙시다. 혹은 각자는 오직 자기 자신만 판단합시다. 왜냐하면 이런 관심에서 다른 사람들을 판단하기 원하는 것은 이 세상에서 자신의 안전을 획득하기 위한 또 다른 시도일 뿐이기 때문입니다. 그렇게 하지 않는다면, 그는 확실히 심판과 영원한 행복 모두가 다른 세상에 속해 있다는 것을 보게 될 것입니다.

아! 세월이 흐르면서, 이것은 되풀이하여 일어났습니다. 반복은 계속됩니다. 누군가 먼저 앞에 갑니다. 다른 사람은 먼저 간 사람을 열망합니다. 누군가는 그를 따르기를 바랍니다. 그러나 어떤 인간도, 어떤 사랑받는 자도, 어떤 스승도, 어떤 친구도, 따른 자를 위해 거처를 예비하기 위해 먼저 가지 못했습니다.

그리스도의 이름만이 하늘에서와 땅에서 오직 단 하나인 이름이듯이, 또한 그리스도는 이런 식으로 먼저 가신 오직 단 하나인 선조가 되십니다.

하늘과 땅 사이에 오직 하나의 길이 있습니다. 그리스도를 따르는 길입니다.

시간과 영원에서 오직 하나의 선택이 있습니다. 이 길을 선택하는 것입니다.

이 땅에서 오직 하나의 영원한 소망이 있습니다. 그리스도를 따라 하늘에 이르는 소망입니다.

이생에서 단 하나의 복된 기쁨이 있습니다. 그리스도를 따르는 기쁨입니다.

죽음에서 단 하나의 최후의 복된 기쁨이 있습니다. 그리스도를 따라 생명에 이르는 기쁨입니다!

참고 자료

01 다음을 참고하라. 원고의 여백에서;

이 본문의 줄(lines)은 처음 두 강화에서만 서두에서 인쇄 되어야 하고 다음부터는 아니다. 왜냐하면 부분적으로 처음 두 개의 것만 그리스도의 말씀이며, 부분적으로 그들 중에 하나에는 아예 본문 줄이 없기 때문이다. -Pap. VII1 B 193 n.d., 1846

02 요한복음 14:6, "예수께서 이르시되, 내가 곧 길이요 진리요 생명이니 나로 말미암지 않고는 아버지께로 올 자가 없느니라."

03 이 부분은 사도행전 11:26을 참고하라. "만나매 안디옥에 데리고 와서 둘이 교회에 일 년간 모여 있어 큰 무리를 가르쳤고 제자들이 안디옥에서 비로소 그리스도인이라 일컬음을 받게 되었더라."

예수 그리스도를 믿는 자들을 처음으로 그리스도인이라 부른 것은 안디옥에서 였다.

04 갈라디아서 3:28, "너희는 유대인이나 헬라인이나 종이나 자유인이나 남자나 여자나 다 그리스도 예수 안에서 하나이니라."

05 히브리서 11:13, "이 사람들은 다 믿음을 따라 죽었으며 약속을 받지 못하였으되 그것들을 멀리서 보고 환영하며 또 땅에서는 외국인과 나그네임을 증언하였으니"

06 고린도전서 14:33, "하나님은 무질서의 하나님이 아니시요 오직 화평의 하나님이시니라 모든 성도가 교회에서 함과 같이"

07 창세기 2:21, "여호와 하나님이 아담을 깊이 잠들게 하시니 잠들매 그가 그 갈빗대 하나를 취하고 살로 대신 채우시고"

08 이 부분은 Kingo의 찬송가의 한 구절이다. 다음을 참고하라. Thomas Hansen Kingo, "Gak under Jesus Kors at staa," 6, 2, Psalmer og aandelig Sange of Thomas Kingo, ed. Peter Andreas Fenger (Copenhagen: 1827; ASKB 203), p. 179.

09 선한 행동이 자기 부인으로 이해되고 있는 것을 의미한다.

10 마태복음 19:21, "예수께서 이르시되 네가 온전하고자 할진대 가서 네 소유를 팔아 가난한 자들에게 주라 그리하면 하늘에서 보화가 네게 있으리라 그리고 와서 나를 따르라

하시니"

11 성경에는 십자가를 진다는 말은 없으나 키르케고르는 여기에 이 말을 첨가한다.

12 누가복음 9:62, "예수께서 이르시되 손에 쟁기를 잡고 뒤를 돌아보는 자는 하나님의 나라에 합당하지 아니하니라 하시니라"

13 마태복음 22:5, "그늘이 돌아보지도 않고 한 사람은 자기 밭으로, 한 사람은 자기 사업하러 가고"

누가복음 14:18-20, "다 일치하게 사양하여 한 사람은 이르되 나는 밭을 샀으매 아무래도 나가 보아야 하겠으니 청컨대 나를 양해하도록 하라 하고 또 한 사람은 이르되 나는 소 다섯 겨리를 샀으매 시험하러 가니 청컨대 나를 양해하도록 하라 하고 또 한 사람은 이르되 나는 장가 들었으니 그러므로 가지 못하겠노라 하는지라"

14 누가복음 14:26, "무릇 내게 오는 자가 자기 부모와 처자와 형제와 자매와 더욱이 자기 목숨까지 미워하지 아니하면 능히 내 제자가 되지 못하고"

15 마태복음 18:21-22, "그 때에 베드로가 나아와 이르되 주여 형제가 내게 죄를 범하면 몇 번이나 용서하여 주리이까, 일곱 번까지 하오리이까? 예수께서 이르시되 네게 이르노니 일곱 번뿐 아니라 일곱 번을 일흔 번까지라도 할지니라."

16 요한복음 18:36, "예수께서 대답하시되 내 나라는 이 세상에 속한 것이 아니니라. 만일 내 나라가 이 세상에 속한 것이었더라면 내 종들이 싸워 나로 유대인들에게 넘겨지지 않게 하였으리라. 이제 내 나라는 여기에 속한 것이 아니니라."

17 마태복음 27:28, "그의 옷을 벗기고 홍포를 입히며"

18 요한복음 3:1-2, "그런데 바리새인 중에 니고데모라 하는 사람이 있으니 유대인의 지도자라. 그가 밤에 예수께 와서 이르되, 랍비여 우리가 당신은 하나님께로부터 오신 선생인 줄 아나이다. 하나님이 함께 하시지 아니하시면 당신이 행하시는 이 표적을 아무도 할 수 없음이니이다."

19 빌립보서 2:7, "오히려 자기를 비워 종의 형체를 가지사 사람들과 같이 되셨고" 예를 들어, 다음을 보라. Philosoiphical Fragments, or A Fragment of Philosophy, p. 31-34, 55-56, 63-65, 93, KW VII (SV IV 199-201, 221-22, 228-29, 255-56).

20 마태복음 26:53, "너는 내가 내 아버지께 구하여 지금 열두 군단 더 되는 천사를 보내시게 할 수 없는 줄로 아느냐?"

21 골로새서 1:16-17, "만물이 그에게서 창조되되 하늘과 땅에서 보이는 것들과 보이지 않는 것들과 혹은 왕권들이나 주권들이나 통치자들이나 권세들이나 만물이 다 그로 말미암고 그를 위하여 창조되었고 또한 그가 만물보다 먼저 계시고 만물이 그 안에 함께 섰느니라."

22 마태복음 27:51-54, "이에 성소 휘장이 위로부터 아래까지 찢어져 둘이 되고 땅이 진동하며 바위가 터지고 무덤들이 열리며 자던 성도의 몸이 많이 일어나되 예수의 부활

후에 그들이 무덤에서 나와서 거룩한 성에 들어가 많은 사람에게 보이니라. 백부장과 및 함께 예수를 지키던 자들이 지진과 그 일어난 일들을 보고 심히 두려워하여 이르되, 이는 진실로 하나님의 아들이었도다 하더라."

23 이어지는 단락은 다음을 참고하라.

사람이 자신의 능력 안에서 모든 것을 갖는 것, 그리고 그때 모든 능력을 포기하는 것, 그가 스스로 최소의 것들도 할 수 없을 정도로, 맞다, 그의 지지자들을 위해서도 아무 것도 할 수 없을 정도로 모든 능력을 포기하는 것, 그가 너무 엄격하게 이 입장을 유지하고 있어 무언가를 드러낼 수 있는 창조(creation), 본성(nature)을 억제하는 것, 이것이 자기 부인이 아니라면, 그때 무엇이 자기 부인인가. 여기에 자기를 부인하는 사람을 위한 처소가 있다. 오직 상처와 싸움과 위험과 승리가 이야기되는 곳에서, 용사가 영웅들과 함께 모이기를 열망하는 것처럼, 추종자[Efterfølger]도 세상의 혼란스러운 의견들이 있는 곳을 떠나 이야기되고 있는 모든 것이 견뎌야 하는 고난, 감사의 부족, 공포, 조롱, 그리고 치명적 위험이 있는 곳으로 가기를 열망한다. 요약해서, 그의 십자가를 지고 그리스도를 본받는 자의 경험인 것이다.

-JP III 3740 (Pap. VII1 B 181:2) n.d., 1846

24 빌립보서 2:9-10, "이러므로 하나님이 그를 지극히 높여 모든 이름 위에 뛰어난 이름을 주사 하늘에 있는 자들과 땅 아래 있는 자들로 모든 무릎을 예수의 이름에 꿇게 하시고"

25 아마도 교황 무오설일 것이다. 가톨릭의 경우, 로마 교황을 사도 베드로의 사도권을 계승한 그리스도의 대리자로 인정하고 있다.

26 다음을 보라. 마 10:38, 16:24; 막 8:34; 고전 4:16, 11:1; 엡 5:1; 빌 3:17; 살전 1:6, 2:14; 살후 3:7,9; 히 6:10, 13:7. 예를 들어, 눅 9:23을 보라. 덴마크어로 efterfølge와 efterfølger은 '따르다', '추종자', 혹은 '모방하다'와 '모방자'를 의미한다. Thomas à Kempis의 De imitatione Christi (Paris: 1702; ASKB 272)의 덴마크어 번역은 다음과 같다. Om christi Efterfølgelse, tr. Jens Albrecht Leonhard Holm (Copenhagen: 1848; ASKB 273). '본받음'과 '본보기(Forbillede)'와의 상관관계는 다음을 참고 하라. JP II 1833-1940 그리고 p. 591; VII, pp. 48, 77. 여기에서 '후계자'와 '추종자'는 적합한 번역이나 의미상 '제자'로 옮겼다. 다른 곳에서도 상황에 따라 번역은 달라진다. 또한 다음을 확인해 보라. Practice, p. 233, KW XX (SV XII 213).

27 이것은 사람에 대하여 언급하고 있는 성서의 표현이다. 마 16:17, 갈 1:16, 엡 6:12를 참고하라.

28 이 부분은 덴마크 속담이다. 다음을 참고하라. N.F.S. Grundtvig Danske Ordsprog og Mundheld

29 요한복음 14:2-3, "내 아버지 집에 거할 곳이 많도다. 그렇지 않으면 너희에게 일렀으리라. 내가 너희를 위하여 거처를 예비하러 가노니, 가서 너희를 위하여 거처를 예비하면 내가 다시 와서 너희를 내게로 영접하여 나 있는 곳에 너희도 있게 하리라."

30 이 부분은 마태복음 7:13-14를 암시하고 있다. "좁은 문으로 들어가라. 멸망으로 인도하는 문은 크고 그 길은 넓어 그리고 들어가는 자가 많고, 생명으로 인도하는 문은 좁고 길이 협착하여 찾는 자가 적음이라."

Ⅱ

고난이 무겁다면
어떻게 짐이 가벼울 수 있는지[01]

마태복음 11장 30절

"나의 짐은 유익하고(good) [02] 나의 짐은 가볍다."

짐을 진다는 것

말씀은 바리새인들에 대하여 다음과 같이 말합니다.

"그들은 무거운 짐을 묶어 사람의 어깨에 지우되 자기는 이것을 한 손가락으로도 움직이려 하지 않는다."(마23:4)

불행하게도 이 행동은 세상에서 자주 반복되고 있습니다. 그것은 짐을 져야 하는 사람과 짐에서 자유로운 사람 사이의 구별을 정당화해야 하는 것처럼 보이는 상황에서 반복됩니다. 그러나 실제로는 그렇지 않습니다. 왜냐하면 한 쪽은 주인의 짐을 져야 하고 다른 쪽은 종의 짐을 져야 하며, 한 쪽은 선생의 짐을 져야 하고 다른 쪽은 학생의 짐을 져야 하기 때문입니다.

따라서 모든 사람은 자신의 짐을 져야 하고 어떤 사람도 면제되는 일이 없어야 합니다. 심지어 독립적인 사람도 그렇습니다. 왜냐하면 의존적인 사람이 의무의 짐을 져야 할 때, 독립적인 사람이라면 책임의 짐을 져야 하기 때문입니다.

동일한 바리새인과 같은 독선적 행동은 심지어 둘이 공평하게 멍에를 지고 함께 끌어야만 하는 상황에서도 반복됩니다. 한 쪽은 다른 한 쪽에 짐을 지우기 원하기 때문에 남편은 아내에게 모든 것을 요구하고 아내는 남편에게 모든 것을 요구합니다. 혹은 친구와의 관계에서도, 동업자와의 관계에서도, 어떤 공평함도 없습니다. 한 사람은 친구에게 모든 것을 요구하고 동료에게 모든 것을 요구하고 결국 자신은 자유롭게 됩니다.

진실로 우리는 이런 일뿐만 아니라, 더욱 한심한 일을 목격할 수도 있습니다. 너무 이기적인 나머지, 다른 사람이 짐을 지도록 요구합니다. 그런 다음에는 그가 그 짐을 지기 어렵게 합니다. 배은망덕, 감사의 부족 때문입니다. 혹은 무거운 짐 위에 또 다른 짐을 지울 만큼 변덕이 심할 때입니다.

이것은 마치 우리의 세상이 악한 것처럼, 세상에 대한 불만과 악의에 찬 그런 상상이 아닙니다. 반대로, 이것은 오래된 노련한 경험이기에, 가장 다양한 사람들에 의해 가장 다양한 시대에 검증되었습니다. 이것은 인류(Slaegt)가 존재하는 방식이며 확실히 신적인 것과 관계하는(i Slaegt) 방식입니다. 어쨌든 인류가 하나님의 가족임에도 불구하고[03] 다소 퇴보했습니다.

이것은 사람이 인류의 본보기(Forbillede)를 생각할 때 가장 잘 드러납니다. 인류가 하나님과 관계하지 않는다면, 인류에 대한 어떤 본보기도 있을 수 없습니다. 반면 사람이 본보기를 볼 때, 타락은 더 진한 색깔로 나타납니다. 본보기와 그 순수함을 볼 때, 타락의 그림자는 훨씬 더 어두워집니다.

이 본보기가 주 예수 그리스도입니다. 그분은 "섬김을 받으러" 오시지 않았습니다.[04] 다른 사람에게 짐을 지우러 오시지도 않았습니다. 오히려 그분은 짐을 지셨고 각각의 사람들이 떠밀어 버리기 좋아했던 모든 무거운 짐을 지셨습니다. 그것은 죄의 짐입니다. 심지어 인류 홀로 질 수 없었던 무

거운 짐, 곧 인류의 죄(Slægtens Synd)입니다.[05]

게다가, 사람들은 그분이 그 짐을 지는 것을 어렵게 만들었습니다. 그분은 버림받았고, 경멸을 받았고, 박해를 받았고, 모욕을 당해야 했습니다. 결국 죄인들에 의해 넘겨져 죽으셔야 했습니다. 그분은 죄인들에 의해 원수로 간주되었고 계속 그렇게 여겨졌습니다. 왜냐하면 그분은 "죄인들의 친구"였기 때문입니다![06]

하지만 그분은 인류가 지운 짐을 지셨습니다. 자신에게 떠맡긴 짐을 메야 했습니다. 이뿐만 아니라 그분의 전 생애도 져야 했습니다. 그분의 모든 삶의 순간은 다른 사람들의 짐을 지는 데 바쳐져야 했습니다. 그분이 "수고하고 무거운 짐 진 자들아, 다 내게로 오라."[07]고 말하는 소리가 들렸습니다. 그러나 어떤 사람도 그분이 다음과 같이 말하는 소리를 듣지 못했습니다.

"나는 오늘 시간이 없어. 좋은 시간이 될 수 있도록 초대받았으므로 나는 오늘 그것을 하지 않는 편이 낫겠어. 오늘은 아닌 것 같아. 왜냐하면 나의 일이 있기 때문이야. 나는 오늘 다른 사람들을 견딜 수 없어. 내가 너무 자주 속았기 때문이야."

절대로, 그와 같은 말들이 그분의 입으로부터 흘러나온 적이 없습니다. 그랬다면 그의 입술에는 거짓이 있었을 것입니다.[08] 성서가 부정하는 무엇, 믿음이 떨 수밖에 없는 무엇이 있었을 텐데 말입니다. 마음속 깊은 곳에서 그분은 정말로 이런 것을 의미한 것이 아니었습니다.

인간의 고통이 그분의 기쁨을 방해하거나 슬픔을 증가시키지 않게 하기 위해, 그분이 그 고통에 대해 무지하기를 바라는 어떤 인간적인 두려운 고난도 없습니다. 왜냐하면 그분의 유일한 기쁨은 고난 당하는 자에게 영혼의 안식을 제공하는 것이고, 그분의 가장 큰 슬픔은 고난 당하는 자가 도움을 받지 못할 때이기 때문입니다.

당신이 그분을 어디에서 마주치든, 고독을 찾기 위해 외딴곳으로 가든, 가르치기 위해 성전과 시장에 가든, 그분은 즉시 만나주기 원하십니다. 고독을 찾고 있다고 말하면서 자기변명을 하지 않으셨습니다. 바쁘다고 말하면서 자기변명을 하시 않으셨습니다. 그분의 가까운 친척이었던 사람들이, 말하자면, 이 관계를 악용하기 원했고 그분의 시간을 요구하기 원할 때, 그분은 그들을 알아보지 못했습니다.[09]

그러나 고난 당하는 누군가 있었다면, 그분은 그를 받아들였습니다. 통치자가 그에게 사자를 보내왔을 때, 오셨습니다.[10] 지나가던 여자가 그의 옷깃을 만졌을 때, 그분은 나를 방해하지 말라고 말씀하지 않으셨습니다. 아니, 그는 멈추셨습니다.[11] 그리고 제자들이 군중들을 저지하려 했을 때, 오히려 제자들을 막으셨습니다.[12]

아, 모든 사람이 자기 자신에게 가장 가까이 있는 것이 지혜라면, 우리가 그것을 너무 쉽게 생각하는 경향이 있듯이, 그때 그리스도의 삶은 어리석습니다. 왜냐하면 그분은 다른 모든 사람들에게 가장 가까이 계셨으나 정작 자기 자신과는 가장 멀리 있는 것처럼, 자신의 삶이 그런 희생이셨으니까요. 그러나 그분이 무조건적으로 영원한 본보기이라면, "나의 멍에를 메고 내게 배우라."[13]라고 요구했던 대로 그분에게 배웁시다. 그분에게 우리 자신과 다른 사람의 짐을 지는 법을 배웁시다.

바리새인처럼 다른 사람에게 짐을 지우는 것은 정말로 쉽습니다. 그러나 스스로 짐을 져야 하는 것은 어렵습니다. 고상한 순간에, 짐을 지기로 약속하는 것은 쉽습니다. 그러나 짐을 지는 것은 어렵습니다.

누가 고난 당하는 자보다 이것을 더 잘 이해하겠습니까. 누가 짐을 짊어짐으로 고난당합니까. 누군가 탄식하고 불평하고 우는 소리를 듣기 바란다면, 이것은 고난 당하는 자에게서 충분히 자주 들립니다. 그러나 또한 아주 사소한 것들로 훌쩍이고 불평하고 투덜대는 것도 아주 쉽습니다.

고난 당하는 자는 이런 불평을 배울 필요가 없습니다. 왜냐하면 고난은 이런 불평의 첫 번째 발명자이고 고난은 쉽게 이용 가능한 비명을 갖고 있기 때문입니다. 하지만 침묵하고 견뎌야 하는 것, 혹은 심지어 고난의 쓴 맛에서 기쁨을 찾는 것, 고난은 언젠가 끝날 것이라는 희망 속에서 기쁨을 찾을 뿐만 아니라 우리가 일상에서 기쁨을 말한 대로 고난 속에서 기쁨을 찾는 것, 슬픔에 기쁨이 섞여 있다는 것, 이것은 확실히 배울 만한 가치가 있습니다.

이 가르침이 바로 성서 본문의 내용입니다. "나의 멍에는 유익하고 나의 짐은 가볍다." 고난 당하는 자에게 이해하기 어려워 보여도, 이 온화한 말씀이 어려운 말씀처럼 보여도, 즉, 이해하기 어려워도, 그것은 말한 대로입니다. 따라서 고난 당하는 자는 놀라서 소리치며 물어봅니다.

**고난이 무겁다면,
어떻게 그 짐이 가벼울 수 있습니까?**

생각의 도움

자, 우리가, 비명 속에 부정(denial)을 숨긴 믿을 수 없는 놀라움이 아니라, 믿을 수 있는 놀라움으로 시작해 봅시다. 오직 하나님만을 찬양하며 하나님의 축복으로 다시 한번 놀라기 위해 의심해 봅시다. 신앙의 이런 놀라움으로 이 질문을 생각해 봅시다.

세상에서 어떤 궁핍도, 비참함도 없는 낙원으로 사람을 인도하는 것이 그리스도의 의도가 아닙니다.[14] 혹은 죽을 수밖에 없는 삶을, 마술을 이용해 세상적 기쁨이나 쾌락으로 만드는 것이 그분의 의도가 아닙니다. 이것은 단지 유대교의 오해이며, 감각적이고 경솔한 오해입니다.[15] 그렇습니다. 그분은 본보기를 통해, 그분이 입증했던 것을 가르치기 원했습니다. 즉, 고난이 무거울 때조차 그 짐은 가볍다는 것입니다.

따라서 어떤 의미에서 짐은 동일하게 남습니다. 왜냐하면 그 짐은 고난이고 무거운 고난이기 때문입니다. 그러나 짐은 가벼워집니다. 여기 이 땅에 사람의 자리는 기독교가 세상에 들어왔다고 해서 전과 달라지는 것이 아닙니다. 그리스도인은 전에 고난 당한 것과 정확히 똑같이 고난당할 수가 있습니다. 그러나 무거운 짐은 그리스도인들에게 가볍게 됩니다. 우리는 먼저 이것을 생각해야만 하고 그때 특별히 그리스도인들이 지고 가야 할 가벼운 짐이 무엇인지 조사해야 합니다.

짐을 지는 것에 대하여 말할 때, 일반적인 언어는 가벼운 짐과 무거운 짐의 차이를 구별합니다. 우리는 가벼운 짐을 지는 것은 쉽고 무거운 짐을 지는 것은 어렵다고 말합니다. 그러나 지금 이야기는 그런 것에 관한 것이 아닙니다. 이것은 훨씬 더 엄숙한 주제에 대한 것입니다. 즉, 하나이면서 동일한 짐이 무겁고도 가볍습니다. 우리는 지금 이런 기적에 대하여 말하고 있습니다. 물로 포도주를 만든 것[16]이 무거운 짐을 무겁고도 여전히 가볍게 만드는 것보다 정말로 더 큰 기적일까요?

하지만 우리는 이따금 이런 식으로 말합니다. 누군가 자신이 지고 가는 무거운 짐에 깔려 붕괴 직전에 있지만 그 짐이 자신이 소유하고 있는 가장 귀한 것일 때, 어떤 의미에서 이 사람은 그 짐이 가볍다고 단언합니다. 우리는 이 세계에서 이것을 봅니다. 구두쇠가 스스로 지고 있는 재물의 노예가 되어 죽어가고 있을 때, 우리는 몹시 싫어하며 쳐다봅니다. 아무리 자신은 무거운 짐을 가볍게 생각해도, 구두쇠의 재물은 그에게 있어서 모든 것이니까, 그래도 그것은 여전히 혐오스럽습니다.

우리는 고상한 의미에서, 누군가 이 세상에서 자신에게 가장 사랑스러운 것을 지고 갈 때, 그것을 보며 조용하게 행복감을 느낍니다. 그 짐은 확실히 무겁지만 그런데도 가볍습니다. 바다에서 조난당하여, 어떤 사람이 자신의 연인의 무게에 눌려 바다에 빠져갈 때, 그는 연인을 구하기를 바랍니다. 그 짐은 확실히 가장 무겁습니다. 그러나 이 사람에게 그 짐이 무거운지 물어보십시오. 그것은 여전히 서술 불가능한 방식으로 아주 가볍습니다.

이 둘은 생명의 위협 가운데 있어도, 다른 사람에게는 무거운 짐(weight)이 될지라도, 한 사람은 오직 한 가지만을 계속해서 원합니다. 생명을 구하기 원합니다. 따라서 그 짐이 결코 존재하지 않는 것처럼 말합니다.

이런 변화가 어떻게 생길 수 있습니까? 그것은 사상, 생각이 개입되었기 때문이 아닌지 궁금합니다. 이 사람은 그 짐은 무겁다고 말합니다. 그리고 멈춥니다. 그때, 사상, 생각이 개입합니다. 그는 말합니다.

"아닙니다. 오 아니지요. 그것은 실제로 가볍습니다."

그는 이런 식으로 일구이언하는 것일까요? 그렇지 않습니다. 이런 식으로 진리를 말하고 있다면, 그는 정말로 사랑 안에 있습니다. 따라서 변화가 일어나는 것(짐이 가벼워지는 것)은 생각의 도움, 사상의 도움, 사랑의 도움 때문입니다.

멍에의 유익

"나의 멍에는 유익하다." 소위, 사람이 행운아라면, 혹은 더 정확히 말해, 이 사람이 또한 무사태평한(happy-go-lucky) 사람이라면, 쉽게 거만해져 머리를 치켜들고 다닐 수 있습니다. 그러나 사람이 고난의 무거운 멍에 아래 고개를 숙이고 걸을 때, 아마도 그는 그 무게 아래에 침몰하는 것 외에는 무엇을 해야 할지 결코 아무것도 알지 못했을 것입니다. 그래서 고개를 숙인 채 걷고 있었고 말문이 막혀 있었습니다. 뿐만 아니라, 그는 아무 생각이 없었습니다.

아무 생각이 없다는 것(thoughtless), 그렇습니다. 왜냐하면 오류는 단순히 그가 적어도 짐을 들어올릴 수 있도록 도울 수 있는 단 한 가지의 생각이 없다는 데 있기 때문입니다. 이 생각이 있어야만 합니다. 생각이 항상 필요하다면, 확실히 그것은 사람이 짐승 그 이상의 존재로서 구별되기 위해 특별히 여기에 그렇게 있어야만 합니다. 그러므로 그것은 고상한 사람에 의한 아름답고 행복한 진술입니다. 그가 지상의 싸움에 대하여 말할 때, 오직 한 가지만을 구합니다.

"나에게 위대한 생각을 주소서."[17]

많은 영광스럽고 가치 있는 생각이 있을 수 있습니다. 짐을 가볍게 할 수는 없어도, 짐을 들어올리도록 도울 수 있는 생각입니다. 지나간 더 좋은 시간 혹은 다가올 더 좋은 시간들에 대한 생각이 있을 수 있습니다. 사랑하는 사람 혹은 존경하는 사람에 대한 생각이 있을 수 있습니다. 다른 사람에게 빚진 것 혹은 자기에게 빚진 것에 대한 생각이 있을 수 있습니다. 그러나 대체로 문제를 결정짓는 오직 한 가지, 단 한 가지의 생각이 있습니다. 무거운 짐을 가벼운 짐으로 변화시키는 믿음의 변화를 포함한 하나의 생각. 이 생각은 그것이 유익하다는 것, 무거운 고통이 유익하다는 것입니다.

그러나 무거운 고통이 유익하다는 것, 그것은 믿어져야 합니다. 그것은 보일 수 없습니다. 아마도 나중에 그것이 유익했었다는 것이 보일 수는 있습니다. 그러나 고통의 기간에 그것은 보일 수도 없을 뿐더러 그렇게 많은 사람들이 그렇게도 많이 사랑하여 그것을 반복했음에도, 그것을 들을 수도 없습니다. 그것은 믿어져야 합니다. 믿음의 생각은 거기에 있어야 합니다. 그리고 내적인 사람(the inward)은 신뢰하면서 이 생각의 표현을 자기 자신에게 반복했습니다. 왜냐하면 말씀은 구속하는 능력(den bindende Magt)[18]이고, 한 마디 말로 자기 자신을 영원히 매이게 하는 것이 사실이라면,[19] 그때 말씀이 또한 속박의 멍에를 풀어 해방시키는 능력을 갖는 것도 사실이기 때문입니다. 그리하여 믿는 자는 멍에 아래에서 자유롭게 걷습니다. 그때 말씀은 혀의 근육을 풀어 해방시키는 능력입니다. 그리하여 벙어리의 침묵은 끝이 나고 목소리는 예배(adoration)로 돌아옵니다.[20] 그것은 믿어져야 합니다.

주위에 기쁨밖에 없을 때, 기쁨을 보는 것은 어려운 것이 아닙니다. 언어 자체가 거의 조롱하며 이 공허한 말이 얼마나 피상적인지 보여줍니다. 그러나 주위에 비탄밖에 없다면, 그때 믿음으로 기쁨을 보는 것, 이것이 적절합니다. '믿음'이라는 밀의 사용과 관련하여, 이것은 상당히 제대로 되어 있습니다. 왜냐하면 믿음은 그것이 **비가시적인 것**(the invisible), **있음직하지 않은 것**(the improbable)이라 해도, 항상 보이지 않는 것과 관련이 있기 때문에,[21] 이것이 믿음을 갖기 위해 적절합니다.

믿음은 산을 옮긴다고 말합니다.[22] 그러나 아무리 가장 무거운 고난도 산보다 더 무거울 수는 없습니다. 언어가 갖고 있는 가장 강력한 표현은 정확히 정반대입니다. 즉, <u>고난은 산처럼 무겁게 사람을 의지하고 있습니다.</u> 그러나 만약 고난 당하는 자가 여전히 그 고난이 그에게 유익하다고 믿으면, 그렇습니다, 그때 그는 산을 옮깁니다. 그래서 그가 밟는 모든 걸음으로 산을 옮기는 사람은 그가 살고 있는 매일 산을 옮깁니다.

산을 옮기기 위해서, 사람은 산 밑에 있어야 합니다. 아, 이것이 고난 당하는 자가 무거운 짐 밑에 서는 방식입니다. 이것은 무거움입니다. 그러나 고난 당하는 동안에 믿음의 인내, 이것이 유익하다는 믿음, 이것은 산을 들어올려 그것을 옮깁니다.

고난 당하는 자가 아마도 다른 사람의 사랑스럽고, 동정심 많고, 격려하는 말을 듣게 됩니다. 그런 말에 깊이 감동을 받을 수도 있습니다.

"그것은 너에게 유익해."

그런데도 그는 여전히 산을 옮길 수 없군요. 죄수가 눈물을 흘리며 밖에 있는 연인의 목소리를 들을 수 있습니다. 그런데도 그는 자유로울 수 없군요. 이따금 그것은 오히려 그의 감금을 더욱 억압할 수 있습니다. 고난 당하는 자는 이런 목소리들을 들을 수 있습니다. 그러나 그가 그의 속사람(inner being)에서 농일한 목소리를 들을 수 없다면, 그는 산을 옮길 수 없습니다. 절 망하여 이런 목소리들을 듣는 것조차 거부할 수 있습니다. 하물며 그 목소 리가 그가 산을 옮기도록 하는 것은 더욱 도울 수 없습니다.

그러나 그가 이 짐이 그에게 유익하다고 믿으면, 그는 산을 옮깁니다. 이 거대한 산이 그의 길을 가로막고 있는 것은 사실입니다. 그렇지 않습니 까? 그는 다른 길로 돌아가고 싶습니다. 혹은 산이 제거되기를 바랍니다. 그 러나 그것이 그에게 유익하다고 믿으면, 물론 그때 그 길은 펼쳐집니다. 그 리고 산이 그의 길 위에 있게 됩니다. 내가 이런 식으로 말한다면, 유익함은 산에게 걸어갈 수 있는 발을 줍니다. 저 기발한 이방인이 말했습니다.

"나에게 세계 밖에 설 수 있는 장소를 제공해 주시오. 그러면 내가 세계 를 움직일 거요."[23]

고귀한 사람은 말했습니다.
"나에게 위대한 생각을 주시오."

아, 전자는 이루어질 수 없습니다. 그리고 후자는 충분하지 않습니다. 도움을 줄 수 있는 오직 한 가지가 있습니다. 그러나 그것은 다른 사람에 의 해 주어질 수 없습니다. 즉, 믿으십시오. 그러면 산을 옮길 것입니다!

이 멍에가 당신에게 유익하다고 믿으십시오. 이 유익한 멍에는 **그리스 도의 멍에**입니다. 그러나 고난 당하는 자가 믿기에 유익한 멍에는 그리스도 의 멍에뿐입니다. 그러므로 그리스도인이 우리가 세상에서 고난에 대하여 알던 대로 인간의 고난에서 면제된다는 것은 사실이 아닙니다. 그러나 멍에가 그에게 유익하다고 믿고 고난을 참는 사람은 그리스도의 멍에를 지고 갑니다.

인간적으로 말해서, 어떤 새로운 고난도 부가되지 않습니다. 또한 어떤 오래된 고난도 제거되지 않습니다. 그 정도로 모든 것은 변하지 않습니다. 그러나 이제 이 위대한 생각이 주어졌습니다. 그러나 그 장소는 세계 밖에서 발견되었습니다. 즉, 믿음입니다. 이것은 **세속적 지혜의 발명**이 아닙니다. 이것은 이런저런 유익한 것들에 대한 사소하고 수다스러운 분주함도 아닙니다. 아니, 이것은 유익을 믿는 믿음, 과묵한 믿음입니다. 지혜를 수단으로, 사람은 세계를 비집고 빠져나갈 수 있습니다. 많은 역경을 빠져나갈 수도 있습니다. 사람이 말로 어떤 곤경을 모면할 수도 있습니다. 어떤 곤경에 대한 치료약을 생각해낼 수도 있습니다. 그러나 이 모든 것은 산을 옮길 만한 작은 믿음도 아닙니다.[24]

그러므로 믿음이 유익함을 고수하고 산을 옮길 때, 믿음의 기쁨은 너무 커서 멍에는 실제로 가볍습니다. 무거움에 대한 이 사상은 멍에가 믿음의 도움으로 실행될 때 멍에를 가볍게 합니다. 누군가 깃털을 들어올릴 때, 말합니다.

"가볍군요."

그러나 누군가 무거운 무게로 다가서더니 그것을 보고 자신의 힘에 대하여 절망하였지만, 그런데도 그 무게를 시험해 보고 들어올리는 데에 성공할 때, 그는 너무 기쁜 나머지 기쁨의 놀라움으로 소리칩니다.

"가볍군요."

따라서 그는 성급했나요? 그가 자신의 힘에 대하여 절망했다는 것을 망각했습니까? 따라서 하나님의 도움을 헛되게 한 것입니까? 결코 그렇지 않습니다. 그가 이렇게 말한 것은 명확히 믿음의 복된 놀라움입니다.

소녀가 여자답게 단 하나의 소원을 품고 있다면, 아, 그러나 그녀는 절망을 숨긴 채로 말할 수 있습니다.

"이것은 불가능해."

이런 표현은 그녀가 무관심해졌다는 것을 의미할 수 있습니다. 침대로 가고 싶고, 잠을 청해 소원을 떨쳐버리고 싶고, 잠에 깊이 빠져 망각하고 싶습니다. 그것은 그녀가 더 이상 자신의 소원을 절망 속에 숨기지(gjemme) 않고 절망하여 그 소원을 망각하고(glemme) 싶다는 것을 의미할 수 있습니다. 그러나 그녀는 여성답게 **소망에 반한 소망으로**[25] 그녀의 전심을 다하여 소원을 계속 붙들었다면, 그때 소원을 이루었다면, 그녀는 저 기쁜 날에 확실히 외쳤을 것입니다.

"이것은 불가능해!"

그녀는 "이것은 불가능해"라는 가장 축복된 놀라움의 저 가장 행복한 인사말로 확신(certainty)을 환영할 것입니다. 그녀가 이것은 확실하다고 말하면서 자신의 마음을 설득하는 것은 시간이 조금 걸릴 수 있습니다. 왜냐하면 "이것은 불가능해!"라는 말로 그녀가 매일 확신에 인사하는 것은 형용할 수 없이 더욱 값진 것이기 때문입니다.

그때 그녀는 확신을 갖고 장난치는 경솔한(light-minded) 사람일까요? 확신을 소중히 여기는 법을 모르는 배은망덕한 자입니까? 아닙니다. 그녀는 구별하고 있습니다. 왜냐하면 놀라워하며 날마다 다시 확신으로 시작하는 것은 구별하는 것이기 때문입니다. 그녀는 겸손합니다. 그리고 겸손하게 믿고 있습니다. 그녀의 놀라움은 믿음의 놀라움입니다. 그녀의 계속된 놀라움은 불가능한 것을 가능하게 해주는 능력에 대한 충성(faithfulness)입니다.

보십시오. 어리석은 처녀는 어리석은 기대의 상징입니다.[26] 그러나 우리가 비유를 조금 바꾸어 봅시다. 기대의 등불을 밝히고 신부를 맞이하고 있는 슬기로운 다섯 처녀를 생각해 보십시오. 그때 문이 닫힐 때, 그들이 즉각적으로 "자 이제 모든 것은 확실해지고 결정이 났어."라고 말했다면, 다른 의미에서 그들의 등불이 꺼졌다고 말할 수 있는 것인지 궁금합니다.

그러나 믿음은 등불을 밝힙니다. 믿음이 기대하면서 기다리는 문제라면, 그것은 종국까지 등불을 밝힙니다. 그리고 모든 것이 성취(fulfillment)되었더라도, 그때 믿음은 계속 등불을 밝히고 결코 그것이 불가능했다는 것을 망각하지 않습니다. 그렇지만 멍에가 무거운 반면 성급하게 멍에가 무겁다는 것만을 발견하는 자는, 멍에가 그에게 가벼워질 때, 그는 다시 예전의 자기(old self)가 되어 버립니다. 그는 자기가 아마도 이해할 수 없었던 것을 지금은 쉽게 이해할 수 있는 사기꾼, 쥐꼬리만 한 사기꾼이니까요.

그런데도 당신은 기대가 이루어지는 것을 기다려야만 합니다. 그러나 고난의 유익함에 대하여는 전혀 기다릴 필요가 없습니다. 즉, 당신이 그 유익함을 보는 것을 고집하는 것이 아니라(이것은 단점이다) 믿는다면, 그것은 즉시 이행될 수 있습니다. 그러므로 무거운 고난이 유익하다는 믿음은 행복한 결말의 기대보다 훨씬 더욱 완전합니다.

행복한 결말은 찾아오는 데 실패할 수도 있습니다. 그러나 믿는 자는 고난이 그에게 유익하다고 믿습니다. 이리하여 **유익이 존재할 때**, 유익이 오는 데 실패할 수 없습니다. 믿는 자는 인간적으로 고난이 얼마나 무거운지를 이해하지만 그것이 그에게 유익하나는 믿음의 놀라움으로 경건하게 말합니다.

"이것은 가볍군요."

그는 인간적으로 말합니다.
"그것은 불가능합니다."

그러나 그는 다시 믿음의 놀라움으로 그것에 대하여 말합니다. **그가 인간적으로 이해할 수 없는 것이 그에게 유익이라고.** 다시 말해, 인간의 지혜가 유익함을 파악할 수 있을 때, 믿음은 하나님을 볼 수 없습니다. 그러나 고난의 어두운 밤에, 지혜가 한 치 앞을 볼 수 없을 때, 그때 믿음은 하나님을 볼 수 있습니다. 왜냐하면 믿음은 어두움에서 가장 잘 볼 수 있기 때문입니다. 지혜가 고난 당하는 자를 위로할 때, 이것은 다음과 같이 진행됩니다. 지혜는 말합니다.

"모든 게 잘 될 거야. 그리고 잠시 후면 유익이 될 거야."

그동안 지혜는 떠나기 위해 순간을 이용합니다. 이것은 마치 의사가 환자를 방문해 "잠시 후면 좋아질 것입니다."라고 말하는 것과 같습니다. 그리고 그때 의사는 떠납니다. 환자는 결코 의사를 잡을 수 없고, 의사가 말로 자신을 속였다면서 붙잡아 둘 수도 없습니다. 왜냐하면 의사는 슬쩍 떠나버렸기 때문입니다. 그러나 믿음은 고난 당하는 자를 위로할 때, 그와 함께 앉아 말합니다.

"고난은 당신에게 유익하다. 바로 그것을 믿으라. 이것은 믿음으로 즉각적으로 이해할 수 있는 것이다. 그러므로 나는 당신과 함께 머물고 싶다. 그래서 내가 허위로 말을 하면, 당신이 나에게 화를 터뜨릴 수 있도록 하고 싶다. 나는 어떤 목적 없이 뛰는 자처럼[27] 한계시간이 필요 없다. 나는 사기꾼처럼 도망칠 시간도 필요 없다. 아니, 그것은 당신에게 유익하다. 다만 고난이 더 커지도록 해보자. 그것이 당신에게 유익하다. **유익함은 바로 나, 믿음이 존재하는 것처럼, 유익함이 존재한다는 것이다.**"

이것이 유익함이 믿음을 위해 존재하는 방식입니다. 그리고 유익함은 심지어 믿음이 영적 시험을 겪을 때조차 **존재합니다.** 심지어 믿음이 하나님의 은혜에서 떨어진 것처럼 보일 때조차 유익함은 **존재합니다.** 심지어 믿음은 그를 화나게 하여 믿음이 증가하는 것만큼이나 시험이 점점 더 어려워지는 것처럼 보일 때조차 유익함은 **존재합니다.**

그래서 낙심한 믿는 자에게 그는 자신의 믿음을 후회해야만 하는 것처럼 보일 수 있습니다. 태평하게 살면서 전혀 하나님과 관련없이 사는 저 사람, 그러나 아주 편하게 넓은 길을 걸으며, 많은 존경을 받고 칭찬받는 길의 중간[28]을 걸으며 결코 믿음의 좁은 길에 앞장서지 않는 저 사람은 운이 좋은 것처럼 보입니다. 그러나 이런 방식으로 사는 사람마다 그가 무엇을 하든지 그리스도인이 아닙니다. 왜냐하면 그리스도인에게 멍에는 유익하기 때문입니다. 즉, 그는 그것을 믿습니다. 한 사람은 철 멍에를 메고, 두 번째 사람은 나무 멍에를, 세 번째 사람은 금박을 입힌 멍에를, 네 번째 삶은 무거운 멍에를 멜 수 있습니다. 그러나 오직 그리스도인만 유익한 멍에를 멥니다.

짐의 가벼움

"나의 짐은 가볍다." 조급함(Utaalmodighed)과 초조함(Vrantenhed)이 가벼운 짐을 무겁게 지고 가게 하는 반면, 온유함(meekness, Sagtmodighed)은 무거운 짐을 가볍게 지고 가는 것 말고 다른 무엇이 있겠습니까?

언어에는 영광스러운 단어가 있습니다. 많은 것과 관련을 지을 수 있지만, 특별히 이 단어는 선을 제외하고는 어떤 것과도 연결할 수 없습니다. 그것은 바로 용기(courage, Mod)라는 말입니다. 선이 있는 곳이면 어디든지, 용기는 또한 거기에 현존합니다. 선이 무슨 일이 일어나든지, 용기는 항상 선의 편에 있습니다. 선은 항상 용감합니다. 오직 악만이 비겁하고 겁이 많습니다. 그리고 악마는 항상 두려워 떱니다.[29]

이것은 이 말이 얼마나 강한지 보여줍니다. 이 말은 위험에 등을 돌리는 것이 아니라 항상 마주하고 섭니다. 이 말은 그 자체로 자랑스러운 말이지만, 선의 다양성과 아름답게 어울려야 할 경우에 얼마나 적응력이 뛰어납니까! 이 강한 말은 모든 악한 것은 아주 혐오스러워 하지만 선의 다양성과 연대하는 데에는 아주 충성스럽습니다.

거기에는 용감하게 위험에 반항하는 용기(Mod)가 있습니다. 거기에는 위풍당당하게 저 불평 너머로 자신을 들어올리는 고매함(high-minded, Hoimod)이 있습니다. 거기에는 끈기 있게 고난을 참는 인내(patience, Taalmod)가 있습니다. 그러나 무거운 짐을 가볍게 지는 부드러운 용기(sagte Mod)는 여전히 가장 놀라운 합성어(compound)입니다.[30] 모든 것들 중에 가장 단단한 것을 거칠게 다룰 수 있는 철의 힘이 놀라운 것이 아니라, 철의 힘을 갖고도 모든 것들 중에 가장 약한 것을 부드럽게 다룰 수 있는 것이 정말로 놀랍습니다. 혹은 무거운 것을 가볍게 다룰 수 있는 것이 정말로 놀랍습니다.

그리스도께서는 제자들에게 온유함(Sagtmodighed)을 요구했습니다. "나에게 배우라. 나는 마음이 온유하고 겸손하다."[31] 그렇습니다. 그분은 온유했습니다. 그분은 인간의 능력, 인류의 능력을 훨씬 넘어서는 무거운 짐을 가볍게 지고 가셨습니다. 그러나 누군가 스스로 가장 무거운 짐을 지고 가는 동시에, 끊임없이 다른 사람을 걱정하고, 다른 사람을 돕고, 병든 자를 고치고, 비참한 자들을 찾고, 절망한 자를 구하기 위한 그런 시간과 원함과 자기희생이 있을 때, 그는 그 짐을 가볍게 지고 가지 못합니다! 그분은 배려의 가장 무거운 짐을, 타락한 인류를 위한 배려의 가장 무거운 짐을 지고 가셨습니다. 그러나 그분은 그것을 가볍게 지고 가셨기에 꺼져가는 심지를 끄지 않으시며 상한 갈대를 꺾지 않으십니다.[32]

본보기가 실천한 것처럼, 제자 또한 그렇게 살아야 합니다. 누군가 무거운 짐을 진다면, 그러나 또한 그런 이유로 다른 사람에게 도움을 구하고 몇 개의 짐을 그들에게 지운다면, 혹은 그가 무거운 짐을 지지만 또한 그런 이유로 고작 힘겹게 짐을 지는 것에 대한 것만 생각한다면, 그때 그는 확실히 짐을 부분적으로 혹은 전체로 지고 있지만 그것을 가볍게 지고 있지는 않습니다.

누군가 그의 모든 힘을 집중시켜야 한다면, 그가 단 하나의 생각이 없다면, 한 순간만이라도 다른 사람에게 줄 수 있는 단 하나의 생각이 없다면, 그가 극한의 노력으로 짐을 진다 해도, 그것을 확실히 지고 있지만 가볍게 지고 있지 않습니다. 그는 그것을 인내하며 지고 갈 수 있지만 온유하게 지고 있지는 못합니다.

용기는 시끄럽습니다. 고매함은 머리를 높이 치켜듭니다. 인내는 침묵

합니다. 그러나 온유함은 무거운 짐을 가볍게 지고 갑니다. 용기와 고매함은 눈에 보일 수 있습니다. 그러나 온유함은 자신을 눈에 보이지 않게 합니다. 그것은 아주 가벼운 것처럼 보이지만 사실은 아주 무겁습니다. 용기가 안에 거주하게 되면 눈에 보입니다. 고매함이 있는 곳에서는 그 자세와 휘광(glance)으로 보입니다. 인내가 있는 곳에서는 입에서 보입니다. 입이 침묵하기 때문입니다. 그러나 온유함은 보일 수 없습니다.

그때, 온유함의 가벼운 짐은 무엇입니까? 자, 가볍게 지고 갔던 짐은 원래 무거운 짐입니다. 그러나 온유함의 무거운 짐은 무엇입니까? 참으로, 그 짐은 무한히 다양할 수 있습니다. 그러나 짐의 무게를 다는 데 중요한 것은 이 다양성이 아니라 오히려 온유함입니다. 또한 조바심의 가벼운 짐도 무한히 다양할 수 있습니다. 그러나 짐의 무게를 다는 데 중요한 것은 이 다양성이 아니라 오히려 조바심입니다. 조바심 때문에 짐이 무거워집니다. 그때, 조바심은 용기의 친척이 아니라면, 타락한 구성원으로서 그 가족에 속할 뿐입니다.

그러나 조바심을 통해서 가벼운 짐이 실제로 무겁게 되듯이, 온유함을 통해 무거운 짐은 거룩한 의미에서 가벼워진다는 것은 실제로 사실입니다. 유익함은 가벼운 멍에입니다. 그리고 온유함은 가벼운 짐입니다. 유익한 것이 지기에 가볍다는 것은 영원히 결코 어떤 의심도 있을 수 없습니다. 그러므로 의심은 다른 무엇인가를 향합니다. 의심은 온유함이 훌륭하도록 가볍다는 것을 **이해할 수 있습니다.** 그러나 의심은 온유함을 통해 무거운 짐이 가벼운 짐이 된다는 것, 무거운 짐이 실제로 가벼워진다는 것을 **이해하기를 거부합니다.** 그러나 그럼에도 불구하고, 그 짐은 가벼워집니다.

그러므로 내일 무엇을 먹고 살아야 할지 알지 못하는 자가 있다면, 그가

복음의 본문을 따라(그리스도께서는 번영을 가져와서 생계에 대한 염려를 폐지하러 오신 분이 아니므로), 내일에 대한 염려를 하지 않는다면,[33] 그때 그는 정말로 무거운 짐을 가볍게 지고 갑니다. 아, 그들의 평생에 끼니 걱정을 해야 하는 사람은 확실히 많지 않은 반면, 염려하는 자들에게 그들의 눈은 미리 너무 멀리 봄으로써 혼란에 빠져, 생계에 대한 그의 염려는 심지어는 평생 동안 이어지는 것처럼 보입니다. 그렇다면, 그는 무거운 짐을 무겁게 지고 갑니다. 그러나 인내하며 이것이 그에게 요구되는 동안, 짐을 지고 가기로 결심한다면, 그는 여전히 짐을 가볍게 지고 가는 것이 아닙니다.

가장 교활하고 가장 강한 원수는 시간입니다. 특별히 시간이 공격에 집중하고, 다가오는 것, 미래라고 일컫게 될 때 그렇습니다. 왜냐하면 그때 시간은 가까이는 볼 수 없지만 멀리서 보면 그 모습이 더욱 끔찍한 것으로 보이는 안개와 같기 때문입니다. 인내가 눈으로 미래의 무게를 느낄 때, 눈은 그것이 얼마나 무거운지를 봅니다. 그러나 부드러운 용기는 내일조차 염려하지 않습니다. 온유함은 재빠르게 눈을 안으로 돌립니다. 그러므로 온유함은 미래의 무한성을 보지 못합니다.

온유함은 미래를 내일이라고 부릅니다. 내일은 정말로 미래이지만 가능한 한 가깝게 볼 수 있는 미래입니다. 내일은 조용하게 앞으로 전진합니다. 그래서 온유함은 아주 섬세하게 미래를 다룹니다. 그러나 우리의 눈이 완전히 자유롭다면, 우리가 더욱 가까이 갈수록 위협적인 모양을 띠고 있는 안개를 볼 수 없는 것처럼, 더욱 가까이 갈수록 또한 미래를 볼 수 없습니다. 바로 이것은 온유함이 내일조차 염려하지 않는 이유입니다. 이것은 시간의 짐, 미래의 짐을 가볍게 지는 것이 아닌가요?

그러므로 노예로 태어난 사람이 있다면, 사도의 강한 훈계에 따르면(그리스도는 그것이 노예제도의 결과로 나온 것이지만, 노예제도를 폐지하러 온 분이 아니니까),[34] 그가 자유에 대하여 걱정하지 않는다면, 그리고 자유를 선택할 수 있도록 제공받을 수만 있다면, 그때 그는 무거운 짐을 가볍게 지고 갑니다.

짐이 얼마나 무거운지 가장 잘 알고 있는 사람은 불행한 자입니다. 그리고 인간의 동정은 그의 지식을 공유합니다. 친절(humanity)이 그와 함께 탄식하는 것처럼, 그가 짐 아래에서 탄식한다면, 무거운 짐을 무겁게 지고 갑니다. 그가 인내로 그의 운명에 복종한다면 그리고 인내로 자유를 희망한다면, 여전히 무거운 짐을 가볍게 지고 가지는 못합니다.

그러나 **정신의 자유**(freedom of the spirit)를 정말로 믿을 만한 용기가 있는 온유한 사람은 무거운 짐을 가볍게 지고 갑니다. 정당하게 결정적 질문이라고 부를 수 있는 질문, 자유에 대한 질문, 태어나면서부터 노예인 자에게 확실히 삶과 죽음에 대한 질문이라고 부를 수 있는 질문, '사느냐 죽느냐'라고 부를 수 있는 질문이 있습니다. 이런 죽음을 다루거나 생명을 주는 질문을, 온유한 자는 그것이 자신에게 아무런 관련이 없는 것처럼 가볍게 다룹니다. 그러나 결국 그것이 너무 가벼워서 어떤 면에서 그것은 그와 관련이 있습니다. 그는 말합니다.

"노예로 태어나는 것이 나를 괴롭히지 않아. 그러나 내가 자유로울 수 있다면, 그때 나는 자유를 선택하는 편이 나을 거야."

사슬(chain)을 풀기 위해 대드는 것은 그것을 무겁게 참고 있는 것입니다. 사슬을 경멸하는 것 또한 그것을 무겁게 참는 것입니다. 인내로 사슬을 참는 것은 여전히 가볍게 그것을 참는 것이 아닙니다. 그러나 태어나면서부터 노예인 자가 자유인이 족쇄를 참을 때처럼 속박의 사슬을 참는 것, 그것은 속박의 사슬을 가볍게 참는 것입니다.

이것은 온유함에서도 마찬가지입니다. 우리가 검소함(thriftiness)이 동전 한 푼으로 할 수 있는 것을 놀라움으로 바라보듯이, 부드러운 용기도 일을 조금씩 하는 데 능숙합니다. 그러므로 무거운 짐을 가볍게 하는 데 능숙합니다. 염려로 과묵해진 의심하는 사람(doubter)은 감히 거의 한 발짝도 뗄 수 없는 것처럼, 너무 멀리 가지 못하도록 감히 어떤 것도 확신하거나 부정하지 못하는 것처럼, 온유한 사람에게도 역시 영원의 과묵함(reticence of eternity)이 있습니다. 그러나 그는 염려하지 않습니다. 왜냐하면 반대로 **담대함**이 있기 때문입니다. 그는 의심하지 않고 강하게 믿습니다. 믿음 안에서 그는 건강하고 자유롭게 숨을 쉽니다. 그러나 그의 용기는 온유하므로, 그가 져야 하는 짐은 아무것도 아닌 것처럼 보입니다.

모든 마음의 상태가 마음 밖에 있는 것을 생산하고, 자신과 닮게 과업의 모양을 만든다는 것은 정말로 사실입니다. 우리는 큰 위험이 있는 곳마다 항상 용기 있는 사람이 있다고 말하지 않습니다. 대신에 우리는 용기 있는 사람이 있는 곳마다 반드시 큰 위험이 있다고 말합니다. 다시 말해, 그는 위험이 필요하고 위험을 갈망합니다. 용기 있는 사람에게 자기보호를 위한 용기의 본능은 큰 위험이 필요하다는 데 있습니다.

과업은 그것을 완성하는 사람과의 관계를 통해서 다른 것이 됩니다. 낙담한 자에 의해 극복될 수 있는 동일한 위험이 그것을 극복하는 자가 용기 있는 사람일 때 가시적으로 더 크게 보입니다. 이중적인(ambivalent) 사람이 참을 수 있는 동일한 불의가 의로운 사람이 그것을 참을 때 가시적으로 더 크게 보입니다. 불안에 쫓기는 도망자가 만든 동일한 도약(leap)이 발레 무용수가 가볍게 그 도약을 만들 때 가시적으로 더 크게 보입니다. 이리하여 용기는 위험을 크게 만들고 그것을 극복합니다. 고매함(high-mindedness)은 불의를 초라하게 만들고 그것 위로 오릅니다. 인내는 짐을 무겁게 만들고 그것을 지고 갑니다. 그러나 온유함은 짐을 가볍게 만들고 그것을 가볍게 지고 갑니다.

따라서 인간적으로 말하자면, 온유함은 보상이 없습니다. 온유함은 아주 조용하게 걷기에 아무도 무거운 무게를 알아채지 못합니다. 심지어 온유한 사람에게 짐을 지운 사람조차 정말로 그것을 알지 못하게 됩니다. 용기는 승리의 가시성(visibility)으로 보상받습니다. 고매함은 휘광(glance)의 자랑으로 보상받습니다. 인내는 고통의 흔적으로 보상받습니다. 그러나 온유함은 인식 불가능합니다.

예를 들어, 온유한 노예는 온유함으로 주인의 불의를 숨깁니다. 왜냐하면 노예는 주인과 아주 좋은 삶을 사는 것처럼 보이기 때문입니다. 그리고 그는 온유함의 도움으로 그렇게 삽니다. 이리하여 여행자는 노예가 사슬에 묶여 신음하는 것을 보았다면, 그는 눈치챌 것이고 그의 동정은 깨어나게 되고 노예제도의 두려움을 낱낱이 서술할 것입니다. 그러나 그는 온유한 노예를 알지보지 못합니다. 심지어 주인이 선한 사람이라고 믿을 수도 있습니다.

예를 들어, 조용한 여인이 온유하게 남편의 모든 말썽과 기분과 수모를 참을 때, 아마도 그의 불성실함, 그것은 보이지 않습니다. 그러니 그것이 어떻게 보이는가를 말하는 것이 무슨 소용이 있겠습니까? 결국 그것은 보일 수 없습니다. 그녀가 남편의 못된 성품을 인내하며 참는다면, 그때 그것은 보일 수 있습니다. 그러나 그녀가 어디에 있든 발견되어야 한다면, 이 온유한 여인은 거기에서 행복한 결혼만을, 사랑스러운 남편만을 보게 합니다.

그리고 남편과 행복해 하면서 그녀의 집에서 행복한 아내를 보게 합니다. 그렇습니다. 그녀는 축복받습니다. 그녀가 남편과 행복하지 않았다면, 그럼에도 불구하고 그녀는 그녀의 온유함에서 축복받습니다.

"나에게 배우라. 나는 마음이 온유하고 겸손하기 때문이다." 그렇습니다. 그리스도는 온유했습니다. 그분에게 온유함이 없었다면, 그분 또한 자신이 주장했던 자가 아니었을 텐데 말입니다. 그분에게 온유함이 없었다면, 그렇게 많이 고난 당하지도 않았을 텐데 말입니다. 왜냐하면 세상은 그분에게 저질렀던 불의에 두려워 떨고 있었을 테니까요.

그러나 그분의 온유함은 세상의 죄(guilt)를 숨겼습니다. 권리를 주장하지도 않았습니다. 그는 결백을 주장하지도 않았습니다. 그들이 자신에게 얼마나 죄를 지었는지 말하지도 않았습니다. 그분은 단 한마디 말로 그들이 실족했던 죄를 지적하지도 않았습니다. 심지어 최후의 순간에도 다음과 같이 말했습니다.

"아버지여, 저들을 용서하소서. 저들은 자기가 한 것을 알지 못합니다."[35]

여기에서 그의 온유함은 그들의 죄를 숨기지 못했습니다. 왜냐하면 그가 이렇게 말함으로써 죄가 원래 있는 것보다 훨씬, 훨씬 적은 것처럼 보이는 반면, 다른 의미에서 그들이 온유함에 죄를 짓게 됨으로써 죄는 훨씬 끔찍한 것이 되어 버리기 때문입니다.

베드로가 그를 세 번 부인했을 때,[36] 그리고 그리스도가 그를 온유하게 바라보기만 했을 때, 이 온유함은 베드로의 죄를 숨기고 훨씬 적은 무엇으로 만들지 못했습니다. 단지 말씀에 있는 통곡을 들어보십시오. 그분이 배신을 당하고 적의 손에 넘겨져 모욕과 조롱을 당하는 순간에 그가 주님을 세 번씩이나 부인했던 통곡을 들어보십시오! 그것에 대한 서술이 아니고 단지 언급(utterance)만으로도 당신이 이 사실을 알게 되었을 때, 당신은 몸서리 칩니다. 그렇지만 그리스도의 온유함은 이 타락이 얼마나 깊은지 사람이 알지 못하도록 숨깁니다.

우리가 그분으로부터 배워야 하는 것이 이 온유함입니다. 그리고 온유함은 **그리스도인의 가장 특별한 흔적**(mark)입니다. "누구든지 네 오른편 뺨을 치면 왼편도 돌려대라."[37] 반격하지 않는 것이 온유함이 아닙니다. 불의한 것을 참고 그것이 무엇이든 받아들이는 것도 온유함이 아닙니다. 그러나 왼뺨을 돌려대는 것은 온유함입니다. 고매함 또한 불의(wrong)를 참습니다. 그러나 고매함이 불의 위로 오를 때, 그것은 실제로 불의를 있는 그대로보다 더 큰 것처럼 보이게 합니다. 인내 또한 불의를 참습니다. 그러나 인내역시 불의를 있는 것보다 더 적게 만들지 않습니다.

이것이 당신의 눈 앞에서 벌어진다고 상상해 보십시오. 한 대를 내리치는 순간에, 당신의 관심은 그 불의에 멈추지 않습니까. 그리고 당신은 고매한 사람에게서도 그것을 보고 인내하는 사람에게서도 그것을 봅니다. 그러나 온유한 사람이 조용하게 왼뺨을 돌려댈 때, 당신은 눈치채지 못합니다. 그는 불의를 가볍게 참기 때문에 당신은 가해자에게 덜 분개하게 됩니다. 당신의 원수를 용서하는 것이 온유함이 아닙니다.

그러나 일곱 번씩 일흔 번을 용서하는 것,[38] 그것은 온유함입니다. 혹은 이것입니다. 온유한 자는 용서하는 데 너무 열심을 내다보니 마치 자신이 용서가 필요한 자처럼 보입니다. 혹은 자신에 대한 하늘의 용서가 어떻게 그의 용서에 달려 있는지를 겸손하게 알고 있는 온유한 자에게는, 실제로 원수를 용서하는 일이 필요합니다.

그래서 온유함은 무거운 짐을 가볍게 십니다. 그리고 상처의 무거운 짐을 가볍게 지기 때문에 죄지은 자 편의 불의는 적은 것처럼 보입니다. 이교도가 알지 못하는 것이 이 온유함입니다. 기독교적인 의미에서, 이 온유함은 하나의 **영광스러운 특징**(quality)이 있습니다. 즉, 이 온유함은 이 땅에서의 보상이 없습니다. 그러나 다른 영광스러운 특징이 있습니다. 그 보상은 하늘에서 크다는 것입니다.[39]

용서의 짐

우리는 그리스도인이 무거운 짐을 어떻게 가볍게 지는지, 그가 짐에서 면제됨으로써 다른 사람들과 달라지는 것이 아니라 짐을 가볍게 짐으로써 어떻게 그리스도인이 되는지를 논의해 왔습니다. 유익한 멍에를 지는 자와 무겁게 짐을 지면서도 가벼운 짐을 지는 자, 이 사람이 그리스도인입니다.

그러나 그리스도가 가벼운 짐에 대하여 말할 때, 그분이 나의 짐이라고 말할 때, 우리는 이것을 특별히 추종자들(followers)에게 지웠던 짐이라고 이해할 수도 있습니다. 그분은 진실로 그들에게 인간적인 짐들을 가볍게 지라고 분부했습니다. 그러나 이 짐은 그리스도인들이 지기에 적합한 짐입니다. 이 짐은 무엇입니까?

먼저 이 질문부터 해봅시다. 모든 짐들 중에서 어느 것이 가장 무겁습니까? 그것은 확실히 죄의식(the consciousness of sin)의 짐입니다. 그것은 논쟁의 여지가 없습니다. 그러나 **죄의식을 가져가고 대신에 용서의식**(the consciousness of forgiveness)을 주는 사람, 그분은 진실로 무거운 짐을 가져가고 그 자리에 가벼운 짐을 줍니다.

그러나 가볍다고 일컫지만 그것은 왜 짐입니까? 맞습니다. 누군가 용서에 대해, 또한 지고 가야 할 짐이라는 것을 이해하지 못한다면, 아무리 가벼운 짐이라도, 용서를 망령되이 일컫게 됩니다. 용서는 획득되는 것(to be earned)이 아닙니다. 그것은 그렇게 무겁지 않습니다. 그러나 용서를 망령되이 일컫지도 말아야 합니다. 왜냐하면 그것은 그렇게 가볍지도 않으니까요. 용서는 보상받는 것(to be paid for)이 아닙니다. 그것은 그렇게 비싸지도 않고 보상받을 수도 없습니다. 그러나 용서는 결코 아무것도 아닌 것(nothing)으로 빼앗기는 것도 아닙니다. 그렇게 되기에는 그것은 너무 비싼 값으로 산 것입니다.[40]

보십시오. 여기에 다시 온유함은 믿음을 갖는 것, 용서의 가벼운 짐을 지는 것, 용서의 기쁨을 지니는 것과 관련이 있습니다. 혈과 육(flesh and blood)은 가벼운 짐을 지는 것이 어렵다는 것을 발견할 수도 있습니다. 그러나 가벼운 짐을 지기가 무겁다면, 그때 그것은 믿기를 거부하는 반항적인 마음입니다. 그렇지만 가벼운 짐이 너무 가벼워서 짐이라 부를 수 없다면, 그때 경솔함이 그것을 망령되이 일컬었습니다.

하나님과의 화해인 용서는 지고 가기에 가벼운 짐입니다. 그렇다 하더라도 용서는 정확히 온유함의 가벼운 짐과 같습니다. 왜냐하면 혈과 육에게, 그것은 가장 무거운 짐이기 때문입니다. 심지어 죄의식보다 훨씬 더 무겁습니다. 그때, 용서는 실족이니까요. 그러므로 그리스도인이 항상 온유함으로 식별될 수 있는 것처럼, 본질적으로 기독교적인 것도 온유함에서만 믿을 수 있는 본성을 지니고 있습니다.

무거운 마음(heavy-mindedness)이든 가벼운 마음(light-mindedness)이든 간에, 극단적인 모든 것은 믿음이 정말로 현존하지 않다는 표지입니다. 그리스도는 가벼운 마음의 의미에서 삶을 가볍게 하기 위해 세상에 오지 않았습니다. 혹은 무거운 마음의 의미에서 삶을 무겁게 하기 위해 오지 않았습니다. 오히려 그분은 믿는 자에게 가벼운 짐을 지우려 오셨습니다.

마음이 가벼운(the light-minded) 사람은 모든 것이 잊히기를 바랍니다. 그는 헛되이 믿습니다. 마음이 무거운(the heavy-minded) 사람은 아무것도 잊히지 않기를 바랍니다. 그는 헛되이 믿습니다. 그러나 믿음이 있는 사람은 모든 것이 잊혔다는 것을 믿습니다. 그는 이런 방식으로만 가벼운 짐을 집니다. 왜냐하면 그는 모든 것이 그에게서 용서되었다는 기억을 지고 가지 않습니까! 가벼운 사람은 이 기억조차 잊히기를 바랍니다. 모든 것이 용서되고 잊히기를 바랍니다. 그러나 믿음은 말합니다.

"모든 것은 용서되었지. 그러나 모든 것이 용서되었다는 것을 기억하라."

사람은 정말로 많은 방법으로 잊을 수 있습니다. 사람은 생각할 만한 다른 무엇을 얻었기 때문에 잊을 수 있습니다. 무심하게 가벼운 마음으로 잊을 수 있습니다. 사람은 모든 것이 자신에게서 잊혔기 때문에 잊혔다고 생각할 수 있습니다.

그러나 영원의 정의(eternal justice)는 오직 단 하나의 방법으로만, 용서를 통해서만 잊을 수 있고 잊게 될 것입니다. 그리고 물론 믿는 자는 잊지 말아야 합니다. 반대로 그는 확고하게 그에게서 모든 것이 용서되었다는 것을 기억해야 합니다. 마음이 무거운 사람은 잊기를 원치 않습니다. 그는 용서

받았다는 것을 기억하고 싶지 않습니다. 그는 죄를 기억하고 싶습니다. 그러므로 그는 믿을 수가 없습니다.

그러나 **용서를 통해**, 믿는 자 속에 새로운 삶의 싹이 틉니다. 그 결과, 용서는 잊힐 수 없습니다. 율법은 더 이상 우리를 그리스도께 인도하는 규율가(disciplinarian)가 아닙니다.[41] 그러나 그리스도를 통한 용서는 우리에게 잊혔던 것을 상기시킬 마음이 없는 부드러운 규율가이지만, "그것(모든 것)이 용서되었다는 것만은 기억하라."라고 우리에게 상기시킵니다. 그것은 잊히지 않았으나 용서에서 잊힙니다. 당신이 용서를 기억할 때마다, 그것은 잊힙니다. 그러나 당신이 용서를 잊는다면, 그것은 잊히지 않습니다. 그때, 용서는 낭비됩니다.

그러나 이것은 정말로 가벼운 짐이 아닌가요? 나의 독자, 당신이 그것을 설명할 만한 다른 어떤 방법에 대하여 안다면, 나에게 그것을 설명해 보십시오. 나는 믿음의 단순성을 제외하고 다른 어떤 방법도 알지 못합니다. 그럼에도 불구하고 믿음은 어려운 말(difficult saying)과 관련이 있습니다. 왜냐하면 '가벼운'과 '짐'과 같은 그런 다른 낱말을 함께 가져다 놓은 말은 언제나 어렵기 때문입니다. 그것은 어려운 말입니다. 아, 그러나 인간의 삶에는 어려움이 있습니다. 하지만 어려운 말은 이해될 수 있고, 삶의 어려움은 견딜 수 있습니다. 그리고 진실로 그리스도인은 가볍게 견딜 수 있습니다. 왜냐하면 그에게 멍에는 유익하고 그 짐은 가볍기 때문입니다.

참고 자료

01 최종본에서 삭제된 것은 다음과 같다.

II. 기도

죄의 무거운 짐을 가져가기 위해 하늘의 하나님으로부터 지상에 있는 인간에게 내려오신 주님, 구세주(Savior)와 구속자(Redeemer)이신 주님, 또한 우리가 감사와 겸손으로 주께서 추종자들에게 지워주신 가벼운 짐을 기쁘게 지고 갈 수 있도록 허락하여 주소서. 아멘.

-Pap. VII1 B 192:34 n.d., 1846

02 이 말은 헬라어로는 χρηστος이고 덴마크어로는 gavenlig로 표현되어 있다. 이 말은 일반적으로 "쉬운, 친절한, 유익한, 좋은, 선한"의 의미로 성서에서 사용된다. 다음 성경 구절을 참고하라. 롬 2:4, 고전 15:33, 눅 5:39

03 사도행전 17:28-29, "우리가 그를 힘입어 살며 기동하며 존재하느니라. 너희 시인 중 어떤 사람의 말과 같이 우리가 그의 소생이라 하니 이와 같이 하나님의 소생이 되었은즉 하나님을 금이나 은이나 돌에다 사람의 기술과 고안으로 새긴 것들과 같이 여길 것이 아니니라."

04 마태복음 20:28, "인자가 온 것은 섬김을 받으려 함이 아니라 도리어 섬기려 하고 자기 목숨을 많은 사람의 대속물로 주려 함이니라."

05 요한복음 1:29, "보라, 세상 죄를 지고 가는 하나님의 어린 양이로다."

06 마태복음 11:19, "인자는 와서 먹고 마시매 말하기를 보라 먹기를 탐하고 포도주를 즐기는 사람이요 세리와 죄인의 친구로다 하니 지혜는 그 행한 일로 인하여 옳다 함을 얻느니라."

누가복음 7:34, "인자는 와서 먹고 마시매 너희 말이 보라 먹기를 탐하고 포도주를 즐기는 사람이요 세리와 죄인의 친구로다 하니"

07 마태복음 11:28, "수고하고 무거운 짐 진 자들아 다 내게로 오라. 내가 너희를 쉬게 하리라."

08 베드로전서 2:22, "그는 죄를 범하지 아니하시고 그 입에 거짓도 없으시며"

09 마태복음 12:46-50, 이 부분은 예수님의 육신외 어머니와 동생이 찾아왔을 때이다. 그때 주님은 말씀하신다. "누가 내 어미며 내 동생들이냐?"

10 마태복음 9:18, "예수께서 이 말씀을 하실 때에 한 관리가 와서 절하며 이르되 내 딸이 방금 죽었사오나 오셔서 그 몸에 손을 얹어 주소서 그러면 살아나겠나이다 하니"

   또한, 막5:22, 누가복음 7:2-10을 보라. 이 부분은 회당장 중의 하나인 야이로라 하는 이가 와서 죽어가는 딸을 구해달라고 부탁할 때이다.

11 이 부분은 마태복음 9:19-22를 언급하고 있다. "예수께서 일어나 따라가시매 제자들도 가더니 열두 해 동안이나 혈루증으로 앓는 여자가 예수의 뒤로 와서 그 겉옷 가를 만지니 이는 제 마음에 그 겉옷만 만져도 구원을 받겠다 함이라. 예수께서 돌이켜 그를 보시며 이르되 딸아 안심하라. 네 믿음이 너를 구원하였다 하시니 여자가 그 즉시 구원을 받으니라."

12 마태복음 19:13-15, "그 때에 사람들이 예수께서 안수하고 기도해 주심을 바라고 어린 아이들을 데리고 오매 제자들이 꾸짖거늘 예수께서 이르시되 어린 아이들을 용납하고 내게 오는 것을 금하지 말라 천국이 이런 사람의 것이니라 하시고 그들에게 안수하시고 거기를 떠나시니라."

13 마태복음 11:29, "나는 마음이 온유하고 겸손하니 나의 멍에를 메고 내게 배우라 그리하면 너희 마음이 쉼을 얻으리니"

14 요한복음 17:15, "내가 비옵는 것은 그들을 세상에서 데려가시기를 위함이 아니요, 다만 악에 빠지지 않게 보전하기를 위함이니이다."

15 이 부분은 아마도 유대인들이 생각하는 '평화'의 개념을 언급하는 것처럼 보인다.

16 이 부분은 요한복음 2:1-11을 참고하라.

17 Maria Carolina v. Herder, Erinnerungen aus dem Leben Joh. Gottfrieds von Herder, Johann Gottfried von Herder's Sammtliche Werke. Zur Philosophie und Geschichte, I-XXII(Stuttgart, Tubingen: 1827-30; ASKB 1695-1705), XXII, p. 237(ed.tr)을 보라. "병이 있던 첫 주 동안, 그는 종종 말했다. '슬프다, 새롭고, 위대하고, 영적인 생각, 속속들이 나의 영혼을 파악하고 기쁘게 할 수 있는 생각이 어디로부터 오기만 한다면, 나는 곧바로 회복할 텐데."

18 아마도 이 부분은 베드로의 고백을 암시하는 것처럼 보인다. 마태복음 16:13-20을 참고하라. 여기에서 예수님은 베드로에게 이렇게 말씀하신다. "네가 땅에서 무엇이든지 매면 하늘에서도 매일 것이요 네가 땅에서 무엇이든지 풀면 하늘에서도 풀리리라."

19 이 부분은 마태복음 12:36-37을 암시한다. "내가 너희에게 이르노니, 사람이 무슨 무익한 말을 하든지 심판 날에 이에 대하여 심문을 받으리니, 네 말로 의롭다 함을 받고 네 말로

정죄함을 받으리라."

20 이 부분은 마가복음 7:31-37을 암시하고 있다. 예수께서 귀 먹고 말 더듬는 자를 따로 데리고 무리를 떠나 손가락을 그의 양 귀에 넣고 침을 뱉어 그의 혀에 손을 대시며 하늘을 우러러 탄식하며 "에바다"라고 말하니, 그의 귀가 열리고 혀가 맺힌 것이 곧 풀려 말이 분명해졌다.

21 히브리서 11:1, "믿음은 바라는 것들의 실상이요, 보이지 않는 것들의 증거니"

22 마태복음 17:20, "이르시되, 너희 믿음이 작은 까닭이니라. 진실로 너희에게 이르노니 만일 너희에게 믿음이 겨자씨 할 알만큼만 있어도 이 산을 명하여 여기서 저리로 옮겨지라 하면 옮겨질 것이요 또 너희가 못할 것이 없으리라."

23 Archimedes이다. Plutarch, "Marcellus," 14, Lives; Plutark's Levnetsbeskrivelser, I-IV, tr. Stephan Tetens(Copenhagen: 1800-11; ASKB 1197-1200), III, p. 272; Plutarch's Lives, I-XI, tr. Bernadotte Perrin(Loeb, Cambridge: Harvard University Press, 1968-84), V, pp. 472-73를 보라. "Archimedes는 왕 Hiero의 친구이자 친척이었는데 어떤 주어진 힘으로 주어진 무게를 움직일 수 있다고 그에게 편지를 썼다. 그리고 우리가 들었듯이, 그의 입증의 견고함에 용기를 얻어, 다른 세계가 있다면 그곳을 갈 수 있고 그는 이것을 옮길 수 있다고 선언했다."

24 마태복음 17:20, "이르시되, 너희 믿음이 작은 까닭이니라. 진실로 너희에게 이르노니 만일 너희에게 믿음이 겨자씨 한 알만큼만 있어도 이 산을 명하여 여기서 저리로 옮겨지라 하면 옮겨질 것이요 또 너희가 못할 것이 없으리라."

25 이 부분에 대하여는 아브라함의 믿음에 대하여 말하고 있는 롬 4:18을 참고하라. "아브라함이 바랄 수 없는 중에 바라고 믿었으니 이는 네 후손이 이같으리라 하신 말씀대로 많은 민족의 조상이 되게 하려 하심이라."

26 마태복음 25:1-13을 참고하라. 열 처녀 비유를 일컫는다.

27 고린도전서 9:26, "그러므로 나는 달음질하기를 향방 없는 것 같이 아니하고 싸우기를 허공을 치는 것 같이 아니하며"

28 이것은 아마도 '황금비율'을 암시한다. 이것은 어떤 극단을 삼가는 것을 의미한다. 또한, 아리스토텔레스의 니코마코스 윤리학 2권 6장(1106a 14-1107a 27)을 참고하라. 여기에서 그는 미덕에 대한 자신의 원칙인 중도를 공식화 한다.

29 야고보서 2:19, "네가 하나님 한 분이신 줄을 믿느냐? 잘하는도다. 귀신들도 믿고 떠느니라."

30 이 부분은 우리말로 옮기기 힘들다. 덴마크어로 용기와 이 단어를 비교해 보라. 이 말은 결국 온유를 의미한다.

31 마태복음 11:29, "나는 마음이 온유하고 겸손하니 나의 멍에를 메고 내게 배우라.

그리하면 너희 마음이 쉼을 얻으리니"

32 마태복음 12:20, "상한 갈대를 꺾지 아니하며 꺼져가는 심지를 끄지 아니하기를 심판하여 이길 때까지 하리니"

33 마태복음 6:34, "그러므로 내일 일을 위하여 염려하지 말라. 내일 일은 내일 염려할 것이요, 한 날의 괴로움은 그 날로 족하니라."

34 고린도전서 7:21, "네가 종으로 있을 때에 부르심을 받았느냐? 염려하지 말라. 그러나 네가 자유롭게 될 수 있거든 그것을 이용하라."

35 누가복음 23:34, "이에 예수께서 이르시되 아버지 저들을 사하여 주옵소서. 자기들이 하는 것을 알지 못함이니이다 하시더라. 그들이 그의 옷을 나눠 제비 뽑을 새."

36 누가복음 22:61, "주께서 돌이켜 베드로를 보시니 베드로가 주의 말씀 곧 오늘 닭 울기 전에 네가 세 번 나를 부인하리라 하심이 생각나서"

37 마태복음 5:39, "나는 너희에게 이르노니 악한 자를 대적하지 말라. 누구든지 네 오른편 뺨을 치거든 왼편도 돌려 대며"

38 마태복음 18:21-22, "그 때에 베드로가 나아와 이르되, 주여 형제가 내게 죄를 범하면 몇 번이나 용서하여 주리이까 일곱 번까지 하오리까? 예수께서 이르시되, 네게 이르노니 일곱 번뿐 아니라 일곱 번을 일흔 번까지라도 할지니라."

39 누가복음 6:23, "그 날에 기뻐하고 뛰놀라. 하늘에서 너희 상이 큼이라. 그들의 조상들이 선지자들에게 이와 같이 하였느니라."

40 고린도전서 6:20, "값으로 산 것이 되었으니, 그런즉 너희 몸으로 하나님께 영광을 돌리라."

41 갈라디아서 3:24, "이같이 율법이 우리를 그리스도께로 인도하는 초등교사가 되어 우리로 하여금 믿음으로 말미암아 의롭다 함을 얻게 하려 함이라."

III

고난의 학교가
영원을 위해 교육하는 기쁨

고난을 통해 배우기

아이들이 노는 것을 지켜볼 때, 그들에 대해 가장 잘 알게 됩니다. 젊은 이들의 소원(ønske)을 들을 때, 그 소원이 이 세상에 속해 있든, 이 세상 밖에 속해 있든, 그들에 대해 가장 잘 알게 됩니다. 선택하는 것, 이것은 삶의 진지함(Livets Alvor)이기 때문에, 심지어 웃지 않을 수 없는 어리석은 선택조차 진지함, 슬픈 진지함이 있습니다. 그러나 마치 추측하는 것처럼, 소원하는 것은 하나의 농담입니다. 그런데도 우리는 젊은이의 소원으로부터 그들을 가장 잘 알게 됩니다.

현실에서처럼 선택도 여러 면에서 현실(actuality)에 의해 제한됩니다. 아마도 선택의 조건들도 제한됩니다. 선택하는 사람 역시 현실적인 더 많은 조건들로 제한되어 있습니다. 많은 고려하는 것들(considerations)로 인해 속박되기도 하지만 또한 도움을 받기도 합니다. 하지만 소원에서, 모든 것은 젊은이의 뜻대로 이루어집니다. 가능성의 기만이 무조건적으로 그에게 봉사합니다. 바로 그런 이유로, 그를 현혹시켜 그의 속사람(inner being)을 드러냅니다.

따라서 소원에서, 그는 완전히 자기 자신이 됩니다. 소원은 그의 속사람에 대한 가장 정확한 표현입니다. 그때 젊은이가 소원에서 무심결에 자신의 속사람을 드러낸 것은 물론 순진한 무엇이 있으며, 자기 자신과 자신의 미성숙에 대하여 아는 법을 배움으로써 심지어 그에게 유익할 수 있습니다. 위험은 내면에 숨겨진 소원이 나중에 그에게 **반역자**로 돌변하는 데에 있습니다. 진실로 소원을 드러냄으로써 소원은 어떤 해가 되지 않지만, 숨겨짐으로써 소원은 너무 쉽게 반역자로 돌변할 수 있습니다.

젊은이의 무리들이, 각각 소원하고 있는 모습을 상상한다면, 소원을 통해 소원의 정도에 따라 개인의 영혼 속에 있는 저 깊은 무엇인가를 발견할 수 있었을 것입니다. 왜냐하면 소원만큼 정확한 거울이 없기 때문입니다. 다른 측면에서 볼 때, 이따금 거울은 그 속을 들여다보는 사람을 돋보이게 한다 해도, 그의 실제의 모습과 다르게 보이게 할지라도, 우리는 다음과 같이 말해야 합니다.

"가능성의 도움을 받아 소원은 그를 돋보이게 하고 현혹시켜 있는 모습 그대로 완전히 그를 드러낸다. 소원은 그를 현혹시켜 정확히 자기 자신과 닮게 한다."

우리가 이런 이야기를 더 진행시키지는 맙시다. 다만 이런 젊은이들 중에서 또한 다음과 같이 말하는 자도 있다는 것을 추측할 뿐입니다.

"아니, 나는 권력, 부, 명예, 혹은 사랑의 행복을 바라지 않는다. 내가 바라는 유일한 소원은 싸움과 위험, 어려움과 환난이다. 이것만이 나의 영혼을 자극한다."

이것이 그가 말하는 방식입니다. 버릇없이 자란 젊은이가 아니라면, 그가 무슨 말을 했든 우리는 그가 말했던 방식과는 조금 달리 이해할 수만 있다면, 그 속에 지혜가 있습니다.

그때 세상에서 고난 당하기를 바랐던 어떤 젊은이가 있었습니다. 그러나 그가 정확히 자신의 소원을 표현한 것인지는 의문입니다. 왜냐하면 정확히 말해 **그는 고난 당하기를 소원했던 것이 아니고 반대로 싸우기를 소원했기 때문입니다.** 그의 영혼에 깊이가 있었다는 것, 우리는 그에게서 이것을 부정하지 말아야 합니다. 그는 쾌락을 즐기며 인생을 잠에 빠져 살기를 원치 않았습니다. 노력 없는 이익을 얻기 위해 재치가 넘치기를 원치도 않았습니다. 그는 특별대우의 나약함에 빠져 가두행진을 열광하지도 않았습니다.

그는 싸우기를 원했습니다. 그는 명예, 이익 혹은 권력을 위해 싸우기 원했던 것도 아닙니다. 그는 다만 싸움을 위해 싸우기를 원했습니다. 그러나 싸움을 위해 싸우기 원하는 것은 결코 고난 당하기 원치 않는 것입니다. 진실로 그것은 정반대입니다. 주의하십시오! 그것은 최고의 것을 닮은 정반대의 것입니다.

다른 사람은 자신이 얼마나 강한 자인지, 싸움으로써 획득한 명예와 존경과 권력 속에 암묵적으로 그 증거를 갖기를 원하는 반면, 우리의 젊은이는 싸우면서 강자가 됨으로써, 싸우기 위한 지속적 몸부림을 통해서, **자신의 자존심**(self-esteem, Selvfølelse)을 새롭게 하기를 원했습니다.

그는 평안과 고요 속에 정착하기를 원치 않았습니다. 싸움에 대한 열망이 너무 컸습니다. 싸움이 이제 끝났다는 어떤 소식도 듣고 싶어 하지 않았습니다. 그렇습니다. 활시위(bowstring)의 자존심은 오직 한 가지, 전투에서 당겨지기를 열망하듯, 아무리 많은 승리를 얻어도 느슨해져 창고에 처박히는 것, 이 한 가지에 의해 괴롭힘을 당하듯, 그도 역시 싸우는 중에, 전투의 날에, 처음이자 마지막으로 분투의 긴장 속에, 전투의 소용돌이 속에 살고 죽기를 원했습니다.

이리하여 젊은이가 지혜로운 말인 '고난 당하는 것', '고난 당하기를 소원하는 것'이라는 말을 사용했을 때, 이것은 오해, 기만, 착각이었습니다. 누군가 그에게 그의 말을 반복하고 "그래, 너는 올바른 선택을 한 거야."라고 말한다면, 그리고 이제 그에게 그 말들이 함의하고 있는 것을 설명했다면, 세상을 향해 싸우기 위해 소원하고 도전했던 저 공격적인 젊은이는 아마도 용기를 잃게 되었을 것입니다. 싸움에 빠지는 대신에, 그는 아마도 고난 당하는 데에 빠지고 말았을 것입니다.

아, 고난 당하기 원하는 것과 고난을 선택하는 것, 이것은 인간의 마음에 결코 일깨우지 못했던 소원입니다.[01] 이것을 생각한 사람은 자기 자신만을 속이고 있을 뿐입니다. 고난에 대한 생각과 고난의 기쁜 복음을 파악하기 위해서, 고난을 견디고 실제적으로 고난으로부터 유익을 얻기 위해서, 고난을 선택하고 이것이 실제로 영원한 행복으로 이끄는 지혜가 되기 위해, 사람은 하나님의 안내가 필요합니다.

고난을 바라는 것, 이것은 자연적인 인간에게는 결코 일어날 수 없습니다. 사람이 이 비밀의 고난을 믿을 수 있기 전에 먼저 가장 심오한 변화가 발생해야 합니다. 그는 먼저 기꺼이 고난당할 목적으로 세상에 나오셨고 기꺼이 고난을 선택했고 고집스럽게도 고난을 주장했던 이 한 분께 사로잡혀야 하며 그때 오직 이 분으로부터만 기꺼이 배워야 합니다.

그분은 세상에 오셨으나 젊은이가 자신의 아버지 집에서 나간 것처럼 그런 방식으로 나간 것이 아니었습니다. 그분은 하늘의 아버지로부터 오셨습니다.[02] 그분은 창세전부터 있었던 영광을 포기했습니다.[03] 그렇습니다. 그분의 선택은 영원한 자유이고 그래서 그분은 고난 당하기 위해 세상에 왔습니다.

복음은 그분, 예수 그리스도에 대하여 다음과 같이 말합니다.

"그분은 아들이시면서도
받으신 고난으로 순종함을 배웠다."[04]

이 말씀은 사람의 본성상, 고난을 소원할 수 없어도, 이것이 어떻게 기쁨이 되는지 생각할 때, 고찰해야 하는 본문입니다.

고난의 학교가 영원을 위해 교육하는 기쁨

그리스도의 순종

우리가 누군가에게 그가 고난당함으로 배웠다고 말할 때, 이 진술은 솔 깃한 것과 단념시키는 것, 이 두 가지를 동시에 포함하고 있습니다. 솔깃한 것은 그가 배웠다는 것입니다. 사람이 배우기를 원치 않는 것은 아닙니다. 반대로, 그들은 배우기를 열망하며 특별히 무언가를 **배웠기**를 열망합니다. 그들은 모든 것을 **빨리 배우기**를 좋아합니다. 뿐만 아니라 어떤 노력이 있 어야만 한다면, 또한 기꺼이 노력하려 합니다.

그러나 조금씩 느리게, 물론 더욱 철저하게 배우는 문제라면, 그들은 벌 써 조급합니다. 조금 냉소적인 말로 말하자면, 그들에게 긴 시간이 요구될 때, **철저하게**(heartily, tilgavns) **조급합니다.** 그러나 고난이 선생이 되어야 한다 면, 고난이 배워야 할 수업이 되어야 한다면, 그때 그들은 배움에 대한 열정 을 완전히 상실하고 맙니다. 이미 충분히 지혜롭다고 생각합니다.

누군가 값비싼 가격에 지혜를 구매할 수 있다는 것을 깨달을 만큼 현명 합니다. 이것은 보통 상식으로 평가할 때, 그들이 고난을 통해 고난의 유익 을 즉각적으로 생각할 수도, 이해할 수도 없기 때문입니다. 다시 말해, 고난 이 크지 않다면, 심각하지 않다면, 무겁지 않다면, 어렵지 않다면, 그래서 보 통 상식으로 고난을 즉각적으로 이해할 수 있을 때, 그때 고난은 교육이 아 닙니다. 다만 환난, 고난과 함께하는 것, 이것이 교육입니다. 물론, 이것은 완전히 다른 문제입니다.

사람들은 배우기를 열망합니다. 위대한 선생이 있다는 소식을 들으면, 바로 그에게 달려갑니다. 그때 그들은 즉각적으로 교육받기에 적합하도록 바랍니다. 돈으로, 심지어는 존경으로도 교육에 대한 대가를 지불하기 바랍니다. 그에게 찾아가기 위해 경쟁합니다. 왜냐하면 그것이 이 존경받는 선생으로부터 배웠다는 자만심을 자극하기 때문입니다. 돈으로, 존경으로 대가를 지불한 그에게 말입니다! 반면, 그들은 또한 인기에 편승하여 그를 통해 돈을 벌고 존경받은 선생으로부터 배운 값을 돌려받습니다.

그러나 이 선생이 그들을 속이려 하지 않는다면, 그들의 돈으로도, 존경으로도 받으려 하지 않는다면, 오직 단 하나의 진리를 알고 있고 이것 외에는 아무것도 모른다면. 다시 말해 그도 결코 발견자가 아니고 배우는 자일 뿐이며, 사람 역시 고난을 통해, 고난 당하는 중에 홀로, 하나님의 도움으로 최고의 진리를 배운다는 진리만을 알 때, 그때 그들은 조급해지고 선생께 거의 분노합니다. 오직 한 가지, 선생을 존경하는 것 외에 어떤 것도 원치 않았던 젊은이, 그의 첫 번째 제자가 되기를 원했던 젊은이는 고난은 모든 사람이 지향해야 하는 선생이 되어야 한다고 들을 때, 세상에서 이 존경받는 자의 찬양을 선포했던 첫 번째 충실한 지지자의 지위로 분노합니다.

그렇게 존경하며 열정적으로 선생을 필요로 했던 젊은이가 기만을 당해야 한다니 얼마나 이상합니까. 반면에 이 선생 없이는 살 수도 없고 고난의 도움을 통해서만 진리 안에 있을 수 있다니, 이런 생각에 화가 납니다. 세상에서 가장 탐나는 선은 독립(independence)이라는 것, 그러나 그럼에도 불구하고 고난을 통해 진정으로 독립에 이르게 하는 이 유일한 길을 열망하는 자는 거의 없다니 얼마나 이상한가요.

사람들은 무언가를 배우기 열망합니다. 무언가를 배움으로 대단한 사람이 되기를 바랍니다. 또한 선을 얻을 수 있는 무언가를 배우기 열망합니다. 혹은 지식인이 그것을 알게 됨으로써 위대한 지식을 얻게 되었다고 감히 말할 수 있는 무언가를 배우기 열망합니다. 그러나 고난을 통해 자기 자신을 아는 법을 배우는 것과 관련해서, 그들은 이해할 수 있는 용기와 능력을 상실합니다. 그때 그들은 쉽게 보고 쉽게 생각합니다. 그리하여 그 결과가 환난과는 아무런 상관이 없다고 믿습니다.

아, 무언가를 배우는 대신에, 모든 인간은 배우는 데 있어 무엇이 가장 중요한지를 먼저 배워야 한다고 말해야 합니다. 그리고 다른 모든 것의 기저를 이루고 있는 첫 번째이자 이런 가장 근본이 되는 수업은 고난의 교육이었으나 이것은 인간이 추구하지 않는 것이 되어 버렸습니다.

"그분은 받으신 고난으로 순종을 배웠습니다." 나의 독자, 당신은 지극히 비천한 사람을 상상해 보십시오. 그는 외딴곳에 삽니다. 그의 능력은 매우 제한됩니다. 세상이 그가 무엇을 배울 수 있을 것인지 묻게 되지 않겠습니까? 그러나, 그러나 그가 배울 수 있는 한 가지가 있습니다. 그것은 바로 순종입니다. 진실로, 그가 이보다 더욱 제한되었더라도, 그러나, 그러나 그가 배울 수 있는 한 가지가 있습니다. 순종을 배울 수 있습니다.

그러나 순종을 배운다는 것이 왜 그렇게 어려울까요? 그것은 무엇보다 순종이 정말로 배울 가치가 있다는 것을, 시간 낭비라기보다 영원을 얻는 것을 의미하는 것임을 먼저 배워야 하기 때문이 아닙니까? 그러면 이것을 믿기가 왜 그토록 어렵습니까? "그것은 순종하는 것이 그토록 어렵기 때문입니다." 순종이 영원히 배울 만한 가치가 있음을 먼저 배워야 하기 때문이죠.

모든 지식은 캐묻기를 좋아하는 자와 잘 연합합니다. 지식에 대한 갈증, 천부적 재능, 이기적 열정, 자연적인 사람들이 배울 만한 가치가 있다고 즉각적으로 이해할 수 있는 모든 지식은 근본적으로, 본질적으로 이해하기에 쉽습니다. 총명함(aptitude)은 시종일관 여기에 관련되어 있습니다. 따라서 사람들은 지식을 습득하는 문제일 때, 충분히 배울 의지가 있습니다.

그러나 고난을 통해 처음부터 새로 배워야 하는 문제일 때, 배움은 힘들고 무겁습니다. 그때 총명함은 도움이 되지 못합니다. 반면 총명함이 부족하다고 해서 누구도 배제되지 않습니다. 모든 선생들은 가장 비천한 자, 가장 어리석은 자, 가장 버림받은 자 중에서 누군가를 포기할 수 있지만, 하늘은 절대로 포기하지 않습니다. 그들도 다른 사람들처럼 충분히 순종을 배울 수 있기 때문입니다.

나의 독자, 이것은 당신이 가장 비천한 자를 상상했던 첫 번째 부분이었습니다. 그러나 성서가 말할 때 그분이 당한 고난을 통해 순종을 배웠던 자, 그분이 영원부터 하나님 아버지와 함께 있었다는 것,[05] 때가 차서 왔다는 것,[06] 아버지께서 시작하셨던 일을 완성했다는 것,[07] 그분이 창조를 완성했고 이 세상의 모습을 변화시켰다는 것[08]을 상상해 보십시오.

성서는 그분을 사람들 중에서 가장 비천한 자로 말합니다. 성서는 그분이 누구인지, 무엇을 했는지, 무엇을 할 수 있었는지, 무엇을 성취했는지 아무 말이 없습니다. 그분의 일에 대하여도 아무 말이 없습니다. 왜냐하면 이것은 모든 인간의 생각을 넘어서기 때문입니다.

성서는 단지 그분이 당한 고난을 통해 순종을 배웠다고 말합니다! 아, 모든 것을 알고 계셨던 그분에 대하여,[09] 그분의 생각은 모든 것을 총망라했던 그분에 대하여, 따라서 아무것도 배울 필요가 없었던 그분에 대하여(왜냐하면 알지 못했던 것은 결코 존재하지 않으니까), 성서는 말합니다. "그는 받으신 고난으로 순종을 배웠다."

<u>그리스도는 순종을 배우셨습니다.</u> 확실히 영원으로부터 온 그분의 뜻은 하나님 아버지의 뜻과 조화를 이루었습니다.[10] 그러나 때가 차서 왔을 때,

그분은 받으신 고난으로 순종을 배웠습니다. 그분이 자기 땅에 오매 자기 백성이 영접하지 않았을 때,[11] 자기를 비워 종의 형체로 오셨고[12] 그분의 말씀이 효과가 없는 것처럼 보일지라도 하나님의 영원한 계획을 수행할 때,[13] 구원의 유일한 분이신 그분이[14] 세상에서 쓸데없는(superfluous) 것처럼 있을 때, 아무것도, 아무것도 성취하지 못한 것처럼 있을 때, 누구도 그분에게 관심을 갖지 않을 때, 아니, 확실히 더 강하게 말해, 캐묻기를 좋아하는 사람들의 사악한 선동의 대상이 되었을 때, 그분은 당하신 고난을 통해 순종을 배웠습니다.

아, 사악함이 그분을 향해 포악한 반역을 일으킬 때, 거룩한 자, 결국 그분을 죽음에 이르게 할 때, 이것이 그분이 캐묻기를 좋아하는 사람의 조소 대상이 되었을 때만큼 소름끼치게 하지 않습니다. 세상의 구주가 캐묻기를 좋아하는 사람들, 게으름뱅이들을 자신의 주변에 모이게 하는 일 외에 잃어버린 세상에서 아무것도 할 수 없을 때만큼 그렇게 소름끼치게 하지 않습니다. 그렇기 때문에 일꾼은 그를 쳐다보기 위해 일을 끝냈고, 상인은 자신의 가게에서 뛰쳐나왔고, 서둘러 나온 사람들은 그를 보면서 캐묻기 시작했던 것입니다.

그분이 진리였을 때, 식초가 게으름뱅이들의 들뜬(scatterbrained) 관심과 캐묻기를 좋아하는 사람들(inquisitiveness)의 역겨운 동정만큼이나 거룩한 자에게는 더 신 음료일 수 없었을 것입니다![15] 거룩한 자를 향한 죄의 건방짐(presumptuousness)이 캐묻기를 좋아하는 사람들에 의해 망령되이 일컬음을 당하는 것만큼이나 쓰지 않습니다!

맞습니다. 그분은 당하신 고난으로 순종을 배웠습니다. 복의 주인(the Lord of bliss)이셨던 그분이, 그분께 가까이 오는 모든 사람과 그분을 피하는 모든 사람들을 위한 저주가 되었을 때, 그분의 동시대 사람들을 위한 괴로움(affliction), 그분을 사랑했던 몇몇 사람들을 위한 괴로움이 되었을 때, 그분은 고난을 당함으로 순종을 배웠습니다.

그렇기 때문에, 그는 가장 끔찍한 결단을 할 수 있도록 그들의 가슴을 아프게 해야 했습니다. 그렇기 때문에, 그분의 어머니에게는 가슴을 찌르는 칼이 되어야 했습니다.[16] 그렇기 때문에, 그분은 제자들에게는 십자가에 달린 사랑이 되어야 했고, 동요하는 자들에게는 괴로움이 되어야 했습니다.

이 사람들은 아마도 근본적으로 비밀의 욕망이 숨겨진 채로 그분의 말씀의 진리는 파악했으나 감히 그분께 동참하지 못했습니다. 그러나 바로 그런 이유로 그들의 영혼에 가시를 지녀야 했고, 그들의 속사람은 분열되어야 했고, 동시대 사람이 될 수밖에 없는 고통의 흔적을 지녀야 했습니다.

그분은 또한 사악한 사람들을 위한 괴로움이 되어야 했습니다. 곧, 그분의 순수함과 거룩함으로 인해 그분은 그들의 마음을 드러내야 했고 그들이 여태껏 누구보다 더욱 가책을 느끼게 해야 했습니다. 이 얼마나 무거운 고난입니까! 세상의 구주가 되기 위해[17] 부딪치는 돌과 걸려 넘어지는 바위가 되어야 한다니![18]

그분은 당하신 고난으로 순종을 배웠습니다. 그분이 스스로 멸시받는 세리들과 죄인들을 찾았을 뿐만 아니라, 말하자면 멸시받는 그들을 찾아야 할 때,[19] 누구도 감히 그분을 안다고 자백하지 않을 때, 캐묻기를 좋아하는 사람들(inquisitiveness)은 진지하게 머리를 흔들었고 교만하고 현명한 자들(sagacity)은 조롱하며 "이 바보야!"라고 말할 때,[20] 그리고 동정심이 있는 사람들(compassion)은 불쌍히 여겨 어깨를 으쓱일 때, 그분이 도착했고 겁쟁이들(cowardice)은 몰래 도망치는 동안 교만한 자들(pride)은 그분을 판단하며 쳐다

볼 때, 높은 지위에 있는 모든 사람들은 의심받지 않기 위해 그분을 피했을 때, 심지어 그분과 관계가 좋았던 사람들조차 너무 많은 것을 잃지 않기 위해 그 관계를 애매모호하게 할 때, 충분히 일찍부터 뒷걸음질쳤던 자는 스스로를 운이 좋았다고 생각했을 때, 그분께 신세를 졌다고 느끼기는커녕 모든 사람들이 그분을 거역하여 오직 자기 방어만을 골똘히 생각했을 때, 심지어 사랑받던 제자들조차 그분을 부인했을 때,[21] 그분은 당하신 고난으로 순종을 배웠습니다.[22]

빌라도가 "보라, 이 사람이로다!"[23]라고 말할 때, 당하신 고난으로, 그분은 당하신 고난으로 순종을 배웠습니다. 이런 식으로 조롱하며 소리지른 사람이 포악한 반역자도 아니고 눈이 먼 성난 군중도 아니었습니다. 그분을 불쌍히 여겨 이런 식으로 말했던 빌라도는 자색 옷을 입고 있었던 구별된 사람이었습니다. 유다는 은 삼십에 그분을 팔았으나,[24] 빌라도는 훨씬 더 낮은 가격에 그분을 팔기 원했고, 그분을 가난하고 비천한 사람, 성난 군중들의 동정을 필요로 하는 동정의 대상으로 만들고 싶어 했습니다.[25]

따라서 이 세상에서 전체 그분의 삶은 죽을 수밖에 없는 존재들에게 있을 수 있는 어떤 고난보다도 가장 무거운 고난이었고, 모든 인간이 상상할 수 있는 고난보다도 더 무겁고, 모든 인간의 언어가 표현할 수 있는 것보다 더 무거웠습니다. 그러나 바로 이런 이유로, 이 고난은 가장 고차원적인 의미에서 이를 통해 순종을 배울 수 있는 그런 것이었습니다.

누군가 죄책으로 고난당할 때, 거기에 존재하지 않는 아무런 이유가 없을뿐더러, 하나님에 대한 믿음을 상실할 명확한 계기도 존재하지 않습니다. 그가 인내하며 그의 형벌로 고난 당한다면, 거기에 아무런 공로도 없는 것처럼 말입니다. 그러나 누군가 죄 없이(innocently) 고난당할 때, 거기에는 배울 기회가 있습니다. 이 기회는 거기에 존재합니다. 그러나 그것이 순종을 배울 수 있다는 의미는 아닙니다.

그러나 그리스도께서는 당하신 고난으로 순종을 배웠습니다. 그분이 "아버지여, 만일 아버지의 뜻이거든 이 잔을 내게서 옮기시옵소서. 그러나 내 원대로 마시옵고 아버지의 원대로 되기를 원하나이다."[26]라고 말했습니다. 그분이 이렇게 말했다는 것이 순종의 첫 번째 부분입니다. 그리고 쓴 잔을 비워야 하는 것은 순종의 두 번째 부분입니다. 그분이 이렇게 말하지 않은 채, 쓴 잔을 비워야 했더라면, 그의 순종은 완전하지 않았을 텐데 말입니다.

순종의 핵심 부분, 첫 번째 부분 역시 기도하는 질문과 질문하는 기도입니다. 다시 말해, 아버지의 뜻인지, 다른 길은 가능한지 입니다. 그러므로 그분의 삶은 순종이었고 죽음에 이르는 순종이었고 십자가의 죽음에 이르게 되었습니다.[27] 길과 진리요, 생명이었던 그분이,[28] 아무것도 배울 필요가 없었던 그분이, 그런데도 여전히 한 가지를 배웠습니다. 그분은 순종을 배웠습니다. 순종은 영원한 진리와 아주 밀접한 관련이 있기에 진리인 자는 순종을 배웁니다.

고난의 학교

이제, 고난 후에 순종이 뒤따르는 경우가 있다면, 확실히 고난을 선택한 용기 있는 누군가 있었을 것입니다. 고난이 그에게 왔을 때, 운이 좋았다고 생각할 만큼 용기 있는 자였을 것입니다. 아, 그러나 이것은 그렇지 않습니다. 이것은 배우기에 그렇게 쉽지 않습니다. 인간적으로 말한다면, **고난 당한다는 것 자체가 첫 번째 위험입니다. 그러나 두 번째 위험은 훨씬 더 끔찍한 것으로, 순종을 배우는 데에 실패하는 것입니다!**

고난은 위험이 가득한 수업입니다. 순종을 배우지 못한다면, 가장 강력한 효과를 볼 수 있는 약이 부작용(wrong reaction)을 일으킬 때처럼, 그것은 끔찍하기 때문입니다. 이런 위험에서, 사람은 도움이 필요하고, 무엇보다 하나님의 도움이 필요합니다. 그렇지 않다면, 그는 순종을 배우지 못하기 때문입니다.

그가 순종을 배우지 못한다면, 그때 가장 타락한 것을 배울 수 있습니다. 곧, 그는 비겁한 낙담(despondency)을 배울 수 있고, 영(spirit)을 소멸하는 법을 배울 수 있고,[29] 고난 중에 어떤 고상한 열정을 죽이는 법을 배울 수 있고, 반항과 절망을 배울 수 있습니다. 그러나 고난의 수업이 그만큼 위험하기 때문에, 우리는 이 학교가 영원을 위해 교육하고 있다고 정당하게 말합니다. 이런 위험은 다른 어떤 학교에서는 존재하지 않습니다. 그러나 거기에는 어떤 유익도 없습니다. 최대의 위험과 최대의 유익(gain Vinding), 그러나 최대의 유익은 영원(eternity)입니다.

사람은 영원과 관계하지 않는 채, 많은 것을 배울 수 있습니다. 다시 말해, 배우고 있는 사람이 **밖으로 향한다면,** 그는 많은 것을 배우게 될 수 있으나 이런 모든 지식에도 불구하고 정작 자기 자신에 대하여는 수수께끼일 수 있고 계속해서 수수께끼로, 알 수 없는 것으로 남게 될 수 있습니다. 바람이 거대한 배를 움직이지만 자기 자신을 이해하지 못하듯, 강이 수레바퀴(wheel)를 움직이지만 자기 자신을 이해하지 못하듯, 인간도 놀라운 것들을 성취할 수 있으나 자기 자신을 이해하지 못한 채, 지식의 다양성에 둘러싸일 수 있습니다.

반면에 고난은 사람을 **안으로 향하게** 합니다. 이런 일이 일어난다면, 사람은 절망 중에 저항하지 않을 것이고, 자기 자신을 익사시키려 하지 않을 것이고, 세상의 오락을 즐기며 고난을 망각하지 않을 것이고, 세상에서 놀라운 계획(enterprise)을 세우며 고난을 망각하지 않을 것이고, 방대하고 공평한 지식을 쌓으며 고난을 망각하지 않을 것입니다.

이런 일이 일어난다면, 내 안에서 배움은 시작됩니다. 우리가 학교생활은 세상과의 접촉이 없어야 한다고 일반적으로 말하듯, 학교생활은 울타리 안에 있어야 하고, 방해받지 않고 정숙하고 견고하게 유지되어야 하듯, 이 것은 또한 이 고난의 학교에도 전적으로 해당됩니다. 왜냐하면 고난의 학교는 속사람(inner being) 속에 있기 때문이고 그곳에서는 고난이 가르치고 있고, 그곳에서는 **하나님이 수업을 참관하는 분**이시고, **순종은 요구되는 시험**(test)이기 때문입니다.

인정하다시피, 고난은 밖으로부터 옵니다. 그러나 고난이 속사람에 들어오고 나서야 수업은 시작됩니다. 많은 고난이 사람을 공격할 수 있습니다. 그 결과, 그는 소위 정신 차리고 자신을 보호하기 위해서라도 공격할 수 있습니다. 다시 말해, 그는 고난의 훈련이 시작되는 것을 가까스로 막을 수 있습니다.

세상의 지혜 역시 고난에 대한 많은 치료법을 알고 있습니다. 그러나 이런 모든 치료법은 그들의 몸은 구원해도 그들의 영혼을 죽이는 우울한 특성을 지니고 있습니다. 세상의 지혜는 또한 고난 당하는 자를 격려할 수 있는 많은 치료법을 알고 있습니다. 그러나 이 모든 것들은 몸을 기운 나게는 해도 영을 괴롭게 하는 우울한 특성을 지니고 있습니다.[30] 세상의 지혜 또한 고난을 통해 삶에 대한 극단적인 열정(desperate zest)을 주는 법을 알고 있습니다. 그러나 **고난 중에 있는 영성**(inwardness, 내면성)만이 영원(the eternal)을 얻습니다.

사람이 고난 당하고 그가 당한 고난을 통해 기꺼이 배우기 원할 때, 그는 자기 자신에 대한 것과 그와 하나님과의 관계에 대한 것만을 지속적으로 깨닫게 됩니다. 이것이 그가 영원을 위해 교육받고 있다는 증거입니다. 아, 세계가 아무리 기만적이고 신뢰할 수 없을지라도, 그와 같은 다른 많은 것이 있을지라도, 고난을 통해 세계에 대한 많은 것을 알게 된다는 것은 확실히 맞는 말입니다. 그러나 이런 모든 지식은 고난의 수업이 아닙니다.

아이가 엄마와 하나인 채로 존재하는 것이 더 이상 허용되지 않을 때, 아이는 이제 젖을 떼야 한다고 말하듯, 가장 심오한 의미에서 사람은 고난으로 인해 젖을 떼야 하며, 이 세상과 이 세상의 것들로부터 젖을 떼야 합니다. 세상을 사랑하는 일로부터, 세상에 의해 쓰라림을 당하는 일로부터 젖을 떼야 합니다. 영원을 위한 배움이 되기 위해서 말입니다.

따라서 고난의 학교는 (세상에 대하여) **죽는 것**(en Afdøen)이고 **죽음에 대한 조용한 수업입니다.** 이 학교에서 수업은 항상 조용합니다. 이곳에서 관심은 많은 과목들에 의해 분산되지 않습니다. 왜냐하면 이곳에서는 꼭 필요한 단 한 가지의 것[31]만을 가르치기 때문입니다. 관심은 다른 배우는 자들에 의해 방해받지 않습니다. 왜냐하면 이곳에서 배우는 자는 하나님과 홀로 있기 때문입니다. 이곳에서의 교육은 의심스럽게 선생의 능력에 달려 있는 것이 아닙니다. 왜냐하면 **하나님이 선생**이기 때문입니다.

단 한 가지의 것만 배웁니다. 순종입니다. 사람은 고난 없이 순종을 배울 수 없습니다. 왜냐하면 고난은 우리의 헌신이 단지 자기 고집(self-will)이 아니라는 것을 보증하기 때문입니다. 그러나 순종을 배운 사람은 모든 것을 배웁니다. 일반적으로 사람이 주인이 되기 위해서는 순종을 배워야 한다고 말합니다. 이것은 맞는 말입니다. 그러나 사람이 고난의 학교에서 순종을 배움으로 인하여 훨씬 더 영광스러운 것을 배웁니다. **그는 하나님이 주인이 되시도록 하는 법을 배우며, 하나님이 다스리시도록 하는 법을 배웁니다.**[32]

그러나 하나님이 다스리신다는 것, 이것을 제외하고 무슨 영원한 진리가 있겠습니까! 그리고 하나님이 다스리시도록 하는 것, 이것을 제외하고 무슨 순종이 있겠습니까! 하나님이 다스리신다는 것과 하나님이 다스리시도록 하는 것, 시간적인 것과 영원한 것 사이에 이것보다 다른 어떤 연결과 조화가 가능하겠습니까! 아이가 젖을 떼고 자기 고집이 죽고 고난 당하는 자가 아직도 다스리시는 분이 진실로 하나님이라는 이 어려운 수업을 먼저 배울 때, 그가 기쁨의 순종으로 하나님이 다스리시도록 하는 법을 배울 때까지, 고난의 학교 말고는 다른 어디에서 이것을 배울 수 있겠습니까!

영원한 것에 대하여 인간이 알고 있는 모든 것은 하나님이 다스리신다는 것, 근본적으로 이 속에 다 들어 있습니다. 왜냐하면 사람이 더 많이 알게 된다는 것은 하나님이 **어떻게** 다스리셨고 **어떻게** 다스리고 계시며 **어떻게** 다스리실 것인지와 관련이 있기 때문입니다. 그러나 이 영원한 진리는 다음과 같은 순종의 언어에서 표현됩니다: **하나님이 다스리시도록 하는 것.** 그것은 순종하는 중에 동의하며 확신이 있는 "예(yes)"를 말하고 있는 **겸손한 체념**(resignation)이 들리는 것을 제외하고는 전적으로 동일합니다.

하나님에 대한 경외가 지혜의 시작이라면,[33] 순종을 배우는 것은 지혜의 완성입니다. 이것은 영원을 위해 교육받음으로 우리에게 적합한 지혜의 진보입니다. 당신이 고난으로 훈련받으면서 완전하고 무조건적인 순종으로 항복할 수 있었다면, 그때 당신 안에 있는 영원의 임재(presence)를 깨달았을 것입니다. 그때 당신은 영원이 평회와 안식을 발견했을 것입니다.

영원이 있는 곳이면 어디든지 거기에는 안식이 있습니다. 그러나 영원이 임재하지 않는 곳에는 불안(unrest)이 있습니다. 이 세상에는 불안이 있습니다. 그러나 무엇보다도 사람의 영혼에 영원이 임재하지 않을 때, 그의 영혼에는 불안이 있습니다. 그는 "불안만 가득찰 뿐입니다."[34] 기분전환 (diversions)은 이런 불안을 쫓아내는 것처럼 변장하지만 실제로는 더 증가시킨다면, 그때 고난은 불안을 증가시키는 것처럼 변장하지만 실제로는 불안을 쫓아냅니다. 처음에는 고난에 대한 엄격한 진지함이 불안을 증가시키는 훈련처럼 보입니다. 그러나 고난 당하는 자가 배운다면, 그때 그는 영원을 위해 교육을 받게 됩니다.

안식을 찾는다는 것은 영원을 위해 교육받는 것입니다. 결국 안식을 찾을 수 있는 단 한 가지의 방법이 있습니다. 그것은 모든 일에서 하나님이 다스리게 하는 것입니다. 사람이 무엇이든지 더 많이 알게 된다는 것은 하나님의 뜻이 **어떻게** 다스리시는지에 대한 문제입니다. 마음이 상한 자에게 화해가 있다는 것, 거기에는 안식이 있습니다. 그러나 그가 먼저 순종의 생각 속에 있는 안식을 찾지 못한다면, 이 영원한 생각 속에 있는 안식을 찾을 수 없습니다.

순종의 생각은 이렇습니다. "하나님은 모든 것을 다스려야만(raade) 한다. 왜냐하면 화해는 인류를 구원하기 위한 하나님의 계획(Raad)[35]이기 때문이다." 죄를 위해 그런 만족(satisfaction, 속죄)이 이루어졌습니다.[36] 그 안에서 회개하는 자에게는 안식이 있습니다. 그러나 모든 일에 하나님이 다스리신다는 생각에서 먼저 안식을 찾지 못한 자는 누구나 영원한 생각 속에 있는 안식을 찾을 수 없습니다.

이 생각은 이렇습니다. "모든 일을 하나님이 다스리시게 하는 것, 왜냐하면 속죄(만족이 된다는 것, making satisfaction)는 진실로 영원을 위한 하나님의 계획이기 때문이다." 하나님이 당신을 용서하신다는 것, 이 생각에 안식이 있습니다. 그러나 하나님이 모든 일을 다스려야만 한다는 생각에서 안식하지 못한다면, 당신은 이 영원한 생각 속에 있는 안식을 찾을 수 없습니다.

그렇지 않다면, 하나님의 은혜는 당신의 공로(merit)가 되었을 것입니다. 당신에게 소원을 주고 행하게 하신 분,[37] 성장시키시고[38] 완성을 주신 분,[39] 당신의 노력으로는 도저히 성취할 수 없는 무엇을 주신 분이 하나님이 아니었을 것입니다. 그것은 당신의 키를 한 자라도 증가시키지 못합니다.[40] 단일 인치도 증가시키지 못합니다. 당신의 모든 병적인 자기걱정(self-concern)으로도 할 수 없는 것입니다. 왜냐하면 이런 걱정은 다만 정신을 괴롭힐 뿐이고 성장을 저해하기 때문입니다.

그러나 고난 중에 믿음과 믿음의 순종은 저 멀리 있는 성장을 사모합니다. 모든 믿음이 하는 일의 목적은 하나님이 실제로 오시도록, 그분이 모든 것을 다스리시도록, 자만(egotism)과 이기심(selfishness)을 제거하는 데에 있기 때문입니다. 만약 고난을 통해 무언가를 배운다면, 고난이 더 크면 클수록, 이기적인 모든 것들은 더 많이 제거되고 근절될 것이고, 순종은 그곳을 영원이 뿌리를 내릴 수 있는 수용적인 토양으로 대체시킬 것입니다.

당신은 영원을 소유할 수 없습니다. 당신은 다만 영원을 받아들일 뿐입니다. 그러나 당신은 당신에게 속한 것을 받을 수 없습니다. 당신은 다만 다른 사람에게 속한 것을 받아들일 뿐입니다. 그 결과, 만약 그분께서 당신에게 영원을 주실 마음이 없으시다면, 당신은 이것을 합법적으로 받을 수 없습니다.

반면에, 그분께서 기꺼이 영원을 당신에게 수기 원하신다면, 수용(appropriation)[41]은 내적 성숙(inward deepening)입니다. 하지만 하나님과 영원의 관계에서, 수용이 순종입니다. 순종할 때 안식이 있습니다. 거기에는 영원의 안식이 있습니다. 이것이 영원한 진리입니다. 그러나 영원한 것은 순종할 때만 안식할 수 있습니다. 이것이 당신을 위한 영원한 진리입니다.

따라서 불안(unrest)이 시작되자마자, 그 원인을 살펴보면 그것은 당신이 기꺼이 순종하려 하지 않는 데에 있습니다. 그러나 고난은 당신이 순종하도록 도울 것입니다. 그러므로 고난이 있을 때, 하지만 고난 중에 순종할 때, 당신은 영원을 위해 교육받고 있습니다. 그때 당신의 영혼에는 어떤 성급한 갈망(hankering)도, 어떤 요동함(restlessness)도, 어떤 죄와 슬픔도 없습니다.

불 칼을 들고 있는 케루빔(cherubim)이 아담이 에덴동산에 다시 들어오는 것을 막기 위해 지키고 있는 것처럼,[42] 고난 역시 당신이 다시 세상 속으로 슬그머니 빠져나가지 못하도록 지키고 있는 수호천사입니다. 고난은 또한 당신이 영원을 위해 적합하게 교육받을 수 있도록 학교 안에 당신을 지키고 있는 바로 그 학교입니다.

옛날 선지자 중의 한 사람이 우상 숭배자는 그의 신을 지고 다니지만 참 하나님은 믿는 자들을 지고 다닌다고 말하는 것처럼,[43] 오직 참 하나님에 대한 참 지식인,[44] 순종에서의 "하나님이 모든 것을 다스리시도록 하는 것"도 마치 이와 같습니다. 그러나 영원을 위해 교육받는 것이 이외에 다른 무엇이 있겠습니까!

우상 숭배자는, 그의 우상이 무엇이든 간에, 기꺼이 그의 신을 지고 감으로써 불순종과 자기 고집(self-willfulness)으로 자신의 죽음 앞에 설설 기고 있는 반면, 그가 당한 고난으로 순종을 배웠던 자, 하나님은 그를 가볍게 지고 가십니다. 그는 영원을 위해 홀로 교육받는 자만큼이나 가볍게, 그렇게 가볍게 들려집니다.

고난의 기쁨

고난의 학교는 영원을 위해 교육합니다. 우리는 일반적으로 학교 교육에 대하여 다른 식으로 말합니다. 우리는 "한 학교는 과학을 교육하고, 두 번째 학교는 예술을, 세 번째 학교는 특별한 직업을 교육한다."와 같은 식으로 말합니다. 이런 이유로 우리는 학교 교육은 다 때가 있고 결과적으로 사람이 학교에서 배움을 통해 유익을 얻을 수 있는 때가 온다고 말합니다. 그러나 고난의 학교에서는 고난 당하는 자에게 아주 느린 진보가 있기에, 그는 아마도 크게 한숨을 내쉬며 말합니다.

"이 학교를 졸업한다는 것은 불가능해. 계속 수업을 들어야 할 걸."

아마도 이 한숨 속에 가장 무거운 고난이 담겨 있습니다. 틀림없이 그는 그렇게 생각합니다. 그러나 이것은 실제로 사실일까요? 전문가들은 성장 기간의 길이는 피조물(creature)의 특성과 직접적인 관련이 있다고 추정합니다. 동물의 생애에서 가장 낮은 형태에 있는 것들은 순간에 태어나서 거의 같은 순간에 죽습니다. 낮은 단계의 동물들은 빨리 성장합니다. 모든 피조물 중에서 인간은 가장 느리게 성장합니다. 전문가들은 이를 통해 그가 창조에 있어 가장 고차원적인 피조물이라는 것을 입증합니다.

우리는 같은 방법으로 학교에 대하여 말합니다. 낮은 단계의 직업에 종사할 것으로 예상되는 사람은 아주 짧은 시간 동안만 학교에 갑니다. 그러나 더 고차원적인 직업에 종사할 것으로 예상되는 사람은 긴 시간 동안 학교에 가야 합니다. 따라서 학교 기간의 길이는 그 사람이 무엇이 되어야 하는지에 직접적인 관련이 있습니다. 그때 고난의 학교가 평생 동안 지속된다면, 이것은 이 학교가 가장 고차원적인 것을 위해 교육하고 있다는 것을 입증하고 있습니다.

진실로, 영원을 위해 교육하고 있는 것은 이 학교뿐입니다. 왜냐하면 다른 어떤 학교 교육의 기간도 이렇게 지속되지 않았기 때문입니다. 정녕, 일시적인 지혜도 사람이 평생 동안 이 학교에 출석해야 한다고 생각한다면, 배우는 자는 성급해져 정당하게 말합니다.

"그렇다면 내가 이 학교에서 배움을 통해 도대체 언제 유익을 얻을 수 있는 거죠?"

오직 영원만이 그의 평생을 학교 교육의 기간으로 만드는 것을 정당화시킬 수 있습니다. 배우는 자와 자기 자신에게 말입니다. 그러나 영원이 학교를 운영해야 한다면, 그때 그 학교는 가장 엄선된 학교이어야만 합니다. 하지만 가장 엄선된 학교는 가장 오래 지속한 바로 그 학교입니다. 너무 조급하여 학교 기간이 너무 길다는 것을 알게 된 젊은 학생에게 선생님이 일반적으로 "자, 너무 조급해하지 마라. 결국 너의 앞에 긴 인생이 놓여 있다." 라고 말하듯이, 영원은 더 정당하고 믿음직하게 고난 당하는 자에게 말합니다.

"자, 너무 조급하지 마라. 시간은 충분하다. 결국 영원이 존재한다."

영원이 밀힐 때는 선생님이 선의로 하는 말 속에 거짓(guile)이 있는 것처럼 그 입술에는 그런 거짓이 없습니다.[45] 선생님이 젊은이 앞에 놓여 있는 긴 시간을 어떻게 보증할 수 있겠습니까? 그러나 그것(영원)이 존재한다는 것을 영원은 확실히 알아야 합니다. 만약 그것(영원)이 존재한다면, 물론 거기에는 충분한 시간이 있습니다.

기간이 가장 긴 학교는 최고의 것을 위해 교육합니다. 시간만큼이나 길게 지속되는 학교는 영원을 위해서만 교육할 수 있습니다. 인생을 위한 학교생활의 결과물은 시간 안에 나타나지만 평생 지속되는 고난의 학교는 영원을 위해 교육합니다. 이 학교는 영원을 위해 적합합니다.

이 학교는 또한 이것에 의해 구별됩니다. 일반적으로 사람이 학교에 가면서 늙어갈지라도, 그리고 그것은 당연히 그렇더라도, **영원의 학교에서 사람은 더 젊어집니다.** 그것은 당연히 그렇습니다. 이런 점에서 **영원한 삶은 회춘**(rejuvenation)입니다.

그때, 배우는 자가 배움을 통해 모든 유익과 기쁨을 얻을 만한 충분한 시간이 있어야만 하는 것이 아닌가요? 만약 사람이 매년마다 더 늙어가는 것이 아니라면, 너무 오랜 기간의 학교생활에 대해 조바심을 만드는 것은 도대체 무엇인가요? 따라서 사람은 학교생활 기간이 너무 오래 지속될 것이라고 두려워합니다. 그러나 사람이 매년마다 더 젊어진다면! 이보다 더 고통을 완화시킬 만한 생각이 있겠습니까? 이것은 가장 긴 학교생활 기간을 가장 짧게 만들 만큼 강력합니다! 가장 짧은 학교생활 기간이 단 1년 정도 계속되었을 때, 배우는 자는 1년 더 나이 들게 됩니다. 그러나 가장 긴 학교생활 기간이 70년 지속되었고 배우는 자는 매년마다 더 젊어질 때, 그때

이런 학교 교육은 명백히 가장 짧은 기간보다 훨씬 더 짧습니다.

영원한 삶이 회춘이라는 사상은 정말로 아름답고, 지극히 행복하고, 덕을 세우는 생각입니다. 그러나 나는 이 생각을 더 발전시키지 말아야 합니다. 왜냐하면 나의 의견에 이 생각이 너무 아름답기에, 마치 회춘이 마술로 일어난 것처럼, 다른 의미에서 마치 회춘이 오랜 시간이 걸리지 않은 것처럼, 누군가 분투할 만한 계기를 주는 대신에 그 생각이 그에게 아름다움으로 나타날 때, 그의 상상력을 자극한다면, 그것은 위험한 것이고 너무 쉽게 기만이 될 수 있기 때문입니다.

진실로, 사람은 많은 것을 배웠다는 것이 틀림이 없고, 실제로 그가 덕을 세우기(upbuilding) 위해 이런 고상한 생각과 관련짓기 전에 고난의 학교에서 심오하게 배웠을 것임에 틀림이 없습니다. 사람이 걷기 전에 기어야 한다는 것이 일반적으로 사실이라면, 그때 사람이 날기를 시작하기 전에 걸어야 한다는 주장도 사실입니다. 이 생각은 영원의 높은 비상을 담고 있습니다. 이것이 내가 항상 더 낮은 것들에 대하여, 초심자의 느리고 힘든 걸음(gait)에 대하여 이야기하는 것을 더 좋아하는 이유입니다. 왜냐하면 이런 종류의 이야기는 누구도 속이지 않기 때문입니다.

반면에, 자신의 덕을 세우는 일과 진보에 아주 멀리 간 사람, 그래서 그가 회춘의 생각에 의해 생기를 되찾은 사람, 그 사람은 다른 사람의 말이 필요 없습니다. 더욱이 나의 모든 말은 필요 없습니다. 오히려 나는 그로부터 배워야 합니다.

그러나 내가 이것에 대하여 말하기를 원치 않을지라도, 나는 이 강화(discourse)의 과업을 수행하기 위해서라도 결론적으로 말해야 합니다. 즉, 고난의 학교가 영원을 위해 교육하는 기쁨 말입니다. 교회의 가장 나이든 스승 중에 하나였고, 사도 교부들 중의 하나였던 사람이 아름답게 서술했던 것을 상기해 보십시오.

환시(Visiones)라고 부르는 그의 책 한 부분에서,[46] 그는 하나님께서 어떻게 세 가지의 환상을 보여주셨는지 말합니다. 환상의 중요한 내용들과 더불어, 이 환상들은 그에게 이것들을 보여주고 설명해 준 사람이 처음에는 늙은 여자였고, 두 번째로 나타났을 때 그녀는 보기에 더 젊고 아주 기쁨에 넘친 것처럼 보였으나 여전히 늙은 여자의 머리와 주름진 피부를 가지고 있었고, 세 번째로 나타났을 때 그녀는 영원의 젊음처럼 진지했고 젊고 기쁨에 넘쳤다는 특이점이 있습니다. 그는 조금 더 자세하게 이것을 설명하지만 다른 것들 중에 덧붙입니다.

"정직하게 회개하는 사람들은 더 젊어질 것이다."

이런 식으로 그는 이 강력한 생각이 너무 고공비행하는 신기루가 되지 않도록, 이 생각을 억제하고 있습니다. 그래서 배우는 자가 더 젊어지기는커녕, 늙는 것보다 더 악화되어 속임을 당합니다. 이런 강화는 또한 같은 방식으로 억제하는 영향력을 행사합니다. 왜냐하면 영원을 위해 교육하고 있는 것은 고난의 학교뿐이기 때문입니다. 그런 어떤 것이 사람에게 승인되어야 한다면, 그것은 고난의 학교에서 그에게 일어나야 합니다.

그러나 기쁨은 여전히 남습니다. 기쁨이 여기 이 글의 맨 끝에 남은 것처럼, 기쁨은 맨 끝에 남습니다: 다른 어떤 학교도 고난의 학교만큼이나 오래 지속되지 않는다는 것, 그러므로 다른 어떤 학교도 영원을 위해 교육하지 않는다는 것, 영원의 학교에서 배우는 자는 회춘하게 되는 것으로 밝혀졌다는 것.

고난을 제외하고 어떤 숙련(proficiency)도 어떤 지식도 다른 아무것도, 진리였고 진리이셨던 분만큼, 모든 것을 이셨지만[47] 여선히 한 가지를 배웠던 분, 그러나 다름 아닌, 그분이 당한 고난으로 순종을 **배웠던 분**만큼 진실하게 영원을 위해 교육하지 못합니다. 인간이 고난 없이 하나님께 대한 순종을 배우는 것이 가능하다면, '사람이신 그리스도[48]'는 고난을 통해 순종을 배울 필요가 없었을 것입니다. **그분이 고난을 통해 배웠던 것은 인간의 순종이었습니다.** 왜냐하면 아버지의 뜻과 그분의 뜻의 영원한 조화는 순종이 아니기 때문입니다.[49]

성서가 말하듯이, 순종은 그분의 굴욕(abasement)에 속합니다. 그분은 자기를 낮추시고 죽기까지 순종하셨습니다.[50] 그러나 인간이 된다는 것은 진실로 그분의 굴욕입니다. 그러므로 하나님과의 그분과의 관계에서 인간에게 순종은 오직 고난으로만 배우게 된다는 것은 맞는 말입니다. 순전한 자에게 이 말이 맞다면, 하물며 죄가 있는 인간에게는 얼마나 맞는 말입니까! 오직 고난만이 영원을 위해 교육합니다. 왜냐하면 영원은 믿음 안에 있으며 믿음은 순종 안에 있고 순종은 고난 속에 있기 때문입니다. 순종은 고난과 분리될 수 없습니다. 고난 중에 있는 순종이 순종이고, 순종 중에 있는 믿음이 믿음이고, 믿는 중에 있는 영원이 영원입니다.

01 고린도전서 2:9, "기록된 바, 하나님이 자기를 사랑하는 자들을 위하여 예비하신 모든 것은 눈으로 보지 못하고 귀로 듣지 못하고 사람의 마음으로 생각하지도 못하였다 함과 같으니라."

02 요한복음 16:28, "내가 아버지에게서 나와 세상에 왔고 다시 세상을 떠나 아버지께로 가노라 하시니"

03 요한복음 17:5, "아버지여, 창세전에 내가 아버지와 함께 가졌던 영화로써 지금도 아버지와 함께 나를 영화롭게 하옵소서."

04 히브리서 5:8-9, "그가 아들이시면서도 받으신 고난으로 순종함을 배워서 온전하게 되셨은즉 자기에게 순종하는 모든 자에게 영원한 구원의 근원이 되시고"

05 요한복음 1:1-3, "태초에 말씀이 계시니라. 이 말씀이 하나님과 함께 계셨으니, 이 말씀이 곧 하나님이시니라. 그가 태초에 하나님과 함께 계셨고 만물이 그로 말미암아 지은 바 되었으니 지은 것이 하나도 그가 없이는 된 것이 없느니라."

06 갈라디아서 4:4-5, "때가 차매, 하나님이 그 아들을 보내사 여자에게 나게 하시고 율법 아래에 나게 하신 것은 율법 아래에 있는 자들을 속량하시고 우리로 아들의 명분을 얻게 하려 하심이라."

07 요한복음 4:34, "예수께서 이르시되, 나의 양식은 나를 보내신 이의 뜻을 행하며 그의 일을 온전히 이루는 것이니라."

08 요한복음 1:15, "요한이 그에 대하여 증언하여 외쳐 이르되, 내가 전에 말하기를 내 뒤에 오시는 이가 나보다 앞선 것은 나보다 먼저 계심이라 한 것이 이 사람을 가리킴이니라 하시니라."

골로새서 1: 16-17, "만물이 그에게서 창조되되 하늘과 땅에서 보이는 것들과 보이지 않는 것들과 혹은 왕권들이나 주권들이나 통치자들이나 권세들이나 만물이 다 그로 말미암고 그를 위하여 창조되었고"

09 요한복음 18:4, "예수께서 그 당할 일을 다 아시고 나아가 이르시되 너희가 누구를 찾느냐?"

10　이 부분은 요한복음 6:38을 의미한다. "내가 하늘에서 내려온 것은 내 뜻을 행하려 함이 아니요, 나를 보내신 이의 뜻을 행하려 함이니라."

　　또한, 다음을 참고하라. 요 4:34, 7:16-17

11　요한복음 1:10-11, "그가 세상에 계셨으며 세상은 그로 말미암아 지은 바 되었으되, 세상이 그를 알지 못하였고 자기 땅에 오매 자기 백성이 영접하지 아니하였으나"

12　빌립보서 2:7, "오히려 자기를 비워 종의 형체를 가지사 사람들과 같이 되셨고"

13　이 부분은 에베소서 1:9-11을 참고하라. "그 뜻의 비밀을 우리에게 알리신 것이요 그의 기뻐하심을 따라 그리스도 안에서 때가 찬 경륜을 위하여 예정하신 것이니"

14　이 부분은 사도행전 4:12를 암시한다. "다른 이로써는 구원을 받을 수 없나니 천하 사람 중에 구원을 받을 만한 다른 이름을 우리에게 주신 일이 없음이라 하더라."

15　마가복음 15:36, "한 사람이 달려가서 해면에 신 포도주를 적시어 갈대에 꿰어 마시게 하고 이르되 가만 두라 엘리야가 와서 그를 내려 주나 보자 하더라."

　　또한, 마 27:48, 요 19:29를 참고하라.

16　누가복음 2:35, "또 칼이 네 마음을 찌르듯 하리니 이는 여러 사람의 마음의 생각을 드러내려 함이니라 하더라."

17　요한복음 4:42, "그 여자에게 말하되, 이제 우리가 믿는 것은 네 말로 인함이 아니니 이는 우리가 친히 듣고 그가 참으로 세상의 구주신 줄 앎이라 하였더라."

　　요한복음 3:17, "하나님이 그 아들을 세상에 보내신 것은 세상을 심판하려 하심이 아니요, 그로 말미암아 세상이 구원을 받게 하려 하심이라."

18　베드로전서 2:8, "또한 부딪치는 돌과 걸려 넘어지게 하는 바위가 되었다 하였으니, 그들이 말씀을 순종하지 아니하므로 넘어지나니 이는 그들을 이렇게 정하신 것이라."

　　이 부분은 예수 그리스도를 향한 실족을 의미한다. 곧, 그리스도는 실족의 표징이다. 실족은 키르케고르가 강조하는 중요한 사상 중에 하나다. 이 부분에 대하여는 《그리스도교의 훈련》을 참고하라.

19　이 부분은 마태복음 11:19를 암시한다. 주님은 모두가 함께 하기를 꺼려했던 죄인과 세리들을 찾으러 다녔다. "인자는 와서 먹고 마시매 말하기를, 보라 먹기를 탐하고 포도주를 즐기는 사람이요, 세리와 죄인의 친구로다 하니 지혜는 그 행한 일로 인하여 옳다 함을 얻느니라."

20　이 부분은 마태복음 27:32-44를 참고하라. 특별히 이 부분은 예수님의 십자가 처형을 암시한다. 39절은 다음과 같이 나온다. "지나가는 자들은 자기 머리를 흔들며 예수를 모욕하여"

21　이 부분은 베드로를 암시한다.

22 이 부분은 다음을 참고하라. 마가복음 14:66-72; 누가복음 22:54-62

23 요한복음 19:5, "이에 예수께서 가시관을 쓰고 자색 옷을 입고 나오니 빌라도가 그들에게 말하되 보라 이 사람이로다 하매"

24 마태복음 26:15, "내가 예수를 너희에게 넘겨주리니 얼마나 주려느냐 하니 그들이 은 삼십을 달아 주거늘"

25 이 부분은 요한복음 18:28-19:16절의 설명을 암시하는 것으로 보인다. 특히 19장 12절은 다음과 같이 나온다.

"이러하므로 빌라도가 예수를 놓으려고 힘썼으나 유대인들이 소리 질러 이르되 이 사람을 놓으면 가이사의 충신이 아니니이다. 무릇 자기를 왕이라 하는 자는 가이사를 반역하는 것이니이다."

빌라도는 군중을 두려워하여 예수를 십자가에 못 박도록 넘겨주었다. 또한, 마가복음 15:1-15를 참고할 수 있다.

26 마태복음 26:39, "조금 나아가사 얼굴을 땅에 대시고 엎드려 기도하여 이르시되, 내 아버지여 만일 할 만하시거든 이 잔을 내게서 지나가게 하옵소서. 그러나 나의 원대로 마옵시고 아버지의 원대로 하옵소서 하시고" 또한, 누가복음 22:42을 참고하라.

27 빌립보서 2:8, "사람의 모양으로 나타나사 자기를 낮추시고 죽기까지 복종하셨으니 곧 십자가에 죽으심이라."

28 요한복음 14:6, "예수께서 이르시되 내가 곧 길이요, 진리요, 생명이니, 나로 말미암지 않고는 아버지께로 올 자가 없느니라."

29 욥기 17:1, 욥은 말한다. "나의 기운(spirit)이 쇠하였으며, 나의 날이 다하였고, 무덤이 나를 위하여 준비되었구나."

30 이 부분은 에베소서 4:30을 암시한다. "하나님의 성령을 근심하게 하지 말라. 그 안에서 너희가 구원의 날까지 인치심을 받았으니라."

31 누가복음 10:42, "몇 가지만 하든지 혹은 한 가지만이라도 족하니라. 마리아는 이 좋은 편을 택하였으니 빼앗기지 아니하리라 하시니라."

32 예로 다음을 참고 하라. Thomas Hansen Kingo, "Bryder frem, I hule Sukke," st. 22, ll. 5-6, Psalmer og aandelinge Sange of Thomas Kingo, ed. Peter Andreas Fenger (Copenhagen: 1827; ASKB 203), p. 176(ed. tr.): "나는 그때 심각한 위험 가운데 처해 있었을 것입니다. 하나님 그리고 예수님이 통치하소서."

33 시편 111:10, "여호와를 경외함이 지혜의 근본이라. 그의 계명을 지키는 자는 다 훌륭한 지각을 가진 자이니 여호와를 찬양함이 영원히 계속되리로다.

잠언 9:10, "여호와를 경외하는 것이 지혜의 근본이요, 거룩하신 자를 아는 것이 명철이니라."

키르케고르에게 이 부분은 굉장히 중요하나. 그는 1830년대에 헤겔에 대한 논쟁에서 철학의 기본 원리로 하나님에 대한 경외와 의심에 대하여 다룬다. 그때 마르텐센(Martensen)은 다음과 같이 말한다. "의심은 지혜의 시작이다." 그 당시에 또한 의심은 철학 체계의 시작이기도 했다. 이런 점에서, 키르케고르는 하나님에 대한 경외를 성경의 본문대로 지혜의 시작이고 순종을 지혜의 완성으로 만들고 싶었던 것이다.

34 욥기 7:4를 참고하라. "내가 누울 때면 말하기를, 언제나 일어날까, 언제나 밤이 갈까 하며 새벽까지 이리 뒤척, 저리 뒤척 하는구나."

35 이 부분에 대하여는 사도행전 2:23을 보라. 베드로는 예수 그리스도에 대하여 유대인들에게 말한다. "그가 하나님께서 정하신 뜻과 미리 아신 대로 내준 바 되었거늘"

또한 다음을 참고하라. 에베소서 1:9-12, 사도행전 4:28, 20:27

36 이 부분은 속죄(atonement)와 관련이 있는 것처럼 보인다.

37 빌립보서 2:13, "너희 안에서 행하시는 이는 하나님이시니 자기의 기쁘신 뜻을 위하여 너희에게 소원을 두고 행하게 하시나니"

38 고린도전서 3:6, "나는 심었고 아볼로는 물을 주었으되 오직 하나님께서 자라나게 하셨으니"

39 빌립보서 1:6, "너희 안에 착한 일을 시작하신 이가 그리스도 예수의 날까지 이루실 줄을 우리는 확신하노라."

40 마태복음 6:27, "너희 중에 누가 염려함으로 그 키를 한 자라도 더할 수 있겠느냐?"

41 이것은 키르케고르에게 대단히 중요한 단어이다. 그에게 주관적 진리는 진리를 자기 것으로 만든 것만 진리라는 것이다. 진리를 '자기화'한 것, 그것이 수용(appropriation)이다.

42 창세기 3:24, "이같이 하나님이 그 사람을 쫓아내시고 에덴 동산 동쪽에 그룹들과 두루도는 불 칼을 두어 생명나무의 길을 지키게 하시니라."

43 이사야 46:1-8을 참고하라. 이 장면에서 보면, 무능한 바벨론의 신인 벨과 느보가 등장한다. 이 두 신은 대게 행렬을 이루어 운반되었지만, 이 장면에서는 거대한 피난민들이 되어 그것을 싣고 가는 동물들에게 괴로움만 더해 준다. 이 우상들의 버거움은 돈과 힘을 바라는 우상의 요구와 함께(6-7절), 일평생 짐을 지시는 여호와와 대조를 이루면서(3-4), 우상 숭배에 대한 일련의 공격은 뚜렷한 절정에 도달한다.

44 요한복음 17:3, "영생은 곧 유일하신 참 하나님과 그가 보내신 자 예수 그리스도를 아는 것이니이다."

45 베드로전서 2:22, "그는 죄를 범하지 아니하시고 그 입에 거짓도 없으시며"

46 다음을 참고 하라.

원고외 여백에서;

헤르마스의 목자(Hermae Pastor).
환시들(Visiones), 환시(Visio) III, ch. XI, XII.

-Pap. VII1 B 181:7 n.d., 1846

그리고 Hermas, Pastor, I, "Visiones," 1-3, Patrum apostolicorum opera, ed. Carl Joseph Hefele (Tübingen: 1847; ASKB 152), pp. 326-45.

47 요한복음 18:4를 언급하고 있다. "예수께서 그 당할 일을 다 아시고 나아가 이르시되, 너희가 누구를 찾느냐?"

48 이와 관련된 표현은 다음 일기를 참고하라. NB 2:37, VIII1 A 145, 1847.

"…그리스도의 죽음은 두 가지 요인의 결과이다. 즉 유대인들의 죄(guilt)와 더 큰 세계의 인정되는 악이다. 왜냐하면 그리스도가 사람되신 하나님(God-man)이었기 때문에, 그분이 십자가에 달리신 것이 유대인들이 우연히 타락했기 때문에 발생한 일임을 의미할 수 없을 뿐더러, 더 과감히 말하자면, 그리스도가 이렇게 오신 것이 불행한 순간에 일어난 일일 수 없다.그리스도의 운명은 영원한 운명이며, 인류의 특정한 중력을 나타내듯이 보여주고 있다. 그리스도의 운명은 어느 시대에나 똑같을 것이다. 그리스도는 결코 우연한 것을 표현할 수 없다. 따라서 유대인들이 어떻게 그렇게 격노할 수 있는지를 보여주는 것은 적절한 일이겠지만, 이미 말했듯이, 우리는 아마도 그러한 너무 많은 것을 배우는 것을 두려워하면서 그로 인해 위축된다. 그리하여 우리의 세속적인 이익이 우리에게 불리한 증거가 될 수 있다."

49 아마도 이 부분은 요한복음 6장 38절을 암시하는 것처럼 보인다. "내가 하늘에서 내려온 것은 내 뜻을 행하려 함이 아니료 나를 보내신 이의 뜻을 행하려 함이니라."

또한 다음 구절을 참고하라.

요한복음 4:34, "예수께서 이르시되 나의 양식은 나를 보내신 이의 뜻을 행하며 그의 일을 온전히 이루는 것이니라."

요한복음 7:16-17, "예수께서 대답하여 이르시되 내 교훈은내 것이 아니요 나를 보내신 이의 것이니라. 사람이 하나님의 뜻을 행하려 하면 이 교훈이 하나님께로붙 왔는지 내가 스스로 말함인지 알리라."

50 빌립보서 2:8을 참고하라. "사람의 모양으로 나타나사 자기를 낮추시고 죽기까지 복종하셨으니 곧 십자가에 죽으심이라."

IV

하나님과의 관계에서 사람이
항상 죄책으로 고난 당하는 기쁨[01]

진실한 이야기

우리가 아름다운 이야기, 덕을 세우는 이야기, 감동적인 진실한 이야기(true saying)를 들을 때, 그것을 누가 말했는지, 어떤 상황에서, 어떤 일을 계기로 말했는지 종종 확인합니다. 다시 말해, 우리는 그 이야기를 말한 사람에 대해, 얼마나 진실한 사람인지 확인합니다. 우리 자신뿐 아니라 그를 위해서라도, 우리는 그가 진실한 사람이 되기를 간절히 소망합니다.

아무리 탁월한 이야기라도, 진실(truth)이 결여된 이야기는 "아름답지만 쓸모없는 열매를 맺는 나무와 같습니다."(지혜서 10:7)[02] 말하는 자(speaker)에게 진실이 없는 진실한 이야기는 축복하는 자를 저주하는 축복처럼 사람들을 낙담시킵니다. 그러나 진실이 담긴 화자의 진실한 말은 가장 아름다운 의미에서 좋은 장소에 있는 좋은 말입니다. 이 말은 마치 은 쟁반에 담긴 금 사과와 같습니다.[03] 그것은 마치 이야기가 아주 위대한 가치가 있으므로 금 사과와 비교되는 것과 같습니다. 반면, 말하는 자는 품질이 보증된 값비싼 은 그릇입니다. 그곳에서 진실한 것은 진실 속에 믿을 수 있게 잘 보존됩니다.

이런 점에서 이야기는 위대한 가치를 지니고 있습니다. 이야기는 세상으로 나가서 다른 사람들에 의해 행동으로 옮겨집니다. 그들은 그것을 말한 적이 없고 다만 그 이야기를 행동으로 옮겼습니다. 그렇지만 이야기가 진실하다는 것을 확인할 때마다, 우리는 경건하게 이 고상한 이야기의 출처를 기억해 봅니다.

예를 들어, 왕이 이 땅의 부와 능력과 권력을 완전히 헛된 것이라고 선포한다면, 우리는 화자가 왕이라는 것을 기뻐합니다.[04] 왜냐하면 그는 확실히 그것을 경험할 수 있는 기회가 있었기 때문입니다. 그는 저 멀리에서 욕망에 불타 그 모든 것들을 바라보았던 사람처럼 있지 않았습니다. 아주 가까운 곳에서 그것들을 목격했으니까요.

누군가 마치 모든 것을 소유한 것처럼 많은 것을 소유했을 때, 그러나 또한 그가 실제로 그것을 느끼기 위해 모든 것을 상실할 때, "여호와의 이름이 찬송받으실지니이다"[05]라고 말할 때, 우리는 확신하고 기뻐합니다. 왜냐하면 그는 정말로 시험받은 자였기 때문입니다.

많은 훌륭한 이야기는 이런 식으로 보호됩니다. 많은 화자가 생각날 수 있겠지만, 그들 중에는 강도도 있습니다. 강도라는 사실이 우리를 방해할 수는 없습니다. 반대로, 다른 의미에서 그가 거기에 없었다면, 우리는 그런 사람을 그냥 지나치고 말았을 것입니다. 왜냐하면 진실의 세계에서 왕과 강도 사이에는 어떤 차이도 존재하지 않기 때문입니다. 거기에서 묻게 되는 단 하나의 질문은 그가 말한 것이 진실했는지, 그 안에 진실이 있었는지에 대한 것입니다.

거룩한 전도자의 이야기에 따르면, 두 명의 강도가 주 예수와 함께 십자가에 못 박힙니다.[06] 강도의 말이 죽음의 순간에 십자가에서 들렸습니다.[07] 이것은 정말로 그에게 말의 진실이 있는지 보장해야만 하는 사건이었습니다. 죽어가는 사람이 단 한마디의 말로 그의 영혼에 집중할 때보다 누가 더 진실하게 말할 수 있겠습니까! 세상의 헛된 공허함에 지친 왕의 현명한 말도 죽음의 순간에 회개하는 강도의 겸손한 말보다 더 관심을 집중할 만한 가치가 없습니다.

거기에 두 명의 강도가 있었습니다. 그러나 우리는 오직 한 명만을 기억합니다. 우리가 십자가상의 강도의 말이라고 말할 때, 모든 사람이 기억하는 것은 바로 이 강도입니다. 그러나 이 강도가 강도들 중에 어떤 강도인지 언급이 없습니다. 이름도, 다른 특별한 설명도 없습니다.

예를 들어, 그가 오른편에 매달렸는지 왼편에 매달렸는지도 언급이 없습니다. 그는 오른편에 있는 자였을 것이라고 가정하는 것이 순진한 지식의 갈증을 만족시켜 줄 수 있을지라도, 왜냐하면 언젠가 "내 아버지께 복 받을 자들이여, 나아와 창세로부터 너희를 위하여 예비된 나라를 상속하라"[08]라고 말씀했던 자들이 오른편에 있었으니까요. 그러나 그가 왼편에 있든 오른편에 있든 아무 상관이 없습니다. 이 말을 했던 같은 사람이 이 강도에게 말했습니다.

"오늘 네가 나와 함께 낙원에 있으리라."[09]

다른 강도는 끝까지 그를 조롱했고 십자가상에서 더욱 강팍해졌습니다. 그는 아마도 왼편에 매달린 자였습니다. 복음서 저자인 누가는 십자가상의 강도의 말을 보존하고 있습니다.

"우리는 우리가 행한 일에 상당한 보응을 받는 것이니 이에 당연하거니와 이 사람이 행한 것은 옳지 않은 것이 없다."(눅 23:41)

우리는 이 시간에 이 말씀을 다음과 같이 고찰해야 할 주제로 만들어야 합니다.

하나님과의 관계에서 사람이

항상 죄책(guilty)[10]**으로 고난 당하는 기쁨**

사랑과 죄

유죄(guilty)인가 무죄인가?[11] 이것은 법적 소송절차에서 진지한 질문입니다. 이와 동일한 질문이 우리 자신의 마음을 살피는 문제에서는 더욱 진지해집니다. 왜냐하면 형사가 죄인을 체포하기 위해 집의 가장 깊이 숨겨진 은밀한 장소를 침입한다면, 자기 자신에 대한 염려는 어떤 판사보다 더욱 깊이 죄를 찾기 위해 마음의 가장 은밀한 곳까지 침입합니다. 거기에서는 오직 하나님만이 판사입니다.[12]

심판(judgement)이 인간적이고 그 관계가 인간들 사이에 있는 한, 결백(innocence)은 우리가 바라는 유일한 것이며, 결백만이 인간의 어떤 불의도 어떤 감사의 부족도 사로잡을 수 없고 손상시킬 수 없는 강력한 피난처(stronghold)입니다.[13] 결백만이 어떤 훼손(rape)도 침해할 수 없는 순결(purity)입니다. 심지어 결백은 어떤 죽음도 치명적으로 상처를 줄 수 없는 불사신(invulnerability)입니다.[14]

그럼에도 불구하고, 이것이 항상 그렇지는 않습니다. 이것은 관계의 중요한 긴장이 둘 사이의 관계인 한에서만 실제로 사실입니다. 왜냐하면 인간들 사이에서 **사랑의 가장 강렬하고 온화한 관계는 사랑의 최고의 가능한 소망이 잘못을 범하는 것, 곧 죄인이 되는 데에 있기 때문입니다.**

인간적으로 말해, 우리는 불행한 사랑을 가장 무거운 형태의 고난으로 여깁니다. 하지만 결국 불행한 사랑 중에서 **가장 무겁고 가장 고통스러운 고난은 사랑의 대상이 본질적으로 사랑을 받을 수 없는 그런 존재일 때입니다.** 그러나 사랑하는 자가 온 마음을 다해 바라는 단 한 가지는 사랑의 대상이 사랑을 받는 것입니다. 다시 말해, 사랑의 대상이 여전히 그 대상이고 그 소유만 거절되는 것뿐이라면, 그때 불행한 사랑은 아직 덜 불행하고 덜 고통스럽습니다. 그때 소유는 거절되지만 대상은 상실되지 않습니다.

반대로, 그것(불행한 사랑)은 사랑의 요구조건을 너할 나위 없이 행복하게 충족시킬 수 있는 모든 본질적인 완전성(perfection)을 갖고 있습니다. 거기에는 요구조건이 존재합니다. 모든 사랑 속에 숨겨진 요구조건이며, 이것은 이기적인 것이 아니라 깊고 영원한 기반입니다. 바로 **사랑의 존재**가 그 요구조건입니다.[15]

그렇게 불행하게 사랑하는 소녀와 그녀의 고난을 상상해 봅시다. 그녀가 다음과 같이 말하는 것은 맞지 않습니까?

"내가 잘했든 잘못했든, 그것은 사소한 문제일 뿐이야. 나는 아직도 잘 살고 있으니까. 내가 잘못을 했더라도, 그는 나를 쉽게 용서할 거니까. 그러나 그가 잘못을 범한다면, 죄를 짓는다면,[16] 사랑받을 수 없는 그런 종류의 사람이라면, 그때 이것은 나의 죽음이야. 그때 나는 모든 것을 잃고 말겠지. 나는 나의 단 하나의 사랑의 대상만 있을 뿐이야. 그것은 바로 그이고, 온 세계에서 그만 홀로 있어.

슬프다! 그는 나의 사랑의 대상이 될 수는 없어. 아, 장애물은 결코 그의 밖에 있는 것이 아니야. 만약 장애물이 그의 밖에 있었다면, 그는 여전히 사랑을 받을 것이고 나는 덜 불행해. 그러나 바로 **그의 영혼에서 장애물이 발견된다면,** 혹은 그 장애물이 그의 영혼에 마음의 깊이가 부족한 것이라면, 그때 나는 가장 불행하다는 데에 있지."[17]

결과적으로 그녀의 애인(the beloved)이 다만 의로운 사람이라면, 그녀는 스스로 잘못하는 편이 더 낫고 죄인이 되는 것이 더 낫습니다. 이것은 무엇을 의미할까요? 그것은 이 소녀가 정말로 사랑하는 것을 의미합니다. 그녀는 싸움하지 않습니다. 잘잘못에 대한 것은 더욱 아닙니다. 그래서 거기에는 여전히 둘이 있습니다. 아니, 그녀는 정말로 사랑의 대상과 하나가 되었으므로 그가 본질적으로 상실될 때까지 그의 상실을 느끼지 않습니다. 곧, 그가 우연히 사고로 상실될 때는 아닙니다. 그가 비본질적(unessential)으로 됨으로써, 혹은 본질적으로 다른 누군가 됨으로써, 혹은 다른 누군가의 소유가 됨으로써, 그의 상실을 느끼게 되는 것입니다.

그가 다만 의로운 사람이라면, 그녀가 죄가 있다면, 그때 그녀는 그녀의 사랑이 구원받을 것이라고 생각합니다. 그러나 그에게 잘못이 있다면, 그때 그녀는 두렵게도 그녀의 사랑이 상실될 것을 생각합니다. 이것은 정말로 이런 식입니다. 왜냐하면 완전한 자, 그러나 나보다 다른 누군가를 위해 완전한 자가 된 그 사람은 본질적으로 상실되지 않고 나는 그를 계속 동일하게 사랑하지만, 그의 본질이 상실된 그 사람은 본질적으로 상실되기 때문입니다.

그러나 사람이 하나님과 대면할 때, 거기에 잘잘못에 대한 질문이 있을 때, 어떤 인간이 불행한 사랑에 대한 질문이 있을 수 있다는 이 공포를 감히 생각할 수 있는지 나는 궁금합니다! 왜냐하면 하나님의 존재는 사랑의 대상이 될 수 없으니까요. 사람의 인생이 70년이라면, 70년 동안 하나님은 상실되거나 사람에게 상실되지 않습니다. 만약 그런 일이 일어난다면, 하나님은 사람의 인생을 여태껏 다른 어떤 사람의 인생보다 더욱 힘들게 하여 그가 아무것도, 이 수수께끼 중에 아무것도 파악하지 못하도록 그를 안내합니다.

그러나 하나님이 사랑이 아니었다는 것을 입증할 수 있거나 적어도 입증할 수 있는 것처럼 보이는 가장 사소한 것이 있었다면, 그때 모든 것은 상실되고, 그때 하나님은 상실되었을 텐데 밀입니다. 하나님이 사랑이 아니라면, 그가 모든 것에서 사랑이 아니라면, 그때 하나님은 결코 존재한 것이 아니니까요.

오, 나의 독자여, 당신이 인간의 삶에서 가장 무거운 고난의 순간을 경험했다면, 그 모든 것이 당신의 영혼에 어두움이 되었을 때, 마치 하늘의 어떤 사랑도 없는 것처럼, 혹은 하늘에 있는 분이 그런데도 정말로 사랑이 아닌 것처럼 느낄 때, 당신이 해야만 하는 것이 잘못을 행하는 것과 하나님을 얻는 것 사이의 선택 혹은 의로운 자가 되는 것과 하나님을 상실하는 것 사이의 선택인 것처럼 느낄 때, 그때 당신이 전자를 선택함으로써 하늘의 축복을 찾았고, 혹은 오히려 이 안에서 그것은 선택이 아니었다는 것을 발견한 것이 맞지 않습니까? 반대로, **잘못은 항상 당신에게 있고 당신이 하나님을 얻기를 바라는 것, 그것은 당신을 향한 하늘의 영원한 요구, 당신의 영혼을 향한 영원한 요구가 아니었나요?** 하나님은 사랑이셨다는 어떤 의심도, 어떤 의심도 있을 수 없습니다!

아! 많은 사람들이 하나님이 실제로 사랑인지에 대한 생각을 무한히 연기시키고 있습니다. 반면, 그들은 하나님이 사랑이 아니었다는 공포에 대한 생각만으로도 그들 안에 있는 사랑을 불로 만들 수 있습니다. 그 사랑을 불로 만들었더라면 차라리 더 좋았을 텐데 말입니다. 왜냐하면 하나님은 사랑이시라면 모든 곳에서도 사랑이기 때문이고, 당신이 이해할 수 있는 곳에서도 사랑이시고, 당신이 이해할 수 없는 곳에서도 사랑이시고, 하루 동안 지속되는 수수께끼에서 혹은 70년 동안 지속되는 수수께끼에서도 사랑이시기 때문입니다.

아! 많은 사람들이 자신을 그리스도인이라고 부르면서도, 여전히 하나님이 사랑이시라는 것에 대한 의심을 품고 살아가는 것처럼 보입니다.[18] 그들은 이방인의 공포에 대한 생각만으로도 이 사랑을 불로 만드는 것이 더 좋았을 텐데 말입니다. 곧, 모든 운명을 쥐고 계신 분이 하나님이라는 것, 그분의 손이 당신의 운명을 쥐락펴락(ambivalent) 한다는 것,[19] 그분의 사랑은 아버지의 품(embrace)이 아니라 속박하는 올무였다는 것, 그분의 비밀의 본성은 영원한 명확성이 아니라 은폐였다는 것, 그분의 본성의 가장 깊은 바탕은 사랑이 아니라 이해 불가능하게 하는 교활함이었다는 것.

결국, 우리는 하나님의 사랑의 계획(raad, 뜻)을 이해할 수 있어야 한다는 요구를 받은 적이 없습니다.[20] 그러나 우리는 확실히 믿을 수 있어야 한다는 요구를 받았습니다. 우리가 믿음으로써 그분이 사랑이시라는 것을 이해할 수 있도록 요구받았습니다. 그분이 영원한 사랑이시라면, 당신이 하나님의 뜻(decree)을 이해할 수 없는 것이 두려운 것이 아닙니다. 그분이 교활하기 때문에 당신이 그 뜻을 이해할 수 없다면, 그것은 두려운 것입니다.

그렇지만 이 강화의 가정에 따라, 하나님과의 관계에서 사람이 항상 잘못할 뿐만 아니라 항상 죄책이 있는 것이 맞다면,[21] 그리하여 그가 죄책으로 고난을 당할 때, 당신 안에 어떤 의심도(당신 스스로 다시 죄를 짓지 않는다면), 당신 밖의 어떤 사건도(당신 스스로 실족으로 인하여 다시 죄를 짓지 않는다면), 이 기쁨을 쫓아낼 수 없습니다.

하나님의 사랑

기쁨은 바로 이것입니다. 가장 병든 상상력이 꾸며낸 가장 슬픈 공포가 실현되었더라도, 하나님이 사랑이라는 믿음을 흔들 수 있는 아무 일도 일어나지 않았다는 것. 바로 지금도, 모든 순간에도, 모든 미래의 순간에도, 아무 일도 일어나지 않았고 일어날 수도 없는 것이 영원히 진실하다는 것.

기쁨은 바로 이것입니다. 사람이 선의 도움으로 이것을 깨닫는 것을 거부한다면, 그때 죄책(guilt)이 이것을 깨닫도록 그를 도울 것입니다. 하나님과의 관계에서 사람이 항상 죄책으로 고난 당한다면, 그때 매 순간마다, 무슨 일이 일어날지라도, 그는 하나님이 사랑이시라는 것을 확신하게 됩니다. 혹은 조금 더 정확하게, 매 순간마다 그는 저 의심에 빠지는 일로부터 보호됩니다. 왜냐하면 죄의 자각이 관심을 자기 자신에게 이끌기 때문입니다.

대부분의 사람들은 아마도 어떤 사상, 이따금 강렬한 사상이 있고, 특별한 때에 강렬한 느낌을 갖고 있습니다. 곧, 하나님은 사랑이라는 것. 그러나 그들이 특별히 두려워하는 이런저런 공포스러운 일이 닥치게 되면, 그들의 믿음을 포기하고, 하나님을 버리고, 그분을 상실하는 것처럼 보이는 애매한 방식으로 살고 있는 많은 사람들이 있습니다.

그러나 다음과 같이 살아가는 것만큼 방어 불가능한 것이 어디 있겠습니까! 의심과 신뢰 사이의 반쯤 졸린 상태에서 최고의 열정을 박살내는 것, 그래서 개인은 결코 속사람(innermost being)의 피를 빨아먹는 은밀한 적을 마주하지 못한다는 것, 그래서 그는 절망하지 않는다고 생각하면서 이 상태에서 절대로 두려워 떨지 않는다는 것, 왜냐하면 그는 절망하여 잠이 들었기 때문입니다!

아! 하나님은 이런 일로 아무것도 상실하지 않는 분이십니다. 그러나 졸고 있는 자, 졸고 있으면서 진실로 죄를 짓고 있는 자,[22] 그는 모든 것을 상실합니다. 그것 없이는 인생이란 문자 그대로 아무것도 아닌 것을 상실합니다. 성서가 믿음의 파선(shipwreck)으로 당하는 고난에 대하여 말하듯이,[23] 삶의 영원한 기쁨(eternity's joy)의 파선으로 고난 당하며 하나님의 사랑 안에 있는 그의 믿음을 포기한 자에 대하여도 말해야 합니다. 그때 더 이상 살아야할 무슨 이유가 있겠습니까!

배가 결합되어 있는 한, 폭풍이여 오라! 배는 단단합니다. 좋은 날씨와좋은 바람이여 오라. 그것은 즐겁습니다. 그러나 배가 어떤 근본적인 결함이 있다면, 거기에는 다른 어떤 도움이 있을 수 있겠으며 이보다 더한 어떤해로움이 있을 수 있겠습니까! 배의 목재들이 흩어진다면, 그때 더 이상 기대할 수 있는 무엇이 있겠습니까!

그러나 하나님을 포기했던 사람, 이와 같은 무엇인가 일어났다고 생각했던 사람, 하나님의 사랑 안에 있던 그의 믿음을 전복시켰을 수도 있었던일이 있는 사람, 그 사람은 인간의 내면에 있는 속사람의 결합(joint)의 손상으로 고난을 당했던 것입니다.

배의 구조를 결합시킬 아주 특별한 대못이 있다고 말할 수 있는지 나는잘 알지 못합니다. 그러나 나는 이것을 알고 있습니다. 곧, **이 믿음은 인간의내면에 있는 거룩한 결합이라는 것**,[24] 이 믿음이 특별한 대못처럼 고정되어있기만 하다면, 그를 가장 자랑스러운 범선(sailing ship)으로 만든다는 것, 그러나 이 믿음이 헐거워진다면, 그가 난파된다는 것, 그리하여 그의 전체의인생의 내용은 무익하게 되고 비참한 허영심으로 전락하고 만다는 것.

이제 사람이 하나님이 사랑이라는 그의 믿음을 포기하면서까지 자신의의로움을 보여 주려 한다면, **첫째,** 그는 무조건적으로 결백해야 하며 전적으로 죄책(guilt)이 없어야 합니다. 인간적으로 말해서, 이것이든 저것이든 이어야 하며, 하나님 앞에서 전적으로 죄책이 없어야 합니다. 왜냐하면 **이런**

가정에서만 의심은 발판을 얻을 수 있기 때문입니다. 이런 가정이 없이 의심은 휴식처(a place of resort)를 빼앗길 뿐만 아니라 모래 위에 집을 지은 것이고 심연(abyss)에 집을 지은 것입니다.[25]

둘째, 하나님은 사랑이라는 사상과 양립할 수 없는 무엇인가 일어나야 합니다. 그러나 어떤 인간도 이 공포를 견딜 수 없을 것입니다. 거룩하신 분만이 단 한번 이 공포를 견딜 수 있었습니다. 오직 그분만이 **하나님 앞에서** 죄책이 없으십니다.[26]

이것이 우리가 항상 두려움과 떨림으로,[27] 가급적이면 경배하는 침묵으로, 그리스도의 고난에 대하여 이야기해야 하는 이유입니다. 왜냐하면 인간의 생각은 인간의 언어만큼이나 이 공포의 깊이를 서술할 수 없고 명확히 담아내기 어렵습니다.

이것이 우리가 겸손의 세심한 배려로 말해야 하는 이유이며, 그리스도께서 얼마나 고난을 당하셨는지 겸손하게 침묵하는 이유이기도 합니다. 이것은 우리가 하나님의 비밀[28]을 당돌하게 파헤치는 경건치 못한 갈증으로 유혹받지 않기 위함입니다. 심지어 이교도의 통찰력(perception)도 이에 대하여 영원히 불타는 갈증으로 형벌을 내렸습니다.[29]

이것은 의심이 우리의 삶에 겁을 주어 믿음을 쫓아내려는 많은 방식의 시도가 있을 때, 우리가 이 시대를 살아가며 특별히 경계해야만 하는 이유입니다. 마치 믿는 것이 이해하는 것처럼, 사람이 뻔뻔하게 이해할 수 없기 때문에, 용감하게 믿을 수 없고 구원에 이르도록 믿을 수 없는 것처럼 의심은 우리에게 겁을 줍니다.

오직 그리스도만이 하나님 앞에서 죄책이 없으십니다. 그리고 바로 이런 이유로, 그분은 초인간적인 고난을 당해야 하며 경계선까지 이끌려 가셔야 합니다. 다시 말해, 그분이 "나의 하나님, 나의 하나님, 어찌하여 나를 버리셨나이까?"라고 소리지를 때, 하나님이 사랑이셨다는 것을 정당하게 볼신할 만큼 경계선까지 이끌려 가서야 합니다.[30]

우리가 말하고 있는 강도는 그렇지 않습니다. 세상의 구주께서 "나의 하나님, 나의 하나님 어찌하여 나를 버리셨나이까?"라고 신음하는 동안, 구주의 옆에 있던 강도가 진정한 설교자가 했던 것처럼, 하나님을 두려워하는 생각에 무엇보다도 먼저 자신의 덕을 세우기 위해 "나는 죄책으로 고난을 당한다."라고 설교합니다. 우리 교회의 가장 위대한 설교자이며 가장 정통이었던 사람이 감히 설교하지 못했던 말씀, 루터, 그가 정통(orthodoxy)이었기 때문에 감히 설교하지 못했던 말씀[31]이여, 그리스도의 고난 중에 있었던 엄청난 고난이 설교의 주제가 될 수는 없어도, 강도의 논지는 적당한 설교의 주제입니다.

설교라는 이름 아래에 우리는 확실히 하나님의 사랑에 대한 맛이 없고 천박한 많은 말씀을 듣습니다. 그러나 죄와 죄책에 대한 이 회개의 말은 하나님의 사랑이 결말이 된 후에 따라오는 단 하나의 적당한 시작입니다. 그렇습니다. 회개하는 강도는 설교하고 있습니다. 저 왕이 설교자로 불린다면,[32] 하물며 이 회개하는 강도가 설교자가 되지 않겠습니까!

그는 회개의 적합한 설교자입니다. 약대 털옷[33]은 확실히 딱 맞는 옷입니다. 그러나 십자가에 못 박히는 것은 훨씬 더 딱 맞는 옷입니다. 사막에 산다는 것[34]은 확실히 인생의 초라한 임무입니다. 그러나 십자가에 못 박히는 것은 여전히 가장 고되고 가장 무거운 자리입니다.

"회개하라!"[35]라고 말하는 것은 "내가 죄책으로 고난을 당한다."라고 말하는 것만큼 회개에 대한 탁월한 권면이 아닙니다. "내가 예언자다."[36]라고 홀로 말하는 것이 "나는 죄책으로 고난 당하는 죄인입니다."라고 말하는 것만큼이나 마음을 뒤흔들지 못합니다. 이 강도는 자기 자신에게 설교하고 있고, 다른 강도에게 설교하고 있고, 우리 시대의 모든 사람들에게 설교하고 있습니다. 그는 말합니다.

"우리들 모두는 죄인입니다. 우리 사이에 매달린 그분만이, 오직 그분만이 하나님 앞에서 죄책이 없으십니다. 그분은 결백으로(죄 없이) 고난 당하신 겁니다."

이 위로 올려진 회개의 설교자는 선포합니다.

"이 세상에서는 일반적으로 한 강도가 소위 두 명의 의로운 사람들 사이로 걷는 관습이 있습니다. 그러나 이런 관습과 이런 의는 착각입니다. 여기에 진리가 보입니다. 유일한 의로운 자, 유일한 한 분이 두 강도 사이에서 십자가에 못 박히십니다. 보십시오. 이분은 성경이 "그분이 불법자의 동류로 여김을 받았다."[37]라고 말한 이유입니다. 그러나 우리 둘이 강도이기 때문이 아닙니다. 인간적으로 말해서 그분은 다른 사람들보다 더 위대한 죄인이기 때문입니다.

아니, 나를 끌어내리십시오! 나의 자리에 거기에 현존해 있는 모든 사람들 중에 한 사람을 매달아 보십시오! 그리고 거룩하신 자, 그분은 그와 함께 못 박히실 때, 여전히 불법자의 동류로 여김을 받을 것입니다. 진실로 거룩하신 자가 인류로 여겨지자마자, 그분은 불법자의 동류로 여김을 받을 것입니다.

도대체 어떤 인간이, 인간적으로 말해서, 도대체 어떤 사람이 결백한 자처럼 핍박을 받을 것이며, 결백한 자처럼 처형을 당할 것이며, 결백한 자처럼 십자가에 못 박힐 것인지 나는 궁금합니다. 여기에 십자가에 못 박히신

자 편에서, 도대체 어떤 사람이 '나는 결백한 자로 고난을 당한다'라고 감히 말할 수 있는지 나는 궁금합니다."

이것이 순교자에게도 하나님 앞에서 그가 죄책으로 고난 당하고 있다는 것을 상기시켜 주는 기독교적 회개의 설교입니다. 바로 이것이 기독교적 회개의 설교입니다. 왜냐하면 유대인들은 "회개를 설교해야만 하는 사람은 거룩한 자"[38]라는 개념에 매달려 있기 때문입니다. 뿐만 아니라 자신의 노력으로 회개의 설교자가 될 만큼 거룩하게 될 수 있다는 개념에 매달려 있기 때문입니다.

그렇지만 기독교에서는 실제 죄인이 회개를 설교합니다. 인간적으로 말해, 심지어 거룩한 사람들도 실제 죄인이 회개의 설교자가 되는 것을 견뎌야 합니다. 그가 설교를 시작할 때, "당신에게 화가 있다"[39]라고 말하지 않습니다. 그는 말합니다.

"하나님이여, 나를 불쌍히 여기소서. 나는 죄인입니다.[40] 나는 죄책으로 고난 당하고 있습니다."

그러나 회개하는 강도는 회개의 설교자가 아닙니다. 그의 설교는 회개의 설교가 아닙니다. 만약 그랬다면, 이것은 현재 강화의 주제와는 아무 상관이 없었을 것입니다. 곧, 하나님과의 관계에서 사람이 항상 죄책으로 고난 당하는 기쁨과 아무런 관련이 없었을 것입니다. 그러나 **요점은 이 강도는 정확히 자신의 위로와 구원을 위하여 이 강화의 주제에 대해 설교했다는** 데에 있습니다.

이 강도에게 덕을 세우면서도 교훈적인 것은 이것입니다. 곧, 가장 수치스러운 죽음의 순간에 **죄책으로 고난 당하는 것에 큰 위로가 있다는 것을 발견할 만큼 겸손했다는 것입니다.** 죄인들 사이에서 십자가에 달려 고난 당하는 그리스도보다 죄책으로 고난 당하는 것이 더 완화된 형대라는 것을 깨달았다는 것입니다.

이 고난과의 비교를 통해서, 회개하는 강도는 죄책으로 고난 당한다는 생각 속에서 위로와 구원을 발견합니다. 왜 그렇습니까? **왜냐하면 그때 고난은 하나님은 사랑이신지 염려하고 있는 의심의 고통스러운 질문과 아무런 관련이 없기 때문입니다.** 그러므로 복음의 기쁜 메시지는 언제나 그렇다는 점에서, 이 강도는 회개의 설교자가 아닙니다. 다만 그는 교만한 자들이 굴욕적으로 고통을 당하는 기쁨을 선포할 뿐입니다.

예를 들어, 이교도에서 다른 사람들에게 모욕당할 때, 선을 위하여 핍박받고, 선을 위하여 사형 선고를 받을 때, 아, 그때 그는 거드름을 피우게 되고 **하나님과의 관계에 대해서** 말합니다.

"나는 결백한 자로서 고난을 당했고 옳은 일을 하는 것이 최선이었고 가장 쉬웠다. 나는 이점을 자랑스럽게 생각했다."

그러나 그리스도 편에서는 그런 사람이 결백한 자로서 하나님 앞에서 고난 당한 오직 한 분이 있었다는 것을 배웁니다. 이것은 그를 겸손하게 합니다. 왜냐하면 이교도에서는 사람들과 반대하여 한 건의 기소에서 옳았기 때문입니다. 자, 이것이 너무 작다면, 이를테면, 그가 사람들과 관련하여 모든 기소에서 옳았기 때문입니다.

그는 이것을 하나님에게까지 확장했을 것입니다. 그는 하나님과의 관계에서 한 건의 기소에서 옳았을 것입니다. 그러나 그럼에도 불구하고 그는 하나님 앞에서 모든 기소에서 잘못하고 있습니다. 이방인은 자랑스러워하면서도 눈이 멀어, 이 공포를 파악하지 못합니다. 그는 미덕처럼 **"그의 눈부신 악**(glimrende Synder)**"**[41]을 자랑스럽게 뽐냅니다.

이리하여 강도는 죄책으로 고난 당한다는 생각 속에서 구원을 발견합니다. 그분(그리스도)이 하나님 앞에서 죄책 없이 있을 때, 초인간적 고난의 두려움과 비교할 때도 마찬가지입니다. 사람이 죄책으로 고난당할 때, 그가 그것을 시인할 때, 소망을 품을 수 있는 하나님이 계실 때, 매달릴 수 있는 하나님이 계실 때, 내가 이것을 이런 식으로 표현한다면, 그때 그는 하나님을 구원했던 것입니다.[42] 그때, 심지어 하나님의 불타는 진노[43]에서조차 하나님이 그의 편에 계시다면, 그가 무슨 위험을 견딜 수 없겠습니까!

그러나 누군가 하나님 앞에서 전적으로 결백한 자로 고난을 당할 때, 그때 그것은 하나님이 그를 반대하는 자처럼 있는 것이고, 결국 하나님에 의해 버림받은 것입니다. **누군가 죄책으로 고난당할 때, 그때 그 걱정**(concern)**은 그럼에도 불구하고 영원의 위로요, 영원의 기쁨인 바, 하나님이 옳다는 것을 인정하는 것입니다. 또한 그 걱정은 겸손해지는 것입니다.**

그러나 누군가 완전히 결백한 자가 고난을 당할 때, 그것은 마치 하나님이 사랑이시라는 것이 아직 결정나지 않는 것처럼 보이며, 그때 싸움은 하나님이 옳다는 것을 보여주는 것처럼 보입니다.[44] 그때 어리석은 자의 교만과 교만한 지혜는 하나님의 무죄를 입증하는 것이 가장 쉽다고 생각합니다. 왜냐하면 그때 인간은 정말로 건방지기 때문입니다.

하나님의 사랑에 대한 의심은 무엇을 원하는 것일까요? 의심은 관계를 뒤집기 원합니다. 조용하고 안전하게 앉아 판단하고 싶습니다. 하나님이 정말로 사랑이신지 심사숙고하고 싶어 합니다. 하나님이 피고가 되기를 바랍니다. 의심은 그분을 무엇인가를 요구받는 자로 만들고 싶습니다. 그러나 이 길을 따라간다면, 하나님의 사랑은 결코 발견되지 않을 것입니다. 하나님을 향한 의심의 노력(striving)은 하나님으로부터 추방될 것입니다. 왜냐하면 의심은 건방지게 시작했기 때문입니다. 반면, 믿음의 영원한 행복은 하나님이 사랑이라는 것입니다. 이것은 사람을 향한 하나님의 통치가 어떻게 사랑인지 믿음이 이해했다는 것을 의미하지 않습니다.

바로 여기에서 믿음의 싸움이 있습니다. **곧, 이해하지 못한 채로 믿기.** 이 믿음의 싸움이 시작될 때, 의심이 일어날 때, 혹은 "의심이 많은 사나운 생각으로 믿음을 공격할 때,"[45] **죄의 자각**(Skyldens Bevidsthed)**은 구원처럼, 마지막 지원병처럼, 믿음을 구하러 옵니다.** 사람은 죄의 자각을 적대적인 힘으로 생각하곤 합니다. 그러나 그렇지 않습니다. 죄의 자각은 특별하게 믿음을 돕기 원하며, **믿는 자가 하나님을 의심하는 것이 아니라 자기 자신을 의심하도록 함으로써 믿는 자를 돕기 원합니다.** 의심을 통해 생각하는 것은 명백히 의심의 가장 위험한 발명인 바, 그런 거짓된 행위 대신,[46] 죄의 자각은 "멈춰라!"라고 고함을 칩니다. 그리고 죄의 자각은 믿음을 구조하여 제자리로 돌려놓습니다. 왜냐하면 하나님이 사랑인지에 대한 어떤 갈등도 없기 때문입니다.

성경은 하나님이 모든 것을 죄 아래 가두었다고 선포한 것처럼,[47] 또한 모든 입을 막아야 하며,[48] 또한 겸손해지지만 동시에 구원하는 이런 생각은 의심의 입을 막아버립니다. 의심의 수천 개의 질문이 믿음을 공격하기 원할 때, 하나님이 대답할 수 없는 것처럼 보이게 할 때, 죄의 자각은 천 마디 말에 단 한마디도 대답할 수 없는 자가 의심하는 자라는 것을 믿는 자에게 가르쳐 줍니다.[49]

그러므로 **하나님은 사랑**이십니다. 당신이 이 결론의 절대적 능력을 파악할 수 없어도, 믿음은 그것을 파악합니다. 당신은 이런 식으로 하나님이 사랑이라는 것이 영원히 보장된다는 생각 속에 있는 기쁨을 파악할 수 없어도, 믿음은 이것을 파악합니다. 믿음은 의심에 의한 생각이 가능하다는 것이 얼마나 착각인지 이해합니다. 그러나 믿음은 의심하는 것이 불가능하게 된 것이 얼마나 큰 축복인지 이해합니다.

아버지와의 관계에서 아들이 옳은 것이 끔찍하다면, 그의 아버지와의 관계에서, 아들이 **항상** 잘못하고 있는 것이 덕을 세우는 생각이라면, 오, 그때 하나님이 사랑이라는 것을 의심 불가능하게 하는 것은 또한 축복입니다. 하나님의 사랑에 대한 김빠진 칭찬은 침묵하라!

진정한 영광의 선포는 이것입니다. "나는 항상 죄책으로 고난 당한다. 영원히 이것은 확실하기에 하나님은 사랑이다."

아, 이교도에서 모든 생각들 중에서 가장 행복한 생각도 사람이 하나님과의 관계에서 그가 옳다고 생각할 수 있는 경우에만 안전하게 보호됩니다. 기독교에서 이것은 영원히 안전하게 보호됩니다. 그때, 이것이 하늘에서와 땅 위에서 유일한 기쁜 생각이라면, "기쁨이 있고 내가 다시 기쁨에 대하여 말한다면,"[50] 유일한 원천은 하나님이 사랑이라는 데에 있습니다. 그때 이것이 확고하기 때문에 어떤 의심이나, 무엇이든지, 이것을 흔들 수 없고, 결코 이것을 흔드는 일을 시작조차 할 수 없습니다.

죄의 자각은 이 보물을 지키는 강력한 자입니다. 의심이 그를 공격하고 싶어 하는 그 순간에, 의심의 운명은 정해졌습니다. 그때 강력한 자는 저 심연 속으로, 의심이 올라왔던 저 무(nothing) 속으로 의심을 떠밀어 버립니다. 그러나 바로 같은 순간에 믿음은 그의 대상을 갖습니다. 곧, 하나님은 사랑이라는 것.

여기에는 그 이야기가 없습니다. 의심을 통해 생각했던 것, 의심스러운 승리에 대한 이야기, 혹은 의심의 장담하는 승리에 대한 기만적인 이야기가 없습니다. 그러나 여기에 의심의 확실한 죽음에 대한 확실한 이야기가 있습니다. 탄생에서 의심의 죽음에 대한 확실한 이야기입니다.

만약 의심이 자신의 토대를 최소한이라도 공개해야 한다면, 의심은 호소할 수 있는 결백함이 있어야 합니다. 이 결백함은 다른 사람과 비교할 때의 결백함도 아니고, 이것 혹은 저것에서의 결백함도 아니고, **하나님 앞에서**의 결백함입니다. 의심이 이 결백함이 없다면, 이 결백함은 불가능하기에, 그때 의심은 즉각적으로 산산조각 나고 파괴됩니다. 의심은 무(nothing)로 축소되어 버립니다. 아, 이것은 무에서 시작한 것의 정반대입니다.[51]

과업의 존재

강화의 가정에 따라, **하나님과의 관계에서 사람이 항상 죄책으로 고난당하는 경우, 그때 그 기쁨은 이것입니다. 따라서 잘못**(fault)**은 개인에게 있다는 것, 그 결과 거기에는 항상 해야 할 무엇인가 있어야 합니다. 거기에는 과업이, 게다가 인간적인 과업이 있어야 합니다.** 이런 과업과 더불어, 소망이 있습니다. 그가 개선한다면, 더욱 근면해지고, 더욱 기도하고, 더욱 순종하고, 더욱 겸손하고, 더욱 하나님께 헌신하고, 그의 사랑에서 더욱 우애하고, 더욱 열심을 품는다면,[52] 모든 것은 개선될 것이고 개선될 수 있는 소망이 남습니다.

이것은 기쁘지 아니한가요? 이것은 용기가 "위험이 있는 곳에, 나도 거기에 있고 위험을 바꾼다."라고 말하기 위함이라면, 용기가 "내가 있는 곳에 거기에 역시 위험이 있다."라고 말하기 위함이라면, 사랑스러운 동정 (sympathy)이 "아무것도 하는 일이 없이 고난 당한 자 옆에 앉아 있는 것, 이것은 고난의 자리에 있는 것보다 더 어렵다."라고 말하기 위함이라면, 그때 마찬가지로 그것은 과업이 있는 곳에 소망이 있게 하기 위함입니다. 그러나 **하나님과의 관계에서 사람이 항상 죄책으로 고난 당한다면, 그때 그 결과로서 항상 과업이 있고 항상 소망이 있습니다.**[53]

아, 나의 독자여, 당신이 삶에서 시험을 당했다면, 당신이 시험을 당하여 사람들이 끔찍한 일들에 대하여 당신과 이야기 나눈다면, 왜냐하면 버릇없는 아이처럼, 구역질(mawkishness), 비겁, 그리고 부드러움이 징징대는 것과는 달리, 당신은 위험과 공포를 잘 알게 되었기 때문입니다. 당신은 즉각적으로 자기 마음대로 한 것도 아니었고 무엇인가를 견뎌야 했으니까요. 단번에 성공한 것도 아니고 하나님은 사람의 분노에는 관심도 없었으니까요.

당신이 더욱 진지하게 시험을 당했다면, 이것이 가장 힘든 고난의 순간이 되어야 한다는 것, 아무 과업도 없는 것처럼 있을 때, 바로 이 멈춤, 이 중단이 가장 어려운 고난이 되어야 하는 것이 맞지 않은가요?

이것은 고난 당하는 자가 그 짐을 들어올리는 것을 거부한 것이 아닙니다. 왜냐하면 그것은 너무 무겁기 때문입니다. 거기에는 훨씬 더 무거운 무엇이 있습니다. 곧, 그것은 어떤 과업이 없는 것처럼 있는 것입니다. 심지어 고난조차도 과업일 수 없습니다.

이것은 고난 당하는 자가 헛되이 너무 오랜 시간을 일했던 바, 그가 지금 하나님을 향해 반역하고 더 이상 일하는 것을 거부하는 것이 아닙니다.

아, 그런 것이 아닙니다. **형언할 수 없는 더욱 무거운 짐은 더 이상 그를 위한 과업의 요구조건이 전혀 없는 것처럼 있는 것입니다.**

이것은 고난 당하는 자가 너무 많은 실수를 범했기 때문에 지금은 처음부터 다시 시작하는 데에 지쳐버린 것이 아닙니다. 이것은 절망(hopelessness)의 공포였습니다. 이것은 마치 시작해야 할 아무것도 없는 것처럼, 아무리 진지하게 찾아도, 그는 어떤 과업을 발견할 수 없을 것처럼 존재합니다.

우리가 말(horse)을 본다면, 그 말이 너무 많은 짐을 지었기 때문에 이미 지쳐있는 상태라면, 그 말이 모든 근육을 사용하여 그 짐을 앞으로 끌고 있는 마지막 노력을 보고 있다면, 말을 동정할 뿐만 아니라, 말이 결국 그 일을 해낼 것이라는 소망을 갖습니다. 그러나 당신이 고통스럽게 고난 당하는 말이 최선의 노력을 다하는(strain every muscle) 모습을 본다면, 그러나 그 순간, 당신은 어떤 과업도 어떤 짐도 없는 말을 봅니다. 이 탄식에는 절망하고 있는 뭔가가 있지 않습니까? 과업이 너무 무겁기 때문에 그 과업을 거부하는 것이 정말로 절망일까요? 과업의 두려움으로 소망을 포기하는 것이 정말로 절망일까요?

절대로 그런 것이 아닙니다. 그러나 이것이 절망입니다. 곧, 자신의 모든 힘을 다해 원하지만 거기에 어떤 과업도 없는 것. 항해 중에 조난당한 사람을 보았다면, 당신은 그에 대한 걱정으로 가득차 있지 않겠습니까? 당신은 동정으로 떨면서 지켜보았지만 그가 구조될 것이라는 소망이 있지 않겠습니까? 그러나 실수로 수렁에 빠진 사람을 보았다면, 이 탄식에는 절망하는 무엇이 있지 않겠습니까? 당신은 냉기로(freezing) 떨면서 지켜보았습니다.

여기에서 부족한 것은 힘(strength)이거나 힘을 사용하고자 하는 의지입니다. 그러나 더 정확하게 부족한 것은 이것이다: **과업**. 그런 불행한 사람은 위대한 힘이 있든 없든, 그가 그것을 사용하든 그렇지 않든, 그는 동일하게 침몰합니다. 그는 과업의 무거운 무게 아래에서 침몰하는 것이 아니라, 과업의 어마어마함(immensity)에 침몰하는 것이 아니라, 거기에는 **과업이 없다는 함정**(insidiousness) 속으로 침몰합니다.

정말이지 할 수 있는 일 아무것도 없을 때, 심지어 고난 자체도 일(task)이 아닐 때, 그때 거기에는 절망이 있습니다. 그때 거기에는 절망으로 서서히 죽어가기 위한 일로부터의 두려운 방학이 있습니다. 할당된 과업(Opgave)이 있는 한, 할당된 무엇인가(Opgivet) 있는 한, 사람은 절망적으로 체념하지(opgivet) 않습니다. 할당된 과업이 있는 한, 시간을 줄이기 위한 수단들이 있습니다. 왜냐하면 일과 노력은 시간을 줄이기 때문입니다. 그러나 할 일이 아무것도 없다면, 거기에는 어떤 과업도 없고 다만 과업을 부정하며 깊은 함정의 조롱만이 남아 있다면, 그때 거기에는 절망이 존재하며, 그때 시간은 치명적으로 길어집니다.

따라서 할 수 있는 일이 아무것도 없다면, 그것이 **하나님 앞에서** 죄책 없이 **존재하는 것**이라고 말하는 사람이 있다면, 왜냐하면 그가 죄책이 있다면, 그는 항상 무엇인가 해야 할 일이 있기 때문입니다. 할 수 있는 일이 아무것도 없다면, 이것이 과업이 없는 것을 의미하는 것으로 이해된다면, 유일하게 그때 거기에 절망이 있습니다. 다시 말해, 할 수 있는 일이 아무것도 없다고 말한다고 해서, 결코 거기에 과업이 없다는 결론이 나오는 것이 아닙니다. 왜냐하면 인내는 확실히 그 과업일 수 있기 때문입니다.

그러나 거기에 과업이 없다면, 고난 당하는 자가 하나님 앞에서 죄책이 없이 존재한다면, 그때, 바로 그때만이 거기에 절망이 있습니다. 하나님과의 관계에서 고난 당하는 자가 옳을 수도 있다면, 잘못이 하나님에게 있다는 것이 가능하다면, 그때 거기에 절망이 있을 것이고 절망의 공포가 있을 것입니다. 그때 거기에는 어떤 과업도 없을 것입니다.

믿음, 소망, 사랑, 인내, 겸손 그리고 순종의 과업, 다시 말해, 인간의 모든 과업은 그들에게 휴식과 지원의 장소가 될 수 있는 영원한 확실성에 그 기초를 두고 있습니다. 이 확실성, 이것은 하나님은 사랑이라는 것입니다. 하나님과의 관계에서 잘못이 하나님께 있는 일이 인간에게 일어났더라면, 거기에는 전 인류에게 어떤 과업도 없었을 것입니다.

과업이 없다는 것, 이것은 특별한 경우에만 나타나는 현상이 아닙니다. 하나님이 단 한번이라도 최소의 규모든 최대의 규모든 그분이 사랑이 아니었다는 것이 입증되었더라면, 고난 당하는 자를 과업이 없는 채로 남겨 놓았더라면, 그때 온 인류에게는 더 이상 어떤 과업도 없었을 것입니다. 그때 믿는다는 것은 어리석고(foolishness) 무익하고(futility) 영혼을 죽이는 고역(laboriousness)입니다. 그리고 일한다는 것은 자기모순이요, 산다는 것은 고통입니다.

생명(life)은 마음으로부터 흘러나옵니다.[54] 사람의 마음이 손상을 입어 고난 당하고 있다면, 자신의 잘못으로 인해, 죄와 허무(emptiness)의 공들인 노역(toil) 외에 그에게 더 이상 어떤 과업은 없습니다. 그러나 모든 것 속에 있는 생명(life), 과업 속에 있는 생명은 하나님의 마음으로부터 흘러나옵니다. 하나님이 피조물의 호흡을 거두실 때, 그가 반드시 죽는다면,[55] 그때 하나님이 단 한순간만이라도 그의 사랑을 거부했더라면, 모든 과업은 죽고 무(nothing)로 축소되었을 것이며, 오직 절망만이 거기에 남게 되었을 것입니다.

아, 대부분의 사람은 이따금 이것이든 저것이든 잘못이 자기 자신에게 있다는 것을 스스로 인정하고 느낍니다. 그러나 많은 사람들은 사람이 길을 잃었고 그것에 대하여는 하나님이 책임이었던 일들이 생길 수 있고 아마도 생겼던 적이 있다는 은밀하고 우울한 생각을 갖습니다.

그래서 사람은 다른 온갖 일들에 분주하게 매몰되어 살아갑니다. 그는 자신이 절망하고 있다는 것을 깨닫지 못합니다. 심지어 이런 상태로 인해 두려워 떨지도 않습니다. 왜냐하면 어떤 빛도 이런 우울을 꿰뚫도록 허락받지 못했기 때문입니다. 진실로, 이것은 조금이라도 바란 적이 없었습니다. 왜냐하면 거기에서 어두움은 어떤 불길한 예감을 갖고 있었기 때문입니다. 하나님이 인간의 영혼에 대하여 갖고 있는 요구를 깨닫는 것이 성가신 명확성이 될 것이고, 곧 거기에는 항상 어떤 과업이 있다는 것을 깨닫는 것이 성가신 명확성이 될 것이라는 불길한 예감입니다.

그러나 죽은 저 사람만이 죽을 수밖에 없는 존재인가요? 죽음이 확실할 때 살아있는 사람에게 죽을 수밖에 없는 존재라고 일컫지 않습니까! 마찬가지로 절망을 시작조차 하지 않는 저 사람이 절망하고 있는 것이 아닌가요! 왜냐하면 그가 절망했다는 것을 발견조차 하지 못했기 때문입니다.

혹은 장부를 작성하고 있는 사업가가 그가 망했고 절망하고 있다는 것을 깨달았을 때, 무엇인가 잘못된 것이 있다는 것을 애매하게 깨달았지만 잠시 동안 몰래 빠져나가기를 바라는 사업가보다 그가 얼마나 더 절망했습니까? 감히 진리 앞에 서지 못하는 것보다 진리에 대하여 절망하는 것이 더 필사적인 것이 아닌가요!

하나님에 대한 저 우울한 생각에 몰래 거주하고 있는 모든 사람은 절망하고 있습니다. 영적인 의미에서, 사람은 그의 속에 거주하고 있는 절망을 볼 수 있습니다. 왜냐하면 하나님과의 관계에서 그가 하나님께 빚진 것과 자신의 죄를 깨닫고 눈을 땅에 떨군 사람과 같지 않기 때문이며,[56] 겸손하게 신뢰의 시선으로 하나님을 쳐다보는 사람과 같지 않기 때문입니다. 아니, 그는 노려보고 있습니다.

정말로, 노려보는 것보다 우울을 떨쳐 버리는 것이 더 낫습니다. 실제로 이교도에 속해있는 이 공포의 생각에서 두려워 떨고 있는 것보다 우울을 떨쳐 버리는 것이 더 낫습니다. 이것은 하나님이 사람에게 담대한 확신을 줄 수도 없고 주기 원치도 않는 공포입니다.

거짓 신은 사람을 무(nothing)로 축소시키지도 않을뿐더러 그가 무였다는 것을 인지하지도 못하게 합니다. 그것에 대하여 거짓 신은 너무 약합니다. 거짓 신은 사람에게 담대한 확신을 줄 수도 없습니다. 거짓 신은 그것에 대하여 충분히 강하지 않습니다. 이것은 거짓 신이 이방인들에게 노려보라고 가르쳤다고 우리가 말할 수 있는 이유입니다.

지금까지 살았던 가장 현명한 이방인이, 가장 미천한 믿는 자와 비교하여 그보다 훨씬 더욱 현명할지라도, 그의 속사람에서는 여전히 우울을 갖고 있습니다. 왜냐하면 모든 것을 고려해 볼 때, 이방인은 잘못이 그에게 있는지, 잘못이 보기 드물게 하나님께 있는지, 결코 영원히 확신할 수도 없고 명확히 할 수도 없기 때문입니다. 절망이 사람이 죄책이 없이 존재할 수 있는 곳에서의 상태가 아닌지도 명확히 하기 힘듭니다. 왜냐하면 신이 스스로 과업이 없는 채로 그를 남겨 둠으로써 죄책을 감당하고 있기 때문입니다. 사람은 그의 신이 스스로 우울하기 때문에 이것이 그렇다고 말함으로써만 이방인을 변명할 수 있습니다.

그러나 기독교의 하나님은 명확성(clarity)이 있습니다. 그러므로 모든 인간은 어떤 변명도 어떤 핑계도 없습니다. 그러나 당신이 모든 변명을 가져갈 때, 당신이 변명을 낳았던 번식 중인 우울한 무기력을 가져갈 때, 거기에는 어떤 우울도 없습니다. 당신이 모든 변병을 가져갈 때, 사람은 어떤 변명도, 항상 어떤 핑계도 댈 수 없습니다.

그러나 하나님 앞에서 그가 결코 결백하지 않았다면, 항상 변명도 할 수 없다면, 그때 그는 고난당할 때조차, 항상 죄책이 있습니다. 그러나 그가 항상 죄책으로 고난 당한다면, 그때 하나님은 사랑이라는 것이 영원히 확실합니다. 그때 거기에는 항상 과업이 있고, 항상 해야 할 일들이 있다는 기쁨이 있습니다.

이것이 기쁘지 않습니까? 아마도 누군가 묻습니다.

"뭐라고요? 하나님과의 관계에서 사람이 항상 죄책으로 고난을 당한다고요?"

맞습니다. 하나님은 사랑이시고 거기에는 항상 과업이 있다는 것, 그리고 이것이 영원히 확실하다는 것을 정확하게 깨달을 수만 있다면 그렇습니다.

보십시오. 의심은 게으르고 뻔뻔하게 나서서 하나님의 본성에 침입하기 원하고 하나님이 사랑이라는 것을 입증하려 합니다. 그러나 그 입증은 영원히 성공하지 못할 것입니다. 왜냐하면 의심이 건방지게 시작했기 때문입니다. 모든 것을 고려해 볼 때, 저 우울한 어두움을 제외하고 도대체 무엇이 의심일까요? 하나님에 대하여 의심하고 그 관계를 뒤집고 있는 **핑계**와 모든 변명들의 원천 외에 다른 무엇이 있겠습니까?

그러나 이것이 사실이라면, 인간이 하나님의 사랑을 의심하는 것이 옳다면, 그때 개인은 물론 핑계를 댈 수 있습니다. 그렇지만 하나님의 사랑을 의심하는 것이 건방진 것이라면, 그때 개인은 명확히 변명할 수 없고, 고발을 당하게 될 것이고, 죄가 있으며, 항상 과업의 의무 아래 있게 됩니다.

이것이 율법(law)입니다.[57] 그러나 거기에는 또한 항상 과업이 있다는 기쁨도 있습니다. 의심이 시작이라면(Tvivlen er Begyndelsen),[58] 그때 끝이 있기 오래 전에 하나님은 상실되고 개인은 항상 과업을 갖게 되는 것으로부터 해방됩니다. 그러나 또한 항상 과업이 있다는 위로를 언제나 갖게 되는 것으로부터도 역시 해방됩니다. 그러나 죄의 자각이 시작이라면, 그때 의심의 시작은 불가능하게 되고, 그때 거기에 항상 과업이 있다는 것은 기쁨입니다.

그때, 기쁨은 하나님이 사랑이라는 것이 영원히 확실하다는 데에 있습니다. 조금 더 특별하게 이해하자면, 그 기쁨은 거기에 항상 과업이 있다는 데에 있습니다. 생명이 있는 한, 소망이 있습니다.[59] 그러나 과업이 있는 한 생명이 있고, 생명이 있는 한 소망이 있습니다. 진실로, 과업 자체는 미래를 위한 소망일 뿐만 아니라 기쁜 현재입니다. 따라서 하나님과의 관계에서 사람은 항상 죄책으로 고난 당한다는 것을 명심하고 있는 믿는 자는 감히 다음과 같이 말합니다.

"나에게 무슨 일이 일어났든, 나에게는 해야 할 무엇인가 있습니다. 어쨌든 거기에는 항상 과업이 있지요. 절망, 이것은 사람이 건방지게 자기 자신을 포기하지 않는다면, 어디에도 없는 공포입니다. 그래서 모든 것들 중에서 가장 무거운 일들이 나에게 일어난다 해도, 여태껏 인간에게 발생한 적이 없는 그런 일이 일어난다 해도, 내가 할 수 있는 일이 아무것도 없다 해도, 거기에는 어떤 과업이 있기에 기쁨은 여전히 **존재할** 것입니다. 왜냐하면 그때 과업은 인내로 그것을 견디는 것이기 때문입니다.

극도의 인내가 요구된다면, 전에는 어떤 인간에도 요구된 적이 없었던 그런 요구라면, 그리고 아무것도, 할 수 있는 아무것도 없다면, 그래도 거기에 과업이 있기에 여전히 **기쁨이 존재합니다.** 왜냐하면 그때 과업은 최후의 순간까지도 인내를 포기하지 않는 것이기 때문입니다."

죄의 자각은 하나님이 사랑이라는 것을 의심하기 시작하는 것 자체가 불가능하도록 돕습니다. 그러므로 하나님이 사랑이라는 것은 영원히 확실합니다. 이것이 영원히 확실하다면, 그때 거기에는 또한 항상 과업이 존재합니다. 왜냐하면 모든 과업은 하나님 안에 그 근거를 두고 있기 때문입니다.

하나님과의 관계에서 사람이 항상 죄책으로 고난 당한다면, 그때 거기에는 항상 과업이 존재합니다. 요컨대, 거기에 항상 과업이 있다는 것 그리고 하나님이 사랑이라는 것이 영원히 확실하다는 것은 항상 동일하며 이것에 포함되어 있습니다. 곧, 하나님과의 관계에서 사람은 항상 죄책으로 고난 당한다는 것.

다시 한번 더 회개하는 강도를 생각해 봅시다. 그가 죄책으로 고난을 당하고 있기에, 거기에 존재하는 위로를 선포하고 있다고 말할 수 있을까요? 왜냐하면 거기에는 항상 과업이 있기 때문입니다. 그 강도는 이를 위한 기회가 부족했던 것처럼 보입니다.

십자가에 달린 사람은 많은 순간이 남아 있는 것이 아닙니다. 다른 이유들로 그에게는 과업에 대한 어떤 질문도 있을 수 없는 것처럼 보입니다. 그러나 이것은 사실이 아닙니다. 십자가상의 다른 사람의 초인간적인 고난과의 비교를 통해, 그 강도는 그가 죄책으로 고난을 당한다는 생각 속에서 위로와 구원을 발견합니다. 따라서 그는 또한 거기에 과업, 미지막 과업이 있다는 것을 발견합니다. 그것은 진실로 또한 그의 마지막 시간입니다.

그가 죄책으로 고난 당한다는 바로 그 이유로, 거기에 과업이 있다는 위로와 구원이 있습니다. 그리고 그 과업은 회개와 후회입니다. 세상의 구주께서 "나의 하나님, 나의 하나님, 어찌하여 나를 버리셨나이까?"라고 탄식하는 동안,[60] 회개하는 강도는 그를 버리신 분이 하나님이 아니고 하나님을 버린 자가 바로 그였다는 것을 겸손하게 깨닫습니다. 다만 여전히 구원으로서 그렇게 깨닫습니다. 그 강도가 회개할 때, 그의 옆에 십자가에 달린 자에게 말합니다.

"당신의 나라가 임할 때, 나를 기억해 주십시오."[61]

경멸적인 죽음의 순간에 뒤늦은 회개와 죽음의 염려로 하나님의 자비에 손을 뻗는다는 것은 무거운 인간적 고난입니다. 그러나 아직도 회개하는 강도는 하나님께 버림받는 존재의 초인간적인 고난과 비교할 때, 구원을 발견합니다. 하나님께 버림받는다는 것, 정말로 이것은 아무런 과업이 없다는 것을 의미합니다. 그것은 모든 인간이 갖고 있는 마지막 과업을 빼앗겼다는 것을 의미합니다. 인내의 과업, 하나님이 고난 당하는 자를 버리지 않았다는 깨달음에 그 근거를 두고 있는 과업입니다.

따라서 그리스도의 고난은 초인간적이며 그의 인내 역시 초인간적입니다. 그렇기 때문에 어떤 인간도 어느 한쪽도 파악할 수 없는 것입니다. 우리가 그리스도의 고난에 대하여 인간적으로 말하는 것이 유익하다 해도, 우리가 그분의 고난을 단지 인간이 당하고 있는 최대의 고난처럼 말한다면, 그것은 신성모독입니다. 왜냐하면 그분의 고난이 인간적일지라도, 그 고난은 역시 초인간적이기 때문입니다. 그분의 고난과 인간의 고난 사이에는 갈라진 틈의 영원한 심연이 있습니다.[62]

아마도 회개하는 강도는 또한 다른 비밀의 생각을 갖고 있습니다. 아마도 그는 다음과 같이 홀로 말했을 것입니다. 이 죽음의 순간에 통치자로부터 저 십자가에 달린 자들을 끌어내리고 살려주라는 명령이 내려왔다고 가정해보십시오. 그때 죄책으로 고난당했던 나, 강도는 많은 과업이 남아 있다는 생각에 위로를 받습니다.

그러나 그분에게, 거룩하신 자에게, 결백하신 분에게, 그분에게는 어떤 과업도 남아있지 않습니다. 그분의 과업은 초인간적인 것이었습니다. **하나님 앞에서** 그분은 비난당하고 책임을 져야 할 아무것도, 절대적으로 아무것도 없었습니다. 그러나 그는 하나님께 버림을 받았습니다! 회개하는 강도는 선포합니다.

"보십시오! 이것이 초인간적인 고난입니다. 어떤 인간도 이런 식으로 고난 당한 적이 없었습니다. 또한 어떤 인간도 이런 식으로 고난당할 수 없습니다. 왜냐하면 어떤 인간도 **하나님 앞에서** 죄가 없지 않기 때문입니다. 또한 그때 어떤 인간도 하나님께 버림을 받은 적도 없었고 버림받을 수도 없을 것입니다.

반면에 인간은 죄책으로 고난을 당합니다. 하나님은 그를 버리지 않았습니다. 거기에는 항상 과업이 있습니다. 거기에 과업이 있다면, 거기에는 소망이 있고, 거기에 과업과 소망이 있다는 것은 위로가 있다는 뜻입니다. 그가 죄책으로 고난 당하고 있다는 것을 깨달은 모든 자에게, 심지어 나에게도, 길을 잃은 자에게도, 십자가에 달린 강도에게도 이 위로가 있습니다.

짐작컨대, 나에게 할 수 있는 일이 아무것도 없습니다. 아, 죽음의 고통이 이미 나를 에워싸고 있습니다. 그러나 거기에 과업이 있습니다. 나는 하나님께 버림받지는 않았습니다."

다시, 이것은 끔찍한 것이 무엇인지 알고 싶어 하지 않는 반항적인 개인을 위한 회개의 설교가 아닙니다. 이것은 또한 진정으로 기뻐하는 것이 실족에 도움이 되는 사람들을 위한 회개의 설교가 아닙니다. 겸손하게 자신을 낮추는 사람, 그가 끔찍한 것이 무엇인지 깨달을 수 있을 만큼 진리 안에 있는 사람, 이 사람은 이 강도가 기쁨을 선포하고 있다는 것을 이해할 수 있습니다.

사랑의 명확성

그러나 정말로 하나님과의 관계에서 사람이 항상 죄책으로(skyldig) 고난 당한다는 것, 그것은 정말로 그럴까요? 혹은 이 강화의 목적은 생각들을 선동하고 개념들을 혼동시켜 충돌에 빠트리기 위함일까요? 인간적으로 말해, 결백하게(unskyldig) 고난 당하는 자에게서 그가 인간적으로 결백하다는 위로를 빼앗기 위함일까요? 인간적으로 말해, 죄책으로 고난 당하는 자가 이런 의미에서 모든 사람은 항상 죄책으로 고난을 당한다는 이 거짓 위로를 승인하기 위함일까요? 결코 그렇지 않습니다.

이 강화는 단 하나의 목적을 갖고 있습니다. 내가 감히 최고의 목적이라고 부르는 것입니다. 이 강화는 단 하나의 것만을 원합니다. 내가 감히 최고의 것이라고 부르는 이것입니다.

(당신이 걷고 있는) **모든 길에서 하나님이 사랑이라는 것을 영원히 확실하게 하는 것.**

참으로 이것을 원하는 것은 최고를 위해 모든 것을 생각한 것입니다! 이것이 확실한 무슨 길이든, 언뜻 보기에는 그 길이 어렵고 힘들어 보여도, 그런데도 그 길이 이루어진다면, 하나님이 사랑이라는 것이 더욱 확실해진다면, 그때 그것은 기쁨입니다.

하나님이 사랑이라는 생각, 이 생각이 명확성(clarity)과 확실성(certainty)을 달성하는 어떤 길이든, 모든 길에서, 심지어 가장 어려운 길에서조차, 즐거워할 만큼 이 생각 속에 모든 기쁨을 담고 있습니다.

하나님이 사랑이라는 생각, 이 생각 속에 모든 영원의 행복한(blessed) 설득을 담고 있습니다. 그때 그 길이 가장 어려운 길일지라도, 그 조건이 가장 쓰라리더라도, 무조건적으로 기쁩니다.

따라서 하나님과의 관계에서 사람이 항상 죄책으로 고난 당한다는 것을 우리가 가정했던 대로 있는 것이 아니었다면, 그럼에도 불구하고 이 생각 속에 기쁨이 있다는 생각을 우리가 발전시켜 왔던 대로 있다면, 그때 사람은 진심으로 이 가정이 이루어지기를 바라야 할 것입니다. 그때 그가 진리에 속해 있다면, 다음과 같이 말해야만 합니다.

"하나님과의 관계에서 내가 항상 죄책으로 고난을 당하는 것이 확실하므로, 하나님이 사랑이라는 것이 영원히 확실합니다. 그때 내가 죄책으로 고난을 당한다는 것이 항상 명확하게 남고 나에게 더욱 생생하게 남게 되기만을 나는 진심으로 바랄 것입니다."

그렇지만 사람이 그것을 바랄 필요가 없습니다. (올바르게 이해하기 위해서, 사람이 마음속으로는 그것을 바라야만 한다 해도, 왜냐하면 욕망이 일을 추진하는 것 (Lysten driver Arbeidet)이 맞다면, 그때 소원의 열정만이 어려움들을 극복하도록 돕는다고 이해할 수 있기 때문입니다.) 왜냐하면 하나님과의 관계에서는 사람이 항상 죄책으로 고난 당하는 것이 실제로 사실이기 때문입니다. 또한, 하나님은 사랑이라는 것이 영원히 확실하니까요.

다른 사람들이 의심으로 생각하는 즐거움을 선포하게 합시다. 이것은 나의 능력 밖에 있습니다. 그리고 그런 종류의 즐거움은 나의 취향은 아닙니다. 사람이 의심하기를 시작하는 일이 불가능할 수 있다는 것, 죄의 자각이 이 기쁨을 안전하게 보호하고 있다는 덕을 세우는 생각 속에서, 나는 기쁨을 발견하고 기쁨의 확실성을 발견합니다.

그래서 우리는 더욱 면밀하게 이 강화가 가정하고 있는 것이 무엇인지 살펴봅시다. 우리는 강도가 이 말씀을 말했다고 해서 강도 자신에게 말한 이 말씀을 읽고 들은 것이 우리 자신을 방해하는 일이 없도록 해야 합니다. 왜냐하면 같은 말로 강도가 진실로 중요한 무엇인가를 말할 수 있기 때문입니다. 우리는 아주 특별한 의미에서 강도에게 진실한 것을 숨기지 말아야 합니다. 곧, 그는 죄책으로 고난 당하고 있습니다. 다시 말해, 우리는 **잘못을 저지르는 것과 죄책으로 고난 당하는 것과의 차이를 올바르게 구별**합니다. 사람이 잘못을 저질렀다고 해서 죄책으로 고난 당하는 것은 아니니까요.

그러므로 이 강화가 숙고하고 있는 세 가지의 범주가 있습니다. 첫째, 인간적으로 말해, 사람이 죄책이 있을 때, 그는 하나님과 다른 사람들과의 관계에서 죄책으로 고난당합니다. 둘째, 인간적으로 말해, 사람이 결백으로 고난당할 때, 우리 인간들은 하나님과 그의 관계에서 그가 하나님과의 잘못이 있다고 말합니다. 셋째, 하나님과의 관계에서 인간은 항상 죄책으로 고난을 당합니다.

인간적으로 말해, 사람이 죄책이 있을 때, 그는 하나님뿐만 아니라 다른 사람들과의 관계에서 죄책으로 고난당합니다. 이것은 강도의 상황입니다. 그는 형벌을 당하고 있는 범죄자입니다. 그는 자신이 죄책으로 고난 당하고 있다는 것을 충분히 깊이 깨닫고 있다는 것이 그에게는 진실합니다.

심지어 이런 경우에서조차, 불행하게도, 우리는 자주 죄인에게서 신성 모독과 같은 이야기를 듣습니다. 곧, 그는 죄책을 떠밀어버리고 싶습니다. 범죄의 이런 성향을 타고 났다는 것, 그의 범죄는 그런 경향의 방치된 양육의 결과였다는 것, 그리고 그런 류의 다른 것들도 있었다는 것, 바로 이것이 뻔뻔스럽고 건방진 그의 이야기입니다.

이것이 첫 번째 범주입니다. 두 번째 범주는 인간적으로 말해, 사람이 결백으로 고난 당한다는 데에 있습니다. 그러나 우리는 그런데도 하나님과의 관계에서 하나님께 잘못이 있다고 말합니다. 따라서 고난 당하는 자가 하나님과의 관계에 대하여 자기 자신과 이야기 나누고 있는 것이 아닙니다. 하나님과 고난 당하는 자의 관계에 대하여 제3자로서 다른 사람인 우리가 이야기하고 있습니다. 이 관계는 단 하나의 구절로 서술됩니다. 곧, 하나님은 사람을 시험하고 있다는 것입니다.

이런 영광스러운 모범들 중에 한 인물의 이름을 떠올려 봅시다. 그는 시험을 받았지만 이 시험을 통과한 사람입니다. 바로 욥입니다. 인간적으로 말해, 욥이 죄책으로 고난을 당한다고 말할 수 있는 사람이 누가 있겠습니까! 이것이 신성모독이 아니었다면, 저 존경받는 사람을 향한 건방진 태도 였을 텐데 말입니다. 욥, 그는 인류의 모범이라고 전해지고 있고 전해졌으 며 전해질 것입니다. 인류 중에 과연 누가 감히 그에 대하여 저런 식으로 말 할 수 있겠습니까!

심지어 하늘의 하나님도, 말하자면, 일종의 어떤 편애로, 매우 인간적으 로 말씀하십니다. 말하자면, 하나님은 욥을 자랑합니다. 하나님은 심지어 사탄에게 말합니다.

"내 종 욥을 주의하여 보았느냐?"[63]

이것은 인간이 그에게 속한 무엇인가 굉장한 것, 무엇인가 자랑하고 싶 은 것에 대하여 말하는 방식입니다. 이것은 또한 인간이 누군가 감히 그에 게 도전하는 자, 그래서 그가 승리했다는 기쁨을 만끽하는 것을 위협하는 자에게 확실하게 말하는 방식입니다.

그때, 욥은 인간적으로 말해, 결백한 자로서 고난을 당합니다. 그는 자 기 자신을 꾸짖을 만한 어떤 범죄도, 어떤 과오도 저지른 적이 없습니다. 반 대로, 그의 삶과 행동은 하나님의 판단에 있었고, 사람들로부터 칭찬을 받 았습니다. 욥이 모범이 된 것은 슬픔의 시기에만 있었던 것이 아니었습니 다. 그는 이미 형통한 날에도 모범이었고 그리하여 곤경을 견디기 위한 준 비가 있었던 것입니다.[64]

그러나 욥은 하나님께 지속적인 잘못이 있었습니다. 하나님의 생각은 인간들의 생각보다 영원히 더 높습니다.[65] 따라서 행복과 불행에 대한 인간 의 개념, 즐거움과 슬픔에 대한 인간의 개념은 흠이 있는(faulty) 생각입니다.

개념의 이런 순환 속에 남게 됨으로써, 사람은 하나님께 지속적으로 잘못을 범하게 됩니다. 그리고 사람은 그가 항상 하나님께 잘못을 범하고 있다는 것을 깨닫게 됨으로써만이 이 개념의 순환에서 벗어날 수 있습니다.

그러나 인간적으로 말해, 조바심이, 결백한 고난 당하는 자에게, 하나님이 시험하고 있는 이 사람에게, 들어오기 시작할 때, 인간적으로 말해, 그가 옳았을 때, 이것이든 저것이든 옳았을 때, 그가 어떤 면에서 하나님께 의롭게 되기를 원했을 때, 이것은 무엇입니까?

그때 그는 그 관계를 뒤집을 수 있도록 허락을 받았고 하나님께 의롭게 될 수 있는 것일까요? (이것은 전도된(reverse) 관계이다. 왜냐하면 사람은 항상 하나님께 잘못이 있기 때문이다. 그때 그가 단 한 번만이라도 가장 작은 일이라도 옳았다면, 모든 것은 뒤집힌다.) 의심하는 사람은 옳게 남아 있는 것일까요? 혹은 이것은 모든 것을 상실한 것이나 마찬가지 아닌가요?

아니, 그때 다른 무엇인가 일어납니다. 시험받은 자는 다른 사람들과 대화하는 대신에 그가 하나님 앞에서 자기 자신과 대화해야 함을 깨닫습니다. 우리 나머지는 시험받은 자에 대한 존경으로 감히 더 이상 아무 말도 할 수 없고, 감히 그에게 죄가 있다고 말할 수 없음을 깨닫습니다.

그래서 시험받은 자는 하나님 앞에서 자기 자신과 이야기합니다. 그때 그 싸움에서 최후의 지원 병력(enforcement)이 들어옵니다. 곧, 하나님과의 관계에서 인간은 항상 죄책으로 고난당합니다.

하나님과 인간 사이의 근본적인 관계는 사람이 죄인이고 하나님은 거룩하신 자라는 것입니다. 직접적으로 하나님 앞에 있는 인간은 이런저런 것에서 죄인은 아니지만 본질적으로 죄가 있습니다. 인간은 이런저런 것에서 죄책이 있지는 않지만, 본질적으로 무조건적으로 죄책이 있습니다. 그러나 그가 본질적으로 죄책이 있다면, 또한 항상 죄책이 있습니다. **본질적인 죄책**(guilt)**에 대한 빚**(debt)**은 직접적인 모든 설명이 불가능할 만큼 심각하기 때문입니다.**

인간들 사이에서의 관계는 사람이 어떤 것에는 옳을 수 있고 다른 어떤 것에는 잘못이 있을 수 있는 그런 관계입니다. 또한 한 경우에 있어서는 결백할 수 있고 다른 경우에 있어서는 죄책이 있을 수 있는 그런 관계입니다. 그러나 하나님과 사람 사이에서 그런 종류의 관계는 불가능합니다. 왜냐하면 하나님과의 관계가 그런 관계라면, 그때 하나님은 하나님이 아니라 사람과 동일하기 때문입니다.

그러나 매일의 삶에서 사람이 매 순간마다 근본적인 관계를 의식하지 못합니다. 어떤 인간도 이것을 견딜 수 없습니다. 매일의 삶에서 사람은 거의 인간적인 표준에 근거한 조건으로 살아갑니다. 반면에 근본적인 관계는 하나님을 표준으로 그를 측정합니다. 그러나 이것이 근본적인 관계가 부재하다는 것을 의미하지 않습니다.

반대로, 그것은 영혼의 가장 깊숙한 곳에 쉬고 있습니다. 국가의 법은 항상 같은 방식으로 존재합니다. 그러나 그것은 말하자면, 쉬고 있는 중에 있습니다. 하지만 범죄가 발생하자마자, 법은 행동에 돌입합니다. 그러나 그것은 말하자면 편히 쉬다가 나타나 자신의 타당성(validity)을 주장합니다. 사람과 하나님의 관계가 마치 이와 같은 것입니다.

혼동(confusion)이 개입하기 시작할 때, 조바심(impatience)이 특별한 일로 현기증이 생겨 노려보기 원할 때, 그리하여 마침내 모든 것을 뒤바꿀 때, 그때 근본적인 관계는 자신을 주장합니다. 다시 말해, 조바심이 하나님을 향해 반란을 일으키기 원할 때, 사람이 옳은 일을 했다고 주장하면서 사람과 동등한 사람과 싸우는 것처럼 하나님과 싸우기 원할 때, 다른 어떤 일이 일어납니다.

그때 근본적인 관계는 조바심이 가득했던 자에게 저항하고 하나님과의 관계에서 인간은 본질적으로 죄책이 있고 따라서 항상 죄책이 있다는 것을 그에게 가르칩니다. 하나님과의 관계에서 사람의 죄책감은 이런저런 것에 대한 죄책감이 아닙니다. 그 관계는 그런 식으로 요약될 수 없습니다.

그는 영원히 죄책이 있습니다. 따라서 그는 항상 죄책이 있습니다. 그가 그렇게 원할 때마다, 하나님은 근본적인 죄책감을 주장할 수 있습니다. 인간적으로 말해, 사람이 모든 일에서 옳을지라도, 그런데도 하나님과의 관계에서는 항상 죄책이 있습니다. 이것이 하나님이 싸우는 방법입니다.

여태껏 가장 압도적인 우월성으로 반역자와 싸우고 있었던 가장 강력한 왕도 여전히 그의 편에 있는 그가 소유한 강력한 군대의 도움으로 싸웁니다. 그러나 하늘의 하나님은 공격을 공격자의 편으로 이동시켜 싸웁니다. 조바심이 반역자처럼 하나님을 공격하기 원할 때, 죄의 자각은 이 반역자를 공격합니다. 다시 말해, 공격자는 결국 자기 자신과 싸우는 것으로 끝나게 됩니다.

하나님의 전능(omnipotence)과 거룩(holiness)은 하나님이 모든 사람들에게 승리할 수 있다는 것을 의미하지 않습니다. 또한 하나님이 가장 강하신 분이라는 것을 의미하지 않습니다. 왜냐하면 이것은 여전히 비교니까요. 그러나 이것은 어떤 비교도 금지하는 것인 바, **누구도 감히 하나님과 싸울 수 없다는 것을 의미합니다.**

이것이 세 번째 범주였고 이 강화의 주제입니다. 하나님과의 관계에서 인간은 항상 죄책으로 고난당합니다. 혹은 이 강화는 사람이 고난당할 때마다 고난은 이것 혹은 저것에 대한 형벌이었다는 생각으로 그가 자기 자신을 괴롭혀야 한다는 관점을 옹호해야 할까요? 결코 그렇지 않습니다.

인간적으로 말해, 결백하게 고난 당하는 자는 그래도 그가 하나님께 항상 잘못이 있다는 것을 겸손하게 믿어야 합니다. 그러나 그가 실패한다면, 의심하기 시작하고 조바심이 생긴다면, 그때 이 마지막 생각, 실제적인 결정타(clincher)는 고난은 이것 혹은 저것과 같은 특별한 것에 대한 단순한 형벌이 아니라는 것을 그에게 가르칩니다. (만약 그것이 그렇다면, 그는 무엇인가 여전히 옳을 수 있다는 결론이 나온다.) 그러나 그는 영원히 죄책이 있고 따라서 항상 죄책이 있다는 것을 그에게 가르칩니다.

사람이 이와는 다르게 전적으로 죄책이 없는 것처럼, 하나님은 (누군가를 체포하기 위해) 어떤 특별한 일을 추적했던 잔인한 폭군(tyrant)인 것처럼, 사람이 항상 죄책이 없는 것처럼, 형벌로써 무가치한 고난을 이것 혹은 저것과 같은 특별한 것과 소심하게 연결시키기 원하는 데에 거짓(untruth)이 있습니다.

보십시오. 이것이 가장 확실하게 욥의 친구들이 실제로 욥에게 말하고자 원했던 바입니다. 하나님과의 관계에서 인간은 항상 죄책으로 고난당합니다. 진실로 그것은 거짓이 아닙니다. 그들의 실수는 다른 무언가에 있었습니다. 곧, 그들은 이 말을 떠맡기 원하거나 건방지게 욥에게 이것을 말하기 원했던 것입니다. 왜냐하면 어떤 한 인간도 이 말을 다른 사람에게 말할 권리가 없기 때문입니다. 게다가, 욥이 친구들은 **하나님 앞에서 결백한 자로서 고난 당한다는 것**, 이것이 무엇을 의미하는지에 대한 어떤 표준도 없습니다.

유대인들이 알고 있었던 최고의 경건은 욥과 같은 경건이었습니다. 그리고 이것은 그 친구들이 욥에게 이런 식으로 말하는 것이 이중으로 거만하고 이중으로 불의한 이유입니다. 그렇지만 그리스도인들은 거기에 오직 한 분이 계시고 그러나 또한 결백함으로 고난 당하고 있는 한 사람이 있다는 것을 알고 있습니다.

누구도 자기 자신을 욥과 비교하거나 자기 자신을 욥의 표준에 의해 측정하지 못합니다. 욥과 모든 인간들 사이에는 영원한 차이가 존재합니다. 이것이 하나님과의 관계에서 인간이 항상 죄책으로 고난 당한다는 것이 새로워진 명확성으로 적용되었던 이유입니다.

그때, 가정은 확고합니다. 그러나 결과적으로 가정으로부터 발전시켜왔던 것도 확고합니다. 곧, **하나님과의 관계에서 사람은 항상 죄책으로 고난 당한다는 것, 이것이 기쁨이라는 것, 이것은 확고합니다. 그러나 이 기쁨은 겸손한 면**을 지니고 있습니다.

따라서 고난 당하는 자가 인간적으로 말해, 결백함으로 고난당할 때, 어떤 사람이 판단하며 다른 사람에게 이것을 말하는 것이 허용되지 않았다 해도, 사람이 시험당할 때, 스스로 그것을 시험하기 원하는 자는 확실히 이 생각 속에 어떤 기쁨이 담겨있는지 경험하게 될 것입니다.

미결상태(suspense)가 항상 심신을 지치게 한다면, 어떤 결론(Sluntning)에 이를 수 없는 것이 항상 불쾌해진다면, 이 생각은 진실로 결론적인 생각입니다(Sluntnings-Tanke). 누군가 의심으로 생각하기를 바랐다면, 그가 마무리지었다고 생각하는 그 순간에, 한 가지 의심을 망각했다는 것을 발견할 수도 있습니다. 그리하여 그는 처음부터 다시 시작해야만 할 것입니다.

그러나 이 영원한 결론적인 생각은 진정한 결론입니다. 왜냐하면 처음과 끝이 동일하기 때문입니다. 이 생각이 결론입니다. 이것은 진실로 우리가 시작할 수 있는 유일한 것입니다. 결과적으로 이 생각이 결론입니다. 이 것은 진실로 우리가 끝낼 수 있는 유일한 것입니다. 그러나 이것은 또한 확실하고 강력한 생각입니다. 이 생각은 인생의 모험에 승선했지만 무슨 일이 일어날지, 앞으로 어떤 일이 다가올지 의심하고 있는 **운명의 병사**(soldier)가 아닙니다.

이 생각은 전신갑주로 강력하게 무장하고 있습니다.[66] 그리고 이 생각은 **될 것이 이미 된 것**입니다. 왜냐하면 이 생각은 사람의 의지이니까요. 그러나 이 생각은 많은 말을 하지 않습니다. 그러나 이것은 하나님과의 언약 가운데 있는 인간의 의지입니다. 이 생각은 하나님 앞에서 결심한(besluttet) 사람의 의지이며, 결심하여 위험을 깨달은 사람의 생각이지만, 또한 결심하여 승리와 언약 가운데 있는 사람의 의지입니다.

01 예를 들어, 다음을 보라. 《이것이냐 저것이냐》 임춘갑 역 (서울: 다산글방, 2008), 651-83, 영역본 프린스턴판, Either/or, II, pp. 339-54, KW IV (SV II 307-18).

02 The Wisdom of Solomon, Apocrypha. 이 부분은 지혜서의 내용을 자유롭게 인용한 것이다.

03 잠언 25:11, "경우에 합당한 말은 아로새긴 은 쟁반에 금 사과니라."

04 전도서의 저자인 솔로몬 왕일 것이다. 전도서 5:10, "은을 사랑하는 자는 은으로 만족하지 못하고 풍요를 사랑하는 자는 소득으로 만족하지 아니 하나니 이것이 헛되도다."

05 욥기 1:21, 욥의 말이다. "이르되, 내가 모태에서 알몸으로 나왔사온즉 또한 알몸이 그리로 돌아가올지라. 주신 이도 여호와시오 거두신 이도 여호와시오니 여호와의 이름이 찬송을 받으실지니이다 하고"

06 이 부분에 대하여는 다음을 참고하라. 마태복음 27:38, 마가복음 15: 27-28, 누가복음 23:32-34, 요한복음 19:18

07 이 부분에 대하여는 누가복음 23:39-43을 참고하라. 두 명의 죄인 중에서 한 죄인은 그리스도를 비방하면서 "네가 그리스도가 아니냐. 너와 우리를 구원하라."라고 말하지만 다른 한 죄인은 그 사람을 꾸짖으며 "네가 동일한 정죄를 받고서도 하나님을 두려워하지 아니하느냐?"라고 말한다.

08 이 부분은 마태복음 25:31-46을 참고하라. 여기에 인용된 구절은 34절을 자유롭게 인용한 것이다.

09 누가복음 23:43, "예수께서 이르시되, 내가 진실로 네게 이르노니 오늘 네가 나와 함께 낙원에 있으리라 하시니라."

10 이 말은 덴마크어로는 skyldig이다. 이 말은 정신분석에서 말하는 '죄책감'이라는 말로 설명될 수 없다. 정신분석에서 말하는 '죄책감'은 일종의 정신의 병으로 "내가 누군가를 다치게 하면 나도 언젠가는 다칠 거야."라는 불안이 숨어 있다. 하지만, 하나님 앞에서 느끼는 죄책이란 한마디로 무한한 빚, 갚을 수 없는 빚과 같은 채무의식이다. 이런 점에서 키르케고르가 말하는 죄의식은 니체가 말하는 죄책과도 다르다. 니체가 말하는 것처럼

어떤 결핍이나 부족을 무한대로 만드는 것이 아니다. 니체는 죄와 관련된 기쁨을 "자기학대의 기쁨," "의지의 광기"라고 말한다. 니체에게서 죄의식은 공허한 자기희생만 유발시킬 뿐이다. 그는 기독교에 이런 광기가 있다고 말한다. 하지만 키르케고르에게 죄책이란 어떤 명확한 잘못이나 실수에 대해 느끼는 책임이 아니다. 이것은 근원적인 죄에 대한 고발이다.

11 다음을 참고 하라. Stages, p. 185, KW XI (SV VI 175).

12 이 부분은 히브리서 4:12를 언급하는 것이다. "하나님의 말씀은 살아 있고 활력이 있어 좌우에 날선 어떤 검보다도 예리하여 혼과 영과 및 관절과 골수를 찔러 쪼개기까지 하며 또 마음의 생각과 뜻을 판단하시나니"

13 이것은 아마도 루터가 시편 46편을 인용한 것을 재인용한 것처럼 보인다. 시편 46:1, "하나님은 우리의 피난처시오 힘이시니 환난 중에 만날 큰 도움이시라."

14 이 부분에 대하여 레비나스와 키르케고르를 함께 생각해 볼 필요가 있다. 하나님 앞에서 느끼는 죄책은 무한한 빚, 갚을 수 없는 빚과 같은 채무의식을 낳는다. 결국, 자아는 이것을 이해할 때, 선물(gift)에 대한 무한한 과업을 인식한다. 긍정적인 의미에서, 죄책은 자기 자신을 개방하는 것이고 타자를 받아들이는 것이다. 여기에서 타자란 이웃과 하나님 양자를 의미한다. 따라서 죄의식은 윤리적 명령이 부재한 상황에서 타자에 대한 책임을 낳는다. 반면, 결백은 어떤가? 결백은 타자에 대한 어떤 책임도 없다. 결백에서는 어떤 채무 의식도 존재하지 않는다. 오히려 결백은 유한한 관계에서 타자의 요구로부터 자유롭다는 것을 의미한다. 키르케고르가 말하는 죄책은 조금 더 심층적으로 이해할 필요가 있다.

15 이전에 논의되었던 결백이라는 측면에서 무엇이 완전성인가에 대해 질문해볼 필요성이 있다. 다시 말해, 일반적으로 유한한 관계에서는 결백이 완전성이다. 결백한 사람은 언제나 보호된다. 법으로 다스릴 수도 없다. 하지만 무한한 관계에서, 죄의식은 결핍이 아니라 완전성이라는 것이다. 어떻게 그럴 수 있는가? 이 부분을 논의하고자 하는 것이 이후에 나오는 애인에 대한 비유다.

16 이 부분은 《두려움과 떨림》에 나오는 아그네테와 남자 인어 이야기를 참고하라.

17 그녀가 아무리 결백을 주장한다 해도, 만약 그녀가 사랑하는 애인이 죄가 있다면, 그게 다 무슨 소용인가? 그녀의 결백이 애인을 구원할 수 있는가? 키르케고르는 《사랑의 역사》에서 에로스적인 사랑(erotic love, Elskou)과 아가페적인 사랑(love, Kjærlighed)을 구분한다. 그는 여기에서 에로스적인 사랑을 자기중심적인 사랑이라고 비판한다. 이에 반해 아가페적인 사랑은 자기를 향한 소원이 타자를 향한 소원으로 변화되는 영원한 변화다. 이런 지점에서 생각한다면, 이 강화는 이상한 점이 있다. 에로스적인 사랑으로 마치 아가페의 사랑을 설명하려는 것처럼 보이기 때문이다. 따라서 이것은 일종의 티핑 포인트(tipping point)로 이해해야 한다. 애인에게 죄가 있다면, 그래서 본질적으로 애인이 상실되는 지점에 이른다면, 에로스의 사랑이 진정 사랑일 때, 이 사랑은 더 이상 결백을 주장하지 않는다는 것이다. 오히려, 차라리 애인의 죄를

대신하고자 하는 "소원"이 생긴다는 것이다. 차라리 자신이 죄인이 되고자 하는 소원이 생길 때, 비로소 이 사랑이 완전하다는 것이 "입증"된 것이다. 이것은 일종의 티핑 포인트로, 소원이 변화, 욕망의 변화다. 불행한 사랑은 이것을 입증한다. 이런 지점이 이 강화를 이해하는 데에 굉장히 중요하다.

18 이 부분은 고린도전서 9장 26절을 암시하고 있다.

"그러므로 나는 달음질하기를 향방 없는 것 같이 아니하고 싸우기를 허공을 치는 것 같이 아니하며"

19 《불안의 개념》 3장 2절 "운명의 방향으로, 변증법적으로 규정된 불안"을 참고하라.

20 이 부분에 대하여는 예를 들어, 다음을 참고하라. 사도행전 2:23을 보면 베드로는 다음과 같이 말한다. "그가 하나님께서 정하신 뜻과 미리 아신 대로 내준 바 되었거늘 너희가 법 없는 자들의 손을 빌려 못 박아 죽였으나"

또한, 다음을 보라. 사도행전 4:28, 20:27, 에베소서 1:9-12

21 이 부분은 《이것이냐 저것이냐》 2권 "울티마툼"을 참고하라.

22 이 부분은 덴마크어 속담을 바꾸어 인용한 것이다. 덴마크어 속담은 "잠을 자는 자는 죄를 짓지 않는다."이다.

23 디모데 전서 1:19, "믿음과 착한 양심을 가지라. 어떤 이들은 이 양심을 버렸고 그 믿음에 관하여는 파선하였느니라."

24 이 부분은 아마도 에베소서 2:19-22절을 언급하고 있다.

"그러므로 이제부터 너희는 외인도 아니요 나그네도 아니요 오직 성도들과 동일한 시민이요 하나님의 권속이라. 너희는 사도들과 선지자들의 터 위에 세우심을 입은 자라. 그리스도 예수께서 친히 모퉁잇돌이 되셨느니라. 그의 안에서 건물마다 서로 연결하여 주 안에서 성전이 되어 가고 너희도 성령 안에서 하나님이 거하실 처소가 되기 위하여 그리스도 예수 안에서 함께 지어져 가느니라."

25 마태복음 7:26, "나의 이 말을 듣고 행하지 아니하는 자는 그 집을 모래 위에 지은 어리석은 사람 같으리니"

26 다음을 참고하라.

히브리서 4:15, "우리에게 있는 대제사장은 우리의 연약함을 동정하지 못하실 이가 아니요, 모든 일에 우리와 똑같이 시험을 받으신 이로되 죄는 없으시니라."

히브리서 7:26, "이러한 대제사장은 우리에게 합당하니 거룩하고 악이 없고 더러움이 없고 죄인에게서 떠나 계시고 하늘보다 높이 되신 이라."

고린도후서 5:21, "하나님이 죄를 알지도 못하신 이를 우리를 대신하여 죄로 삼으신 것은 우리로 하여금 그 안에서 하나님의 의가 되게 하려 하심이라."

베드로전서 2:22, "그는 죄를 범하지 아니하시고 그 입에 거짓도 없으시며"

27 빌립보서 2:12, "그러므로 나의 사랑하는 자들아 너희가 나 있을 때뿐 아니라 더욱 지금 나 없을 때에도 항상 복종하여 두렵고 떨림으로 너희 구원을 이루라."

28 다음을 참고하라. 고린도전서 4:1, "사람이 마땅히 우리를 그리스도의 일꾼이요 하나님의 비밀을 맡은 자로 여길지어다."

골로새서 1:26-27, "이 비밀은 만세와 만대로부터 감추어졌던 것인데 이제는 그의 성도들에게 나타났고 하나님이 그들로 하여금 이 비밀의 영광이 이방인 가운데 얼마나 풍성한지를 알게 하려 하심이라. 이 비밀은 너희 안에 계신 그리스도이시니 곧 영광의 소망이니라."

골로새서 2:2, "이는 그들로 마음에 위안을 받고 사랑 안에서 연합하여 확실한 이해의 모든 풍성함과 하나님의 비밀인 그리스도를 깨닫게 하려 함이니"

29 다음을 참고하라. Homer, Odyssey, XI, 582-92; Homers Odyssee, I-II, tr. Chritian Wilster (Copenhagen: 1837), I, pp. 162-63; Homer The Odyssey, I-II, tr. A. T. Murray (Loeb, Cambridge: Harvard University Press, 1976-80), I, pp. 426-29. 탄탈루스의 형벌이다. 탄탈루스는 지혜 겨루기 시합에서 이겨 신이 되었기 때문에, 제우스는 죽음보다 더 혹독한 운명을 그에게 부과하기로 한 것이다. 곧, 영원히 채워질 수 없는 갈증과, 만족을 모르는 허기를 부여하여 고통을 받게 한 것이다. 그 고통의 도를 한층 더 높이기 위해서는 제우스는 탄탈루스를 목까지 잠기는 강물 속에 세워두었다. 그 강물은 그가 물을 마시려고 고개를 숙일 때마다 뒤로 물러났다. 그리고 손이 닿은 곳에는 즙이 많은 과일들이 주렁주렁 달려 있었으나, 탄탈루스가 그 과일을 따먹으려고 할 때마다 바람이 그 과일들을 멀리 뒤쪽으로 날려 보냈다.

30 마태복음 27:46, "제구시쯤에 예수께서 크게 소리질러 이르시되, 엘리 엘리 라마 사박다니 하시니 이는 곧 나의 하나님, 나의 하나님, 어찌하여 나를 버리셨나이까 하는 뜻이라." 또한 다음을 참고하라. 마가복음 15:34

31 예를 들어, 다음을 보라. Luther, "Predigt am Sonnabend vor Ostem" (Matthew 27:46), D. Martin Luthers Werke, I-LXIII (Weimar: 1883-1987), XXIX, p. 249.

32 전도서 1:1, "다윗의 아들 예루살렘 왕 전도자의 말씀이라." 솔로몬 왕을 의미한다.

33 마태복음 3:4, "이 요한은 낙타털 옷을 입고 허리에 가죽 띠를 띠고 음식은 메뚜기와 석청이었더라." 세례(침례) 요한을 말하고 있다.

34 마태복음 3:1, "그 때에 세례(침례) 요한이 이르러 유대 광야에서 전파하여 말하되,"

35 마태복음 3:2, "회개하라 천국이 가까이 왔느니라 하였으니"

36 이 부분은 세례(침례) 요한이 자기가 누구인지 변호하는 것과 관련이 있다. 다음 구절을 참고하라. 요한복음 1:21-27

37 누가복음 22:37, "내가 너희에게 말하노니 기록된 바, 그는 불법자의 동류로 여김을 받았다 한 말이 내게 이루어져야 하리니 내게 관한 일이 이루어져 감이니라."

38 예를 들어, 이사야가 있다. 입술이 부정한 자는 설교할 수 없다. 죄가 있는 자는 하나님의 말씀을 선포할 수 없다. 이사야 6:5-10을 참고하라. 특별히, 5절은 다음과 같이 말한다. "그 때에 내가 말하되 화로다 나여 망하게 되었도다. 나는 입술이 부정한 사람이요, 나는 입술이 부정한 백성 중에 거주하면서 만군의 여호와이신 왕을 뵈었음이로다 하였더라."또한 열왕기하 4:9을 보라. "여인이 그의 남편에게 이르되, 항상 우리를 지나가는 이 사람은 하나님의 거룩한 사람인 줄을 내가 아노니"

39 예를 들어, 구약의 예언서 및 외경을 참고하라. 예레미야 23:1, 이사야 10:5, 30:1, 집회서 2:14, 41:12

40 이 부분은 죄 많은 세리를 의미한다. 누가복음 18:13을 참고하라.

"세리는 멀리 서서 감히 눈을 들어 하늘을 쳐다보지도 못하고 다만 가슴을 치며 이르되 하나님이여 불쌍히 여기소서. 나는 죄인이로소이다 하였느니라."

41 다음을 보라. Lucius Firmianus Lactantius, Institutiones divinae, VI, 9; Firmiani Lactantii opera, I-II, ed. Otto Fridolin Fritzsche (Leipzig: 1842-44; ASKB 142-43); The Divine Institutes, The Ante-Nicene Fathers, I-X, ed, Alexander Roberts and James Donaldson (Buffalo: Christian Literature Publishing Co., 1885-97), VII, pp. 171-2. "이방인의 미덕은 눈부신 악에 불과하다." 이 생각은 그 표현이 어거스틴의 것이 아니라, 락탄티우스 덕분이다. 이 생각은 락탄티우스의 책《신의 교훈(The Divine Institutes)》에서 처음으로 등장한다. 어거스틴은 이를 인용한다. 다음을 참고하라. The City of God, XIX, 25; Sancti Aurelii Augustini. . . opera, I-XVIII(Bassani: 1791-1807; ASKB 117-34), IX, p. 24; The City of God, Basic Writings of Saint Augustine, I-II, ed. Whitney J. Oates (New York: Random House, 1948), II, p. 504.

42 이 부분은 조금 어렵다. 키르케고르의 표현대로라면, 그리스도는 인간의 죄를 대속하기 위한 것이 아니라, 하나님께 전가된 죄를 대속하기 위한 바람으로 하나님의 완전한 사랑을 표현한 것이다. 다시 말해, 그리스도가 바랐던 것은 자신의 결백이 아니라, 하나님의 결백이다.

43 성서에서 이와 같은 표현은 자주 등장한다. 다음을 보라. 출애굽기 15:7, 히브리서 12:29

44 이 부분은 신정론(theodicy)에 대한 논의이다. 쉽게 설명해서, 신정론이란 하나님의 의로우심을 정당화하는 이론이다. 신정론에서는 하나님은 선하시고 의로우시다면, 어째서 세상은 고통이 존재하는가에 대한 대답을 내놓기 원한다. 이 용어는 철학자 라이프니츠가 사용하면서 시작되었다.

45 다음을 참고하라. Johann Hermann Schrader, "Der Glaub'ist eine Zuversicht," tr. Hans Adolph Brorson, Psalmer og aandelige Sange of Hans Adolph Brorson, ed. Jens Albrecht Leonhard Holm (Copenhagen: 1838; ASKB 200), 126, st. 6. p. 395.

46 이 부분에 대하여는 키르케고르의 일기를 참고하라. NB:121, Pap. VII1 A7, 1847

사람들은 기독교에 대한 반대가 의심에서부터 나왔다고 우리가 믿게 하기를 원한다. 이것은 완전히 오해다. 기독교에 대한 반대는 반항, 순종의 거부, 모든 권위에 대한 반역으로부터 나온다. 따라서 지금까지 사람들은 반대에 대하여 허공을 치는 싸움을 했던 것이다. 왜냐하면 그들은 윤리적으로 행해쳤던 대로, 반역과 전투를 하기보다 지적으로 의심과 싸웠기 때문이다.

47 갈라디아서 3:22, "그러나 성경이 모든 것을 죄 아래에 가두었으니"

48 로마서 3:19, "우리가 알거니와 무릇 율법이 말하는 바는 율법 아래에 있는 자들에게 말하는 것이니 이는 모든 입을 막고 온 세상으로 하나님의 심판 아래에 있게 하려 함이라."

49 욥기 9:3, "사람이 하나님께 변론하기를 좋아할지라도 천 마디에 한 마디도 대답하지 못하리라."

50 빌립보서 4:4, "주 안에서 항상 기뻐하라. 내가 다시 말하노니 기뻐 하라."

51 예를 들어 다음을 보라. JP III 3306 (Pap. VI A 145).

시작의 변증법
저승의 한 장면

등장인물: 소크라테스, 헤겔

소크라테스가 저녁 시원한 때에 분수대 옆에 앉아 듣고 있다. 헤겔은 책상 앞에서 앉아 트렌델렌부르크의 [논리연구], II, 198쪽을 읽다가 소크라테스에게 걸어와서 불평을 늘어놓는다.

소크라테스: 우리가 전제라 부르는 무언가에 대해 완전히 동의하는지 동의하지 않는지로 시작해봅시다.
헤겔: 묵묵무답
소크라테스: 당신은 어떤 전제로 시작할 거요?
헤겔: 전혀 전제가 없지요.
소크라테스: 대단하군요. 그렇다면 당신은 아마 시작하지도 않았군요.
헤겔: 내가 시작하지도 않았다고요? 내가 21권의 책을 썼는데요?
소크라테스: 세상에, 그렇게 많은 희생제물을 드렸단 말이오?
헤겔: 하지만 나는 무에서 시작합니다.
소크라테스: 어쨌든, 그것은 무언가로 시작하는 것 아닌가요?
헤겔: 아니요, 그것은 반대로의 진행입니다. 이 진행은 전체과정의 결론에서만 명백해지죠. 내가 모든 과학, 역사와 같은 것들을 다루었을 때 말입니다.
소크라테스: 내가 어떻게 이 어려움을 극복할 수 있을까요? 나를 사로잡곤 했던 수많은 주목할 만한 일들은 이미 확실히 일어났기 때문입니다. (수사학적 요소의 오용) 당신도

알다시피, 나는 심지어 폴로스조차도 한 번에 5분 이상을 말하게 시키지 않습니다. 그런데 당신은 21권의 책을 말하고 싶어 하다니.

이 부분은 철학자들이 무로부터 시작한다는 것을 언급하는 것이다. 키르케고르는 헤겔의 위대한 시도란 무로부터의 시작이라고 말한다. 철학자는 시작하는 데에 대한 어려움이 없다. 왜냐하면 무로부터 시작하기 때문이다. 따라서 언제나 시작할 수 있다.

52 로마서 12:10-12, "형제를 사랑하며 서로 우애하고 존경하기를 서로 먼저 하며, 부지런하여 게으르지 말고 열심을 품고 주를 섬기라. 소망 중에 즐거워하며 환난 중에 참으며 기도에 항상 힘쓰며"

53 이미 전에 이야기했다시피, 이 과업은 결백한 자에게 없는 것이다. 곧, 이 과업은 무한한 선물 의식을 통한, 혹은 무한한 채무 의식을 통한 의무다.

54 잠언 4:23, "모든 지킬 만한 것 중에 더욱 네 마음을 지키라. 생명의 근원이 이에서 남이니라."

55 시편 104:29, "주께서 낯을 숨기신즉 그들이 떨고 주께서 그들의 호흡을 거두신즉 그들은 죽어 먼지로 돌아가나이다."

혹은 이 부분은 욥기 34:14-15를 암시한다. "그가 만일 뜻을 정하시고 그의 영과 목숨을 거두실진대, 모든 육체가 다 함께 죽으며 사람은 흙으로 돌아가리라."

56 누가복음 18:13, 죄 많은 세리를 의미한다. "세리는 멀리 서서 감히 눈을 들어 하늘을 쳐다보지도 못하고 다만 가슴을 치며 이르되 하나님이여 불쌍히 여기소서. 나는 죄인이로소이다 하였느니라."

57 이 부분은 율법과 복음과의 관계에 대한 바울과 루터의 교리를 언급하는 것이다. 율법은 사람을 판단한다. 예를 들어, 로마서 7장을 보라. 율법은 또한 우리를 그리스도께 인도하는 초등교사다. 갈라디아서 3장 23-24절을 보라.

"믿음이 오기 전에 우리는 율법 아래에 매인 바 되고 계시될 믿음의 때까지 갇혔느니라. 이같이 율법이 우리를 그리스도께로 인도하는 초등교사가 되어 우리로 하여금 믿음으로 말미암아 의롭다 함을 얻게 하려 함이라."

반면 복음은 기쁜 소식이다. 그리스도는 모든 믿는 자에게 의를 이루기 위한 율법의 마침이다. 로마서 10장 4절을 보라.

"그리스도는 모든 믿는 자에게 의를 이루기 위하여 율법의 마침이 되시느니라."

58 이 부분을 키르케고르가 얼마나 심도 있게 비판했는지 생각해 볼 필요가 있다. 당대의 철학은 언제나 의심함으로 시작했다. 곧, "의심은 지혜의 시작이다." 대표적으로 헤겔 철학이다. 데카르트 역시 의심의 철학자였다. 그가 이런 철학 사상들을 비판하며 꺼내든 성경 구절은 잠언 9장 10절이었다. "하나님에 대한 경외는 지혜의 시작이다."

59 전도서 9:4, "모든 산 자들 중에 들어 있는 자에게는 누구나 소망이 있음은 산 개가 죽은

사자보다 낫기 때문이니라."

60 마태복음 27:46, "제구시쯤에 예수께서 크게 소리질러 이르시되, 엘리 엘리 라마 사박다니 하시니 이는 곧 나의 하나님, 나의 하나님, 어찌하여 나를 버리셨나이까 하는 뜻이라."

또한, 마가복음 15:34을 참고하라.

61 누가복음 23:42, "이르되, 예수여 당신의 나라에 임하실 때에 나를 기억하소서 하니"

62 아마도 누가복음 16:26을 암시하고 있다. "그뿐 아니라 너희와 우리 사이에 큰 구렁텅이가 놓여 있어 여기서 너희에게 건너가고자 하되 갈 수 없고 거기서 우리에게 건너올 수도 없게 하였으니라."

63 욥기 1:8, "여호와께서 사탄에게 이르시되, 네가 내 종 욥을 주의하여 보았느냐? 그와 같이 온전하고 정직하여 하나님을 경외하며 악에서 떠난 자는 세상에 없느니라."

64 아마도 이 부분은 욥기 1:1-3을 언급하는 것처럼 보인다. 욥은 온전하고 정직하여 하나님을 경외하며 악에서 떠난 자였다. 그는 동방 사람 중에서 가장 훌륭한 자였다.

65 이사야 55:8-9, "이는 내 생각이 너희의 생각과 다르며, 내 길은 너희의 길과 다름이니라 여호와의 말씀이니라. 이는 하늘이 땅보다 높은 같이 내 길은 너희의 길보다 높으며 내 생각은 너희의 생각보다 높음이니라."

66 누가복음 11:21, "강한 자가 무장을 하고 자기 집을 지킬 때에는 그 소유가 안전하되"

V

환난 당하는 길이 아니라
환난이 길인 기쁨[01]

길을 걷는 방법

인생을 길로 비유하는 것은 일반적인 언어의 사용에서 보편적이고 일반적으로 받아들여지고 있는 은유입니다. 유사성(similarity)이 많은 방식에서 좋은 결실을 맺을 수 있지만, 은유 속에 담겨진 피할 수 없는 상이성(dissimilarity)은 역시 주의할 만큼 큽니다. 물리적 의미에서 길은 객관적 실재입니다. 누군가 그 길을 걷고 있든 말든, 개인이 그 길로 여행을 하든, 나그네가 그 길을 이용하며 요금을 지불하든, 그것은 별로 중요하지 않습니다. 길은 여전히 길이니까요(Veien er Veien).

그러나 영적인 의미에서, 이 길은 물론 물리적으로 보일 수 없습니다. 그러나 어떤 의미에서 누군가 이 길을 걷든 말든, 이 길은 여전히 존재 합니다. 그러나 다른 의미에서 이 길은 길을 걷는 모든 각 개인들에 의해 시작되고 끝이 납니다. 곧, 이 **길은 길을 걷는 방법**(hvorledes der gaaes)에 대한 것입니다.

우리는 미덕의 길(the road of virtue)을 가리키며 **거기에** 미덕의 길이 펼쳐져 있다고 말할 수 없습니다. 우리는 단지 어떻게 미덕의 길을 걸을 수 있는지만 말할 뿐입니다. 누군가 바로 그 길로 걷는 것을 거부한다면, 그는 다른 길로 걷고 있습니다. 반면, 탄탄대로(highway, Landevei)를 그 길을 걷는 **방법**으로 정의한다면, 그것은 터무니없습니다.

즐거운 마음으로 머리를 치켜들고 경쾌하고 가볍게 그 길을 걷고 있는 젊은이든, 머리를 숙인 채 몸부림치고 있는 늙은이든, 소원의 목표를 이루기 위해 돌진하고 있는 행복한 사람이든, 소원으로부터 등을 돌려 천천히 걸어가고 있는 걱정하는 자든, 걸어서 여행을 하고 있는 가난한 나그네든, 가벼운 마차 속에 있는 부유한 나그네든, 이 길은 모든 사람에게 동일합니다. 이 길은 존재하고 동일하게 남을 것이고 동일한 탄탄대로(highway)입니다.

이 강화가 동시에 물리적인 의미에서 길과 영적인 의미에서의 길에 대한 것일 때, 이 은유에서의 상이성은 가장 명백하게 나타납니다. 예를 들어, 우리가 불쌍히 여겼던 사마리아인에 대한 거룩한 복음을 읽을 때,[02] 여리고와 예루살렘 사이에 있는 길에 대한 언급이 있습니다. 이 이야기는 "같은 길을 따라" 걷고 있었던 적어도 세 명, 실제로는 다섯 명의 사람들에 대하여 말하고 있는 반면, 영적으로 말하자면, 우리는 각 사람은 자신의 길을 걷고 있었다고 말해야 합니다. 아! 탄탄대로는 차이가 없습니다. **차이를 만들고 길을 구분하는 것은 영적인 것입니다.**

첫 번째 사람은 여리고에서 예루살렘까지 놓여 있는 길을 따라 걸었던 평화로운 나그네였습니다. 아마도 심부름으로 그 길을 걸었든, 경건한 어떤 목적으로 걸었든, 어떤 경우에든 평화로운 나그네는 합법적인 길을 걷고 있었습니다.

두 번째 사람은 "같은 길을 따라" 걷고 있었던 강도였습니다. 그러나 그는 불법적인 길을 걷고 있었습니다. 그때 제사장이 "같은 길을 따라" 오고 있었습니다. 그는 강도에 의해 공격당해 거반 죽어가고 있는 가엾은 불행한 사람을 보았습니다. 그는 아마도 순간적으로 가슴이 뭉클했지만 그의 일상적인 경박한(light-minded) 길로 갔습니다. 순간적으로만 감동을 받고 가슴이 뭉클했지만 깊이가 없었습니다.

다음으로, 레위인이 "같은 길을 따라" 오고 있었습니다. 그는 가슴이 뭉클하지도 않은 채, 거기를 지나 걸어갔고 계속해서 자신의 길을 갔습니다. 아! 탄탄대로는 나그네들의 누구에도 속하지 않았습니다. 그리고 여전히 "같은 길을 따라" 걷고 있는 레위인은 자신의 길, 이기심과 냉혈(callousness)의 길을 걷고 있었습니다.

마지막으로, 사마리아인이 "같은 길을 따라" 오고 있었습니다. 그는 긍휼(compassion, Barmhjertighed)의 길에서 가엾은 불행한 사람을 발견했습니다. 그는 긍휼의 길을 걷는 것이 어떤 것인지 자신의 모범을 통해 입증했습니다. 영적으로 말하자면, **길이 정확히 사람이 길을 걷는 방법이라는 것**, 이것을 입증한 것입니다.

이것이 복음이 배우는 자에게 "가서 너도 이와 같이 하라."라고 말한 이유입니다.[03] 다시 말해, 사마리아인처럼 그 길을 걸을 때, 당신은 긍휼의 길을 걷고 있습니다. 왜냐하면 여리고와 예루살렘 사이에 있는 길은 긍휼을 실천하는 것과 관련해서 어떤 장점도 없기 때문입니다.

이 모든 사건은 "같은 길"에서 발생했으나 한 사건은 합법적인 길이었고, 두 번째는 불법적인 길이었고, 세 번째는 경박한 길이었고, 네 번째는 냉혈한 길이었고, 다섯 번째는 긍휼한 길이었습니다. 복음에 의하면, "같은 길을 따라" 걸었던 다섯 명의 나그네가 있었고 각 사람들은 자신의 길을 걸어갔습니다.

따라서 "사람이 어떻게 인생의 길을 걷는지"에 대한 영적인 질문이 차이를 만들고 길에 대한 차이를 빚습니다. 다시 말해, 인생이 사는 것으로 보편적으로 이해될 때, 길과 비유될 수 있고, 그때 은유는 단순히 보편적인 것을 표현합니다. 곧, 살아 있는 모든 사람들은 살아 있다는 데에 공통점이 있다는 것을 표현합니다. 그 정도로 그들은 모두 **인생길**을 걷고 있고 모두 같은 길을 걷고 있습니다.

그러나 산다는 것이 진지한 문제가 될 때, 질문은 다음과 같습니다. 인생길에서 올바른 길을 걷기 위해 사람은 어떻게 걸어야 할까요? 나그네는 사람이 일반적으로 "길이 어디에 있습니까?"라고 물어보듯이 묻는 것이 아니고, 사람이 그 길을 따라 어떻게 걷는지 그리고 사람이 어떻게 걸어야만 하는지에 대하여 묻습니다. 그러나 다만 올바르게 묻기 위해서는 몇 가지 고려해야 할 점들이 있습니다. 왜냐하면 조바심(impatience)은 속는 경향이 있어, 길이 어디에 있는지만을 묻기 때문입니다. 영적인 의미에서 나그네가 탄탄대로를 발견했을 때와 동일한 의미에서 그것이 모든 것을 결정한 것처럼 말입니다.

세상의 지혜는 반복적으로 "길이 어디에 있습니까?"라는 질문에 대답함으로써 사람들을 기만하기 원하고 있습니다. 반면, 어려움은 생략됩니다. 이것을 영적으로 이해하면, 이 길은 이 길을 걷는 방법에 대한 것입니다. 세상의 지혜는 때로는 이 길이 그리심산(Gerizim)으로 가고 때로는 모리아산(Moriah)으로 간다고 가르칩니다.[04] 세상의 지혜는 때로는 이 길이 이런저런 과학을 통과하여 지나가고 있고, 때로는 이 길이 어떤 교리이고, 때로는 어떤 외재적인 행위라고 가르칩니다.

사람은 이 모든 것이 기만이라는 것을 스스로 인정하려 하지 않습니다. 왜냐하면 이 길은 어떻게 이 길을 걷는지, 그 방법에 대한 것이기 때문입니다. 이 길은 진실로 성경이 말한 대로 존재합니다. 두 사람이 같은 침대에 잠을 잘 수 있습니다. 한 사람은 구원을 받았고 한 사람은 버려졌습니다.[05] 두 사람이 같은 예배의 장소에 올라 갈 수 있습니다. 한 사람은 집에서 구원을 받았고 한 사람은 버려집니다.[06] 두 사람이 같은 사도 신경(creed)을 암송할 수 있습니다. 한 사람은 구원을 받을 수 있고 한 사람은 버려집니다.

영적으로 말하자면, 길이 어디에 있는지를 아는 것은 기만입니다. 왜냐하면 이 길은 어떻게 이 길을 걷는지, 그 방법에 대한 것이기 때문입니다. 이런 이유를 제외한다면, 어떻게 그런 일이 일어날 수 있겠습니까?

그러나 심지어 사람이 어떻게 걸어야만 하는지 올바르게 묻기를 배웠던 사람도 여전히 한 가지에 대하여 묻습니다.

"이 길은 어디로 안내합니까?"

만약 길이 완전성(perfection, Fuldkommenheden)으로 안내하지 않는다면, 길의 완전성에 대한 어떤 찬양도 아무런 의미가 없습니다. 아, 길이 더욱 완전해질수록, 그 길이 여전히 멸망(perdition)으로 안내한다면,[07] 이 길은 더욱 슬퍼집니다. 반면에, 이 길을 걷는 것이 아무리 힘들고 괴로워도, 그런데도 이 길이 여전히 완전한(온전한) 길[08]이라면, 이 길에는 기쁨이 있습니다.

그때, 사람은 어떻게 완전한 길을 따라 걸을 수 있습니까? 사람은 쾌락(pleasure)의 길을 따라 아주 가볍게, 춤추는 것처럼 걷습니다. 사람은 명예의 길을 따라 자랑스럽게, 화관으로 왕관을 쓴 것처럼 걷습니다. 사람은 행복의 방자한(indulgent) 길을 따라, 모든 욕망에 방자한 것처럼 걷습니다.

그러나 사람은 어떻게 완전한 길을 따라 걸을 수 있습니까? 진지하게 묻는 사람, 길 위에 서서 낡은 오솔길(old footpaths)에 대하여 묻는 사람, 이 사람들 또한 진지한 대답, 낡은 대답을 얻게 될 것입니다. 곧, 길이 어렵다 (trang, 좁다)[09]는 것, **사람은 어려움 가운데 완전한 길을 걷는다는 것입니다.**

[10]당신이 구약 성경을 찾아보든 신약 성경을 찾아보든, 거기에는 이에 대한 단 한 가지의 관점이 있습니다. 거기에는 많은 대답이 있으나 그것들 모두는 동일한 것을 말합니다. 그 대답은 항상 같습니다. 다만 그 목소리만 다릅니다. 그래서 이런 차이들의 도움으로 그 대답은 다른 사람들을 설득할 수 있습니다. 하나이고 유일한 성서의 관점이 아주 특별하고 결정적이기에, 완전한 길은 **환난**(hardship) 가운데 있고 아마도 어떤 주제도 성경에서 이와 같이 모든 것이 같은 것을 말하고 있는 많은 구절들이 발견되지 않을 것입니다.

"주님을 섬기려 하는 자는 시험을 위해 자신의 영혼을 대비해야 한다."(집회서 2:1)

"우리가 하나님의 나라에 들어가려면 많은 환난을 겪어야 한다."(사도행전 14:22)

"우리는 환난을 당할 운명이다."(살전 3:3-4) 등.

바로 이런 이유로 해서, 우리는 어떤 특별한 성경 구절을 인용할 것이 아니라 대신에 보편적인 성서의 가르침에 대한 전체적이고 통합적인 인상에 대한 지지를 얻어야 합니다. 곧, **성서의 가르침은 우리는 완전한 길을 따라 환난 중에 걷는다는 것입니다.** 그리고 이것을 바탕으로 하여 우리는 고난 당하는 자의 덕을 세우기(upbuilding) 위해(결국 이 강화들은 고난의 복음이니까) 이 말씀의 기쁨을 음미해야 합니다.

환난 당하는 길이 아니라 환난이 길이라는 기쁨

따라서 완전한 길은 환난 중에 걷게 됩니다. 이 강화의 주제는 이 생각 속에 들어 있는 고난 당하는 자를 위한 기쁨입니다. 이런 점에서 이 강화는 사람이 환난의 길을 어떻게 걸어야만 하는지에 대한 훈계의 강화가 아니라 완전한 길에 대한 특징을 나타내고 있는 **방법**(Hvorledes)으로써 고난 당하는 자들을 위한 환난 중에 기쁜 강화입니다.

영적인 의미에서 이 길은 **길을 걷는 방법**입니다. 그때, 완전한 길은 무엇일까요? 곧, 완전한 길은 어떻게 걷게 됩니까? 걷는다는 것이 환난 중에 이루어집니다. 이것이 첫 번째 '방법'입니다. 두 번째는 이것입니다. "이 환난의 길을 따라 어떻게 걸어야 합니까?" 이 두 번째 방법은 절대 잊히지 말아야 하며, 처음도 마지막도 잊히지 말아야 합니다. 오히려 잊지 말고 명심해야 합니다. 고난 당하는 자가 이로 인해 더욱 고무될 테니까요.

진실로 고난 당하는 자는 완전한 길이 환난 중에 존재한다는 그 기쁨을 스스로 발견했을 때, 이로 인해 확실히 더욱 강해질 것입니다. 고난 당하는 자가 됨으로, 환난 중에 있는 자는 바로 그입니다.

환난이 길일 때, 이것은 기쁨입니다. **결과적으로 과업이 무엇인지 고난 당하는 자에게 즉시**(strax) **명확해진다는 것, 그는 즉시**(strax) **확실하게 이것을 안다는 것, 따라서 그는 어떤 시간도 낭비할 필요가 없고 과업이 다른 어떤 것이 되어야 하는지 심사숙고하느라 정력을 소모할 필요가 없습니다.**

아이의 능력

아이를 힘이 강한 남성과 비교한다 해도, 그 남성이 거의 할 수 없는 것을 아이가 할 수 있게 하는 것은 무엇일까요? 아이가 먼저 출발하게 함으로써 아이를 도울 수 있는 것은 무엇일까요?

그것은 명확히 이것입니다. 아이는 과업이 어떤 것인지, 아이가 해야만 하는 것이 무엇인지, 무엇이든 간에 찾는 데에 어려움이 없다는 데에 있습니다. 왜냐하면 아이는 **순종**하기만 하면 됩니다. 과업에 대하여 생각하고 고려하는 것은 부모의 책임이거나 윗사람의 책임입니다.

아이는 무엇을 해야 할지 듣자마자, 그것은 그 과업이 됩니다. 아이는 그것이 옳은 것인지 그렇지 않은지 아무 상관이 없습니다. 그런 종류의 심사숙고에 대하여 단 한 순간도 시간을 낭비하지 말아야 하며 감히 그럴 수도 없습니다. 반대로, 아이는 즉각적으로 **순종**해야만 합니다. 힘이 강한 남성과 비교한다면, 아이는 확실히 연약한 자입니다.

그러나 본질적인 장점을 지닌 자가 연약한 자이고, 과업을 성취하기 위해 모든 힘을 무조건적으로 사용할 수 있는 것도 연약한 자입니다. 그래서 연약한 자는 (힘이 강한 남성보다) 유리하여 단 한 순간도 과업을 의심하는 데에 시간을 낭비하지 않습니다. 또한 과업에 대한 의심으로 정력의 눈곱만큼도 잃어버리지 않습니다.

과업은 권위자의 말투(accent)와 신뢰로 (아이에게) 맡겨집니다. **이것이 아이가 먼저 출발하는 곳입니다.** 그러나 그 후에 어른은 이 아이에게 "즉시 실행에 옮겨!"라고 덧붙임으로써 아이를 자극합니다. 진실로 아이는 힘이 센 어른도 거의 할 수 없는 것을 할 수 있습니다. 아이가 할 수 있는 것, 누가 이 놀라운 것을 놀라움으로 본 적이 없었습니까! 아버지나 어머니나 유모가 말한다면, 그러나 권위를 갖고 "자, 즉시 들어가서 잠을 자렴!"이라고 한다면, 아이는 자러 갑니다.

세상에서 인간들 편에서 놀라운 많은 업적들에 대한 많은 지루한(prosaic) 이야기가 있습니다. 그러나 단 한 명, 오직 단 한 명이라고 일컫는 사람, 그는 자기 마음대로 잠을 잘 수 있었다고 전해집니다.[11] 평범한 어른을 데려와 보십시오. 심지어 (나폴레옹보다도) 더욱 강력한 어떤 사람입니다. 그는 부모의 의견에 잠이 필요한 아이와 같은 상황에 있습니다. 즉각적으로 잠을 자러 갔던 아이가 행한 것처럼 그가 정말로 행할 수 있는지 나는 궁금합니다!

아, 그는 베개를 벨 때, 아마도 반대의 일들이 일어납니다. 곧, 그때 요동치는 생각들이 막 깨어납니다. 아마도 그가 의심하기 시작할 때 모든 것은 혼란스럽게 되어갑니다. 잠을 자는 것은 옳은 것인지, 일을 소홀히 한 것은 아닌지, 그리고 무엇을 두려워해야 하는 것인지. 그는 다시 한번 잠을 자려 했으나 그럴 수 없었습니다. 마침내 그는 초조해지면서 말합니다.

"내가 잠을 잘 수 없다면, 여기에 누워있는 것이 무슨 소용이람?"

그는 다시 일어납니다. 그러나 일을 하지는 않습니다. 왜냐하면 지금 그는 일을 할 수도 없고 잘 수도 없기 때문입니다.

사람이 충분한 수면의 휴식을 통해 원기를 회복한 다음 깨어난다는 점에서, 이따금 침대에 머물면서 깨어나지 못하는 것은 유혹(tempting) 가운데 있는 것입니다. 다른 의미에서 **잠을 자려는 헛된 시도로부터 깨어나는 것은 진실로 어렵습니다.** 그리고 사람은 진실로 잠을 자려는 헛된 시도에서 훨씬 더욱 피곤해진 상태에서 깨어납니다.

어른들의 어려움(Vanskeligheden)에는 또한 그 속에 권위와 성숙의 장점도 확실히 포함되어 있습니다. 다시 말해, 이 어려움이란 어른은 **이중의 일**을 해야 한다는 데에 있습니다. **첫째는 과업을 찾고 그것을 확실하게 설정하는 일이고 둘째는 과업을 수행하기 위한 일입니다.** 이 중에서 가장 큰 어려움은 과업을 확고하게 설정하는 일일 것입니다. 혹은 실제로 과업이 무엇인지를 **확고하게 정하는 일**이죠.

아마도 사람들은 정말로 시간과 정력을 낭비하고 싶어 하지 않고 무능해지고 싶어 하지도 않습니다. 실수하지 않도록 그들에게 과업이 무엇인지 명확히 할 수만 있다면 가능합니다. 그러나 요점은 이런 과업의 전달(Meddelelse)이 어떤 결정적인 방법으로 외부로부터 그들에게 주어지지 않는 데에 있습니다. 이 전달이 과업을 해야 하는 그 사람을 거쳐야만 합니다.

어른은 진실로 성년이 된 것입니다. 그는 자신의 주인(egen Herre)이 되어야 하죠. 부모와 윗사람은 마치 통치자와 주인이 과업을 정해주듯 아이들에게 과업을 맡기는 반면, 어른은 동시에 주인이자 종입니다. 명령을 내려야 하는 사람과 순종을 해야 하는 사람이 동일합니다. 명령을 하는 자와 명령에 순종하는 자가 동일하다는 것, 이것은 의심할 여지가 없이 어려운 상황입니다. 종이 일에 대한 심사숙고에 끼어들고 반대로 주인이 과업을 수행함에 있어 곤경에 대한 종의 불평에 대하여 너무 많은 관심을 갖는 일들이 너무 쉽게 발생할 수 있습니다. 아, 혼란은 그때 발전하기 시작합니다.

그때 사람은 자신의 주인이 되기보다 불안정해지고, 우유부단해지고, 동요하게 됩니다. 그는 이리저리 뛰어다니고, 허물기도 하고 다시 세우기도 하고 처음부터 다시 시작하기도 합니다.[12] 그는 미풍에도 흔들거리지만,[13] 한 지점에서는 결코 움직이지 않습니다. 마침내 상황은 더욱 곤란해져, 그의 모든 정력은 과업의 새로운 변화를 생각해 내는 데에 낭비되고 맙니다. 마치 식물이 결실기에 접어들어 초라해지는 것처럼, 그도 역시 분주하고 시시콜콜한 심사숙고 혹은 열매 없는 소원의 결실기에 접어들어 초라해집니다.

어떤 의미에서, 그는 많은 시간, 많은 노력 그리고 많은 정력을 사용합니다. 그런데도 시실상 그 모든 것은 낭비된 것이나 다름이 없습니다. 왜냐하면 과업이 정해지지 않았기 때문입니다. 그는 물론 자신의 주인이 되어야만 함에도, 주인이 없기 때문입니다.

한 조의 말이 무거운 짐을 끌어야 할 때, 마부는 말들을 위해 무엇을 할 수 있을까요? 그는 스스로 그 짐을 끌 수는 없고 이류 마부는 그들을 채찍으로 내리칠 수 있습니다. 이것은 누구라도 할 수 있습니다. 그러나 유능한 마부는 그들을 위해 무엇을 할 수 있을까요? 그는 말들이 집중된 힘으로 한순간에 단 한 번의 견인으로 마차를 끌게 함으로써 탄력을 받을 수 있도록 도울 수 있습니다.

그렇지만 마부가 혼란을 일으킨다면, 그가 말들이 생각하기에 오직 주어진 신호에만 끌어당길 준비를 하도록 고삐를 다룬다면, 그러나 지금 끌어당겨야 한다는 것은 마부의 생각이었습니다. 혹은 그가 균형 있게 고삐를 잡아당기지 못했다면, 그래서 한 말은 끌어당겨야 한다고 생각했고 다른 말은 마부가 준비시키기 위해 고삐를 아직 잡고 있다고 생각했다면, 그때 말들이 아무리 충분한 힘이 있다 해도 마차는 그 지점에서 결코 움직이지 못했을 것입니다.

그러나 우리가 이 광경을 목격하고 나서 괴로웠던 것처럼, (말에게는) 충분한 힘이 있었다는 것, 그러나 주인이 되어야 하는 사람이, 마부가 되어야 하는 사람이 일을 망치고 있는 것을 보고 괴로웠던 것처럼, 또한 우리도 같은 일들이 사람에게 벌어지는 것을 보고 괴로워집니다.

사람은 힘이 부족한 것이 아닙니다. 어떤 사람도 결코 그렇지 않습니다. 그러나 그는 자기 자신을 잘못 다루었던 것입니다. 주인이 되어야 하는 사람이(물론 주인은 그 자신이다.) 주인을 파멸시킵니다. 그런 사람은 올바른 곳에서 자신의 힘의 3분의 1도 거의 사용하지 못한 채 일하고 있고 그의 힘의 3분의 2이상으로 잘못된 곳에 혹은 자기 자신을 반역하여 일하고 있습니다.

자, 지금 그는 모든 것을 다시 한번 심사숙고하기 위해서 일을 포기합니다. 지금 그는 심사숙고하는 대신에 일합니다. 지금 그는 잘못된 방법으로 고삐를 끌어당깁니다. 지금 그는 동시에 둘 다 하고 있습니다. 이 모든 것을 하는 동안, 말하자면, <u>그는 한 지점에서 결코 움직인 적이 없습니다.</u>

그는 과업이 확고해지도록, 그가 이런 일에서 빠져나올 수 있도록, 과업을 수행할 만한 능력을 갖출 수 있도록, 확실히 과업을 준비할 수 없었습니다. 과업이 짐이 되는 것은 아니지만, 그는 가능하면 과업이 확고해지게 하기 위한 과업과의 힘겨운 혼란 상태에 시달릴 수밖에 없었습니다. 그것이 이럴 때, 당연히 짐을 옮기는 데까지 관심을 둘 수가 없습니다.

그는 결국 과업을 가만히 있는 상태로 둘 수도 없습니다. 그는 말하자면, 짐을 들기 위해 뒤를 돌아보려는 순간, 그 짐은 뒹굴어 떨어지는 것처럼 보입니다. 그때 그는 다시 그 짐을 쌓아야 합니다. 아, 누군가 이런 사람의 삶을 본다면, 그는 종종 슬프게 말해야 합니다.

"그들은 자신이 어떤 능력을 갖고 있는지 모릅니다. 그들은 스스로 거의 그 능력을 찾지 못하도록 하고 있습니다. 왜냐하면 그들은 자신을 반역하여 일하도록 자신의 대부분의 능력을 활용하고 있기 때문입니다."

환난의 길

    그때 우리가 이 강화의 주제에 대하여 조금 더 면밀하게 생각해 봅시다. 고난 당하는 자는 환난이 있습니다. 바로 지금입니다. 지금이야말로 절호의 기회입니다! 그가 과업을 확고하게 정할 수만 있다면, 확실히 버티는 데에 성공하게 될 것입니다. 그가 즉시 확실하게 과업이 무엇인지 안다면, 그때 많은 것은 이미 획득된 것이나 다름이 없습니다.

    그러나 의심은 될 수 있으면 이것을 방해하길 원합니다. 의심은 그의 모든 능력을 빼앗기 원합니다. 의심은 그의 모든 능력이 잘못된 곳에서 봉사하기를 바라며, 과업이 무엇인지 찾거나 과업이 될 수 있을 만한 수천 가지의 조작들(fabrications)에 봉사하기를 바랍니다. 이런 일이 일어나기라도 한다면, 의심은 싸움에서 승리할 것입니다. 의심이 그를 유혹하여 그가 싸우지 말아야 하는 곳에서 싸우게 한다면, 그때 그는 환난 중에 굴복해야만 합니다.

    그때 환난이 길이라는 것이 기쁘지 않습니까? **왜냐하면 과업이 무엇인지 즉각적으로 명확하기 때문입니다.** 의심은 고난 당하는 자를 속여 환난이 제거되는 것이 여전히 가능한 것은 아닌지 생각하게 합니다. 그를 속여 환난 당하지 않은 채 같은 길을 따라 계속 걸을 수 있다고 생각하게 합니다. 그러나 **환난이 길일 때**, 그때 물론 이 환난을 제거하고도 여전히 이 길을 동일하게 남게 하는 것은 불가능합니다.

    의심은 고난 당하는 자를 속여 이 길에 대하여 그가 잘못을 범해 왔던 것이 가능한 것은 아닌지 생각하게 합니다. 그를 속여 이 환난은 그가 잘못된 길에 들어섰다는 것을 의미할 수 있다고 생각하게 합니다. 그러나 환난이 그 길일 때, 이 길에 환난이 있다는 사실이 그가 잘못을 범했다는 것을 의미할 수 없습니다. 반대로, 이것은 그가 올바른 길에 들어섰다는 **이정표** (sign)입니다.

의심은 그를 속여 그가 여전히 다른 길을 선택하는 것이 가능한 것은 아닌지 생각하게 합니다. 그러나 환난이 그 길일 때, 물론 다른 길을 선택하는 것은 불가능합니다.

따라서 과업이 무엇인지에 대한 어떤 의심도 있을 수 없습니다. 단 한 순간도, 눈곱만큼의 힘도, 더욱 깊은 심사숙고를 위해 사용되지 말아야 합니다. 환난이 길이라는 것, 이것이 확고하게 과업을 정해주고, 과업이 무엇인지 분명하게 해줍니다. 진실로 환난이 아무리 가혹해도, 어떤 환난도 우유부단하고 동요하고 있는 영혼 속에 있는 이 불안한 생각의 환난만큼 가혹하지 않습니다.

고난 당하는 자는 완전성의 길 위에서 환난 중에 견디면서 앞으로 걸어갑니다. 그러나 이 환난이 점점 더 가혹해집니다. 지금입니다. 바로 지금이 기회입니다! 그러나 과업이 확고하고 고정되어 있다면, 많은 것은 이미 얻는 것이나 다름이 없습니다. 우리는 환난 당하는 길은 조금씩 쉬워진다는 **거짓 신화**(løgnagtig Fabel)[14]를 널리 알리도록 도울 마음은 전혀 없습니다. 또한 이 길은 시작에서만 환난을 당한다는 거짓 신화를 광고할 의도도 없습니다.

이것은 정확히 그 반대입니다. 이 길은 점점 더 어려워집니다. 누군가 사람들에게 관심을 갖고 **기꺼이 보기를 원한다면**, 이것은 쉽게 검증될 수 있습니다. 거의 대부분의 사람들이 선한 의지를 품고 시작하지만, 길이 쉬워지기는커녕 점점 더 어려워지는 것이 분명해질 때, 그들은 실족하고 맙니다.

사람이 너무 멀리 갔기 때문에 그의 모든 착각이 사라질 때, 어느 정도는 선(Good)을 품었다는 착각이 사라질 때, 어느 정도 선을 품었기에 세상에서 보상을 받았다는 착각이 사라질 때, 선을 품는다는 것이 정말로 진지한 문제가 될 때, 그때 길은 처음으로 더 어려워집니다. 이 다음부터는 점점 더 어려워집니다.[15]

사람들을 훌륭하고 멋진 이야기로 속이지 않도록, 한순간이라도 그들을 현혹시키지 않도록, 그때 다음 순간에 그들이 훨씬 더 초조해지지 않도록, 이것을 말하는 것은 항상 최고 좋습니다. 그러나 어떤 기만도 들어 있지 않은 것, 영원히 확실한 것, 그것은 환난이 길이라는 것입니다. 그때, 단 한순간도, 눈곱만큼의 정력도 조금 더 심사숙고하기 위해 다시 소비되지 말아야 합니다. 과업은 확고하게 고정되어 있습니다. **환난이 길입니다.**

따라서 누군가 고난 당하는 자를 속여 다른 사람들이 너무 쉽게, 아무 걱정도 없이, 아무 환난도 없이 같은 길을 따라 걷고 있다고 생각하게 할 때, 반면 그는 환난 중에 걷고 있을 때, 다시 한번 과업은 확고하게 고정되어 있습니다. 고난 당하는 자는 단 한 가지의 대답만 있을 뿐입니다. 즉, 환난이 길입니다.

우리는 인생은 너무나 다양하기에 어떤 사람은 환난을 당하지 않는 채 같은 길을 따라 걷고 있고 다른 사람은 환난 중에 걷고 있다는 이런 식의 위선적인 이야기를 말할 마음이 조금도 없습니다. 누군가 환난 당하지 않는 채 걷는 것은 확실히 가능합니다. 그러나 그는 환난 중에 걷고 있는 사람과 같은 길을 따라 환난 당하지 않는 채 결코 걷지 못합니다. 왜냐하면 환난이 길이기 때문입니다.

선(Good)과의 완전한 단절을 꺼리는 것이 일종의 현명함입니다. 그러나 부드러운 인생의 즐거운 날들과 세속적인 유익을 포기하는 것을 극도로 꺼리는 것도 일종의 현명함입니다. 이 현명함은 이런 다양성이 많이 있다는 소설을 쓸 만한 재능이 있습니다. 인생에 다양성이 있다는 것이 아닙니다. 거기에는 거짓이 없으니까요. 현명함은 완전한 길에 그런 많은 다양성이 있다는 것입니다. 현명함은 이런 조작의 발명가입니다.

우리가 이 강화의 처음에 발전시켜 왔던 생각을 떠올려 봅시다. 영적으로 이해할 때, 이 길은 이 길을 걷게 되는 방법입니다. 당신도 알다시피, 가난한 나그네가 아마도 그의 발에 물집이 생기고 피부가 까져 따가울 때, 그가 실제로 그 길을 따라 무거운 다리를 끌고 가다가 발걸음마다 통증으로 움찔하여 놀랄 때, 그 생각 속에 많은 좋은 의미가 있습니다. 그가 부러워할 권리가 없다 해도, 아늑한 마차를 타고 가며 그를 지나가고 있는 부유한 사람을 부러워할 권리가 없다 해도, 이 생각 속에 많은 의미가 있습니다.

탄탄대로는 사람이 이 길에서 여행하는 방법에 있는 차이에 대하여는 아무런 관심이 없습니다. 따라서 탄탄대로는 틀림없이 그런 괴로움 중에 걷기보다는 아늑한 마차에 타고 가는 것을 훨씬 더욱 즐거워합니다. 그렇지만 영적으로, 길은 그 길을 걷게 되는 방법입니다. 따라서 누군가 환난 당하지 않은 채 환난의 길에서 걸었다면, 그래서 그런 차이가 환난의 길에서 있었다면, 그것은 확실히 이상합니다. 따라서 다시 한번 과업은 확고하게 고정됩니다.

고난 당하는 자는 즉시 과업이 무엇인지 확실하게 압니다. 왜냐하면 환난이 길이기 때문입니다. 누군가 환난 당하지 않은 채 걷기를 바란다면, 물론 그는 그렇게 할 수 있으나 그때 그는 또한 다른 길을 따라 걷고 있습니다. 그리고 그것은 그의 사업입니다. 그러나 의심은 고난 당하는 자를 붙잡을 수 없습니다. 의심은 다른 사람들이 환난 당하지 않은 채로 **같은 길을 따라** 걷고 있다는 생각으로 그를 의심하게 할 수 없습니다.

시작이 반이라는 속담이 하는 말이 맞다면, 그때 과업이 확고하게 정해지는 것은 일의 반이라는 것도 역시 맞는 말입니다. 그것은 진실로 반 이상입니다. 그러나 환난이 길이기 때문에, 그때 과업은 확고하게 고정되어 있어, 심지어 사탄 스스로도 과업이 어떤 것인지에 대한 의심을 몰래 밀반입할 수 없습니다. 의심이 자유로운 행동을 할 수 있다면, 그때 환난은 길에서 우연히 발생하게 된 것임에 틀림이 없습니다.

예를 들어, 나그네가 "이 길은 어렵다."라고 말하면서 길에 대하여 말할 때, 이것은 우연히 무엇인가 발생했다는 것을 의미할 수 있습니다. 아마도 조금 쉽고 동일한 목적지로 안내할 수 있는 다른 길이 있습니다. 혹은 이 길은 다른 시간 때에는 쉬울 수 있지만 이번에는 어렵습니다.

그렇지만 환난이 길일 때, 과업으로써 환난에 대한 모든 의심은 심사숙고하는 시도입니다. 곧, 잘못된 길에 들어선 것은 아닌지에 대한 의심이 그 과업입니다. 그러나 거기에는 오직 단 하나의 길, 고난의 길만 있으므로, 고난 당하는 자는 그 길 위에 있습니다. 과업에 대한 의심은 다른 길이 있을 수 있다는 것, 혹은 환난이 제거될 수 있다는 점에서 길이 바뀔 수 있다는 생각에 자신의 거점을 삼습니다. 그러나 **환난이 길이므로, 길을 제거하지 않는 채 환난은 제거될 수 없습니다.** 거기에 다른 길이란 있을 수 없고 오직 잘못된 길만 있을 뿐입니다.

이것은 기쁘지 않습니까? 고난 당하는 자에게 기쁨이 아닌가요? 그는 진실로 환난의 길 위에 있고 이 길이 옳은 길인지 눈곱만큼도 심사숙고도 할 필요가 없기 때문에 기쁩니다. 그는 즉시 과업을 시작할 수 있고, 자신의 모든 힘으로 환난을 견딜 수 있고 환난을 견디는 데에 집중할 수 있는 **결단력**(Slutteted)으로 시작할 수 있기 때문에 기쁩니다.

환난이 길일 때, 절망적인 의미에서 피할 수 없는 무엇인가 있는 것이 아닙니다. 결코 그렇지 않습니다. 환난이 길이므로, 그는 그것을 피하는 것을 바랄 수 없습니다. 이런 생각으로, 고난 당하는 자는 당장 환난 중에 이미 충분히 인내하는 중에 있습니다. 그는 한 순간이라도 낭비하지 않습니다. 혹은 주위를 곁눈질하는 데에 시간을 허비하지 않습니다.

그의 모든 힘과 능력을 다하여, 그는 환난을 당하고 있으며, 환난 중에 기뻐하고, 환난이 길이라는 생각으로 기뻐합니다. 확실히, 과업이 실제적으로 힘을 공급해 주는 것은 아닙니다. 왜냐하면 과업은 물론 맡겨진 것이니까요. 과업이 맡겨진 사람은 과업을 완수하기 위해 자신의 힘을 사용해야 합니다. 그러나 우리는 이 과업이 힘을 공급하고 있다고 말할 수 있습니다.

부모가 권위를 가지고 과업을 맡기는 방법을 알고 있을 때, 마부가 노련한 경험을 통해 과업을 맡기는 방법을 알고 있을 때, 그것은 말로 표현할 수 없을 정도로 큰 도움이 됩니다. 역시 마찬가지로 과업이 **영원의 권위**를 가지고 확고하게 준비되어야 할 때, 그것은 어른을 위한 것입니다.

아이가 명령을 내리는 법을 알지 못하는 아버지를 두고 있는 것만큼이나 그렇게 불행하다면, 혹은 말이 이류의 마부를 두고 있다면, 아이와 말은 그들이 실제로 갖고 있는 능력의 반도 없는 것처럼 보입니다. 아, 고난 당하는 어른이 동요의 힘에 자신이 영혼을 굴복시킬 때, 실제로 아이보다 더 약합니다. 그러나 그때 환난이 길이라는 것 역시 정말로 기쁨입니다. 왜냐하면 그때 과업은 즉시 가까이 있고 절대로 흔들리지 않고 확고하게 고정되어 있습니다.

환난은 통과 가능하다!

환난이 길입니다. 그리고 이것이 기쁨입니다. 이 길에서 환난을 당한다는 것이 이 길의 특징이 아니라, 환난이 길이라는 것이 환난의 특징입니다. 그러므로 환난은 무언가로 인도해야 합니다. 환난은 통행이 가능하고 실행가능해야 하며, 초인적인 것이 아닙니다. 이 각각의 생각들에는 이 기쁨에 대한 아주 특별한 덕을 세우는 설명을 담고 있습니다. 그러므로 우리는 이 생각들을 각각 분리하여 곰곰이 생각해 보아야 합니다.

이 길에서 환난을 당한다는 것이 이 길의 특징이 아니라, 환난이 길이라는 것이 환난의 특징입니다. 환난과 길 사이의 관계가 더욱 가까워질수록, 과업 역시 더욱 확고하게 고정됩니다. 우리가 길에서 환난을 당한다고 말한다면, 후자는 길에 대한 아주 특별한 설명이 있습니다. 여기에는 두 가지 생각이 있습니다. 하나는 길이고 다른 하나는 길에서 고난 당한다는 것입니다. 우리는 그때 "이게 원래 그래."라고 말합니다. 이 길에서 환난을 당한다는 것은 현실입니다.

그러나 여기에는 여전히 두 가지의 생각이 있으므로, 의심은 약간의 허가를 받은 것처럼 보입니다. 의심은 길과 길에서 환난을 당한다는 것 사이로 간신히 비집고 들어갈 수 있는 것처럼 보입니다. 의심이 고난 당하는 자를 속여 아마도 환난 당하지 않는 채, 혹은 아마도 가능하다면 환난이 있는만큼 환난 당하지 않은 채 길이 존재할 수 없는지에 대한 생각에 빠지기를 바랄 때, 여전히 의심을 위해 무언가를 말할 수 있는 것처럼 보입니다. 왜냐하면 의심은 다음과 같이 속삭이기 때문입니다.

"결국, 이 진술은 다음과 같이 분리할 수 있지. 길과 그때 길에서 환난을 당한다는 것."

그러나 이 환난이 길일 때, 그때 의심은 마침내 숨을 거두어야 합니다. 그때 의심은 어떤 기회도 가질 수 없습니다. 그때 한 용어는 다른 용어보다 우월한 것이 아닙니다. 전체의 진술은 개념화를 위해 명사와 형용사[16]로 분리되지 않습니다. 그들은 하나이며 동일합니다. 환난이 길이고 길이 환난입니다. 이 둘은 아주 친밀하게 묶여 있어 의심은 이 둘 사이에서 숨쉴 기회조차 가질 수 없습니다. 왜냐하면 이 둘은 한 가지 생각이니까요. 이 둘은 아주 친밀하게 묶여 있어 환난과 길 사이에 있는 관계는 분리 불가능한 관계입니다. 거기에 더 친밀한 관계란 있을 수 없습니다.

환난을 제거하라! 그러면 당신은 길을 제거하게 됩니다. 길을 제거하라! 그러면 당신은 환난을 제거하게 됩니다. 이처럼 아주 친밀하게 이 둘은 서로 묶여 있습니다. 그래서 과업도 확고하게 고정되어 있습니다.

환난은 무언가로 인도해야 합니다. 다시 말해, 누군가 이 길에서 환난을 당한다와 같은 추론을 이끌어 낼 수 없습니다. 길은 길이기에, 그 결론은 길이 무언가로 인도해야 한다는 것이 딱 들어맞습니다. 왜냐하면 길이 무언가로 인도하지 않는 순간, 길은 길이기를 중단합니다. 이 길은 길이기에 이 결론은 딱 들어맞습니다. 그러나 이 길에서 환난을 당하기 때문이라는 것은 딱 들어맞는 결론이 아닙니다.

믿음이 그렇게 확고하게 세워지지 않는 사람에게, ("환난 당하는"이라는) 이 형용사는 길이 정말로 무언가로 안내할 수 있는지에 대하여 더욱 의심하게 하는 것처럼 보입니다. 그러나 환난 자체가 길일 때, 결론은 다음과 같습니다. 따라서 길은 무언가로 안내해야 합니다. 왜냐하면 이것은 길에서 환난 당한다는 것으로부터 추론된 것이 아니고 환난이 길이라는 것으로부터 추론된 것이기 때문입니다.

이것은 주님께서 하신 말씀입니다. **영원의 행복으로 인도하는 길은 좁습니다**(trang).[17] 그분이 이 말씀을 하셨을 때, 이 말씀은 정말로 영원히 확고하게 고정됩니다. 누군가 많은 생각을 하다가 길을 잃었다면, 우리는 그것을 찬양하지 않습니다. 그러나 그것이 사실이라면, 우리는 같은 생각에 대하여 더 불완전한 표현으로 그를 돕고 싶어 합니다. 더 불완전합니다. 왜냐하면 이것은 의심에 익숙한 사람에게만 이해될 수 있기 때문입니다.

따라서 그것은 그가 더 완전한 표현을 다시 배울 때까지 일시적으로만 그에게 사용될 수 있습니다. 더 완전한 표현, 그것은 유일하게 주님의 말씀만 고수하는 것입니다. **주님이 이 말씀을 하셨다는 것은 확실히 의심을 방어하는 최고의 안전장치입니다.** 왜냐하면 순종하는 믿음은 이해가 이 말씀을 의심할 수 없다는 것을 발견한 안전보다 훨씬 더 큰 안전을 지니고 있기 때문입니다.

아! 이 말씀이 생각하는 것으로는 불가능하기 때문에, 생각하는 사람에게 이 말씀이 불가능하다는 결론이 나오지는 않습니다. 그는 (이 말씀을) 의심하기 원할 수 있습니다. 그것도 낙담하거나 반항적으로 그럴 수 있습니다. 그러나 이것이 주님 자신의 말씀이 아니었다 해도―환난이 길이라는 것―이것은 그런데도 그분의 가르침입니다. 왜냐하면 주님은 그런 환난이 유익하다고 가르치지 않았습니까?[18] 그래서 이 말씀을 보증하는 분이 바로 주님입니다.

인간은 이것을 할 수 있습니다. 말하자면, 그는 명쾌하게 명확한 생각을 갖고 어떤 생각에 대한 관계를 발전시킬 수가 있으나 그 생각을 보증할 수는 없습니다. 다만 권위를 가진 자만이 그것을 할 수 있습니다. 한 분이며 유일한 권위를 가진 분만이 권위를 갖고 모든 것을 보증할 수 있습니다.

영원한 행복으로 인도하는 길은 좁다(trang, 환난 당한다)고 선포될 때, 그 생각은 이렇습니다. "자, 이것은 이런 방식입니다. 이 길에서 환난을 당합니다. 환난은 반대이고, 길에서의 장애물입니다." 사람은 그 길을 통과해야 합니다. 그러나 그때 그 길은 정말로 영원한 행복으로 인도합니다.

그때, 환난은 반대이고, 길에서의 장애물입니다. 그런데도 사람은 이 환난을 통과해야 합니다. 그러나 환난 자체가 길일 때, 사람은 환난을 통과해야 하다니 얼마나 놀라운 일입니까! 환난이 무언가로 인도하고 있다니 얼마나 놀라운 일인지요!

의심은 고난 당하는 자에게서 담대함(Frimodigheden)을 빼앗기를 열망합니다. 의심은 그가 환난에 빠진 상태에 있기를 바랍니다. 의심은 그가 하나님에 의해 버림받았다는 낙담하는 생각, 건방진 생각으로 끔찍하게 죽어 버리기를 바랍니다. 그래서 그는 마치 포위된 장소(inclosure)로 인도하는 길 위로 가는 것처럼, 사도가 "우리는 환난 당할 운명입니다."(살전 3:3)라고 말했던 것이 절망적인 의미인 것처럼, 이 환난이 어떤 자격도 갖고 있지 않지만 우리가 단순히 환난을 맡게 된 것처럼 있습니다.

그렇지만, 환난이 길이라는 자격을 갖고 있을 때, 거기에는 즉각적으로 신선한 공기가 있습니다. 그때 고난 당하는 자는 숨을 들이마십니다. 그때 환난은 무언가로 인도해야 합니다. 왜냐하면 그때 환난 자체가 **운송 담당자**(forwarding agent)이기 때문입니다. 내가 감히 이런 식으로 말한다면, 환난은 새로운 한 조(team)의 말에게 필요한 **길 위에 있는** 어려움이 아닙니다. 환난 자체가 한 조(team)이며, 최고의 팀입니다. 사람이 환난이 다스리게만 한다면, 환난은 사람이 앞으로 전진할 수 있도록 돕습니다. 왜냐하면 환난이 길이기 때문입니다.

고난 당하는 자가 이 생각으로 얼마나 담대하게(frimodigt) 숨을 쉬는지, 이것이 기쁘지 않습니까! 그는 홀로 하나님께 좋은 인상을 남기고 환난을 향하여 전진한 것만이 아닙니다. 아니, 그는 말합니다.

"환난 자체는 내가 (하나님의 돌봄에) 안전하게 위탁되었다(vel anbefalet)는 표시야. 환난은 또한 '나를 돕는 자'라는 징후이기도 해. 왜냐하면 환난이 길이니까."

아이가 여전히 선생님을 두려워하는 한, 아이는 확실히 많은 것을 배울 수 있습니다. 그러나 신뢰가 두려움을 내어 쫓고[19] **담대함**이 이길 때, 그때 최상의 교육은 시작됩니다. 환난이 길이라고 확신하면서 고난 당하는 자가 환난을 정복했을 때도 마찬가지입니다. <u>왜냐하면 가장 고차원적인 의미에</u> <u>서 환난이 길이고 조력자라고 믿기를 원하는 것은 환난을 정복하는 것이 아</u> <u>니기 때문입니다!</u> 사도 바울은 어떤 곳에서 믿음이 우리의 승리라고 선포합니다.[20] 그리고 다른 곳에서는 **우리가 정복자보다 더 크다**고 말합니다.[21]

그러나 어떤 사람이 정복자보다 더 클 수 있습니까? **싸움이 시작되기** **전에, 적을 자신의 친구로 바꿀 수 있다면 그렇습니다.** 환난 중에 정복해야 하는 것은 한 가지가 있습니다. 곧, 환난이 자신의 적이라고 지속적으로 생각하는 동안, 사람이 적을 정복하는 것처럼 환난을 정복하는 것이 그것입니다. 그러나 **환난이 자신의 친구라고 믿는 것은 정복하는 것보다 큽니다.** 환난이 반대가 아니라 길이라고 믿는 것, 환난이 방해하고 있는 것이 아니라 발전시키고 있다는 것을 믿는 것, 환난이 낙담시키고 있는 것이 아니라 품격을 높여 주고 있다는 것을 믿는 것, 이것은 정복하는 것 그 이상입니다.

환난은 통과 가능하고 실행 가능해야 합니다. 길을 막는 것, 그래서 길을 통과 불가능하도록 길에서 마주하게 되는 것은 무엇일까요? 그것은 환난입니다. 그러나 만약 환난이 길이라면, 그때 이 길은 진실로 무조건적으로 통과 가능합니다. 그가 그러고 싶다면, 고난 당하는 자는 점점 더 끔찍한 것처럼 환난을 마음에 그릴 수 있습니다. 어쨌든 이것도 아무런 차이가 없습니다. 환난이 길이라는 것이 영원히 확실하니까요. 따라서 길을 막을 수 있는 어떤 환난을 상상하는 것은 불가능합니다.

우리는 또한 이것으로부터 환난이 무언가로 인도해야 한다는 것을 알 수 있습니다. 환난 외에 다른 어떤 것이 길이 무언가로 인도하지 못하도록 막을 수 있으나, 이것이 이 길에 따라오는 어떤 반대로서 나타날 수 없다면, 그때 물론 이 길은 영원히 무언가로 인도해야 합니다.

굉장합니다! 환난의 길이 어떤 장애물도 없는 유일한 길이라니! 왜냐하면 길을 막는 대신에 환난 자체가 길을 준비하고 있기 때문입니다. 이것은 얼마나 기쁜지요! 나그네가 "거기에는 더 이상 길이 없어."라고 말해야 하는 것보다 더 절망적인 것이 무엇이 있겠습니까! 그리고 방황하는 사람이 "여기에 항상 길이 있어!"라고 감히 언제나 말을 하는 것보다 더 기쁜 것이 무엇이 있겠습니까!

환난은 초인간적인(overmenneskelig) **것이 아닙니다.** 환난이 초인간적인 것이라면, 그때 길은 막힐 것이고 환난은 길이 아닙니다. 사도 바울은 말합니다.

"인간적인 것을 제외하고 어떤 시험도 여러분들과 부딪힌 적이 없습니다. 하나님은 여러분들이 시험을 감당할 수 있도록 시험과 함께 피할 길도

주십니다."[22]

그러나 하나님께서 환난 자체가 길이 되도록 영원 전부터 시험을 마련하셨을 때, 하나님은 시험을 견딜 수 있도록 하신 것이 아닌가요! 그때 환난은 최종적으로 완전히 견딜 수 있게 되었습니다. 그리고 환난 자체가 피할 길이 되는 것보다 시험을 피할 수 있는 더 좋은 길이 있다고 어떻게 확신할 수 있습니까! 왜냐하면 그때 환난 자체가 언제나 피할 길이고 환난을 피하는 좋은 길이 되기 때문입니다.

초인간적인 시험은 사람에게 쌓이게 될 것입니다. 마치 등산객을 절망에 빠지게 하는 가파른 산처럼, 초인간적인 시험도 고난 당하는 자를 놀라게 할 것입니다. 그래서 초인간적인 시험은 그를 변화시켜 시험의 크기와 비교하여 **기는 자**(creeping thing)로 바꾸어 버립니다. 자연의 힘이 사람의 노력을 조롱하듯이, 초인간적인 시험도 가엾은 고난 당하는 자를 조롱하는 것처럼 자랑하며 거만하게 으스대며 걸을 것입니다.

그러나 하나님을 찬양하라! 거기에는 어떤 초인간적인 시험도 없습니다. 거기에는 죄책감을 자신과 분리하여 멀리 떠밀어 버리고 싶은 겁쟁이이거나 교활한 자가 발명한 거짓 신화(løgnagtig Fabel)[23]만이 있을 뿐입니다. 거기에는 시험을 확대시킴으로써 죄책감을 최소화시키고 싶은 겁쟁이들의 발명품만 있을 뿐입니다. 다시 말해, 거기에는 그 시험이 초인적인 시험이 되게 함으로써 자신을 정당화하고 싶은 교활한 자들의 거짓 아우성만 있을 뿐입니다.

성서는 정반대로 말합니다. 성서는 어떤 초인간적인 시험도 없다고 말할 뿐만 아니라, 사람들을 연약하게 하는 예언의 공포에 대하여 성서가 말하고 있는 다른 곳에서, 성서는 믿는 자들에게 말합니다.

"이런 일이 일어날 때, 너희의 머리를 들라."[24]

결과적으로 시험은 초인간적인 면을 갖고 있지 않습니다. 반면에, 환난이 가장 소름 끼칠 때, 믿는 자는 **머리만큼** 더 큽니다. 머리만큼입니다. 그는 진실로 환난 위로 들어올리는 머리만큼 더 큽니다. 그리고 환난이 길이라면, 그때 믿는 자 역시 환난 위에 있습니다. 알다시피, 사람이 걷고 있는 길은 그의 머리 위로 가지 않지만, 사람이 길 위를 걷고 있을 때, 그는 자신의 발로 그 길을 밟고 지나가기 때문입니다.

이런 식으로 환난이 길이라는 생각 속에 순전한 기쁨이 있습니다. 고난 당하는 자는 즉시 아주 특별하게 과업이 무엇인지 압니다. 그는 즉시 모든 힘을 다해 출발할 수 있습니다. 어떤 의심도 길과 환난 사이에 슬그머니 끼어들 수 없습니다. 왜냐하면 이 둘은 영원이 분리 불가능하기 때문입니다.

그러므로 이 길은 무언가로 안내해야만 하는 것이 영원히 확실합니다. 왜냐하면 여기에 어떤 환난도 길을 막을 수 없기 때문입니다. 환난이 초인간적이지 않은 것처럼, 이 길은 언제나 통과 가능합니다.

그러나 여기에 두 번째 요점이 남았다는 것, 곧 고난 당하는 자가 환난의 길을 어떻게 걸어야 하는지에 대한 논의를 결론에서 반복해야 하며 결코 망각하지 말아야 합니다. 아, 그러나 차가운 가슴을 갖고 있는 사람이 죽은 이해를 고집하고 있는 것도 빈약한 유익이 있거늘, 정말로, 정말로 사람을 환난 중에 기뻐하고 따뜻하게 하는 이해는 다음을 위해 그를 더욱 강건하게 하여 환난의 길에서 올바르게 걷게 할 것입니다. 진실로, 사람이 처한 환난

이 길이라는 것을 의심하지 않고 영의 확신(sureness of spirit)으로 믿는 것,[25] 이
것이 환난의 길을 올바르게 걷는 것 아닌가요!

참고 자료

01 마태복음 7:14 덴마크어 Trængsel는 문자적으로는 '좁음(narrowness)'을 의미하지만 비유적으로는 '역경', '시련'을 의미한다. 여기에 키르케고르의 덴마크어 본문과 한국어의 본문 간에 불일치가 생긴다. 한국어 번역으로는 "문은 좁고 길은 협착하다."이다. 협착이라는 말이 좁다는 의미이고 덴마크어 Trang는 '좁은'을 의미하지만 또한 '어려운'을 의미한다. 본문은 상황에 따라 "문은 좁고 길은 어렵다."라고 해석해야 한다. 다른 예로 다음을 보라. 《자기 시험을 위하여》 이창우 역 (서울: 샘솟는기쁨, 2018), 99-126. 이 강화의 나머지와 관련하여서는 다음 자료를 참고하라.

본질적으로 기독교적인 것과 "기독교 강화"의 다섯 번째의 요점은 특별히 성서의 권위가 확인된다는 데에 있다. 그것은 사람이 생각해낸 것이 아니라 명령받은 것, 권위와 함께 있는 것, 환난이 과업인 요구라는 것이다. 결과적으로 부모가 무언가 요구하고 있는 아이의 비유가 지속적으로 사용된다. 같은 방법으로 성서, 하나님의 말씀은 어른들에게 명령한다. 건덕적 강화에서(opbyggelig tale), 나는 성서가 이것을 말하고 있다고 그렇게 엄격하게 주장할 수는 없다.

-JP I 207 (Pap. VIII1 A 20) n.d., 1847

02 누가복음 10:30-37을 참고하라. 본문은 선한 사마리아인의 비유이다.

03 누가복음 10:37, "이르되 자비를 베푼 자니이다. 예수께서 이르시되 가서 너도 이와 같이 하라 하시니라."

04 그리심산은 사마리아의 거룩한 산이고 성전이 있는 장소이다. 모리아산은 예루살렘에 있는 언덕이고 솔로몬의 성전이 있는 장소이다. 다음을 참고하라.

역대하 3:1, "솔로몬이 예루살렘 모리아 산에 여호와의 전 건축하기를 시작하니 그 곳은 전에 여호와께서 그의 아버지 다윗에게 나타나신 곳이요, 여부스 사람 오르난의 타작 마당에 다윗이 정한 곳이라."

요한복음 4:21, "예수께서 이르시되, 여자여 내 말을 믿으라. 이 산에서도 말고 예루살렘에서도 말고 너희가 아버지께 예배할 때가 이르리라."

또한, 다음을 참고하라. 마카비하 5:23

05 누가복음 17:34, "내가 너희에게 이르노니, 그 밤에 둘이 한 자리에 누워 있으매 하나는 데려감을 얻고 하나는 버려둠을 당할 것이요."

06 이 부분은 누가복음 18:10-14을 암시하고 있다. 세리와 바리새인의 기도로, 하나님께서 세리의 기도는 받으셨으나 바래새인의 기도는 옳나 인성받지 못했다. 여기에서 의롭다 하심을 받고 집으로 간 사람은 세리였다.

07 마태복음 7:13, "좁은 문으로 들어가라. 멸망으로 인도하는 문은 크고 그 길이 넓어 그리로 들어가는 자가 많고"

08 성서에서는 주로 이 단어가 '완전한'이라기보다 '온전한'으로 번역되어 있다. 그러나 본서에서는 명확한 의미를 위해 '완전한'으로 번역하였음을 참고하기 바란다.

09 마태복음 7:14, "생명으로 인도하는 문은 좁고 길이 협착하여 찾는 이가 적음이니라."

10 다음에 나오는 일곱 단락은 아래 자료를 참고하라.

본질적으로 기독교적인 것과 "기독교 강화"의 다섯 번째의 요점은 특별히 성서의 권위가 확인된다는 데에 있다. 그것은 사람이 생각해낸 것이 아니라 명령받은 것, 권위와 함께 있는 것, 환난이 과업인 요구라는 것이다. 결과적으로 부모가 무언가 요구하고 있는 아이의 비유가 지속적으로 사용된다: 같은 방법으로 성서, 하나님의 말씀은 어른들에게 명령한다. 건덕적 강화에서(opbyggelig tale), 나는 성서가 이것을 말하고 있다고 그렇게 엄격하게 주장할 수는 없다.

-JP I 207 (Pap. VIII1 A 20) n.d., 1847

11 이것은 나폴레옹과 관련된 능력이다.

12 전도서 3:3, "죽일 때가 있고 치료할 때가 있으며 헐 때가 있고 세울 때가 있으며"

13 이 부분은 아마도 에베소서 4:14를 암시한다. "이는 우리가 이제부터 어린 아이가 되지 아니하며 사람의 속임수와 간사한 유혹에 빠져 온갖 교훈의 풍조에 밀려 요동하지 않게 하려 함이라."

14 이 부분은 다음을 참고하라.

디모데전서 1:4, "신화와 끝없는 족보에 몰두하지 말게 하려 함이라. 이런 것은 믿음 안에 있는 하나님의 경륜을 이룸보다는 도리어 변론을 내는 것이라."

디모데후서 4:4, "또 그 귀를 진리에서 돌이켜 허탄한 이야기를 따르리라."

디도서 1:14, "유대인의 허탄한 이야기와 진리를 배반하는 사람들의 명령을 따르지 않게 하려 함이라."

베드로후서 1:16, "우리 주 예수 그리스도의 능력과 강림하심을 너희에게 알게 한 것이 교묘히 만든 이야기를 따른 것이 아니요, 우리는 그의 크신 위엄을 친히 본 자라."

15 이 부분은 마태복음 13:20-21을 암시하는 것으로 예수님의 씨 뿌리는 자의 비유 해석이 포함되어 있다. "돌밭에 뿌려졌다는 것은 말씀을 듣고 즉시 기쁨으로 받되, 그 속에 뿌리가 없어 잠시 견디다가 말씀으로 말미암아 환난이나 박해가 일어날 때에는 곧 넘어지는 자요."

16 영어식 표현으로 말한다면, "길"과 "환난 당하는"이라는 표현이 road와 hard이기 때문에 나온 말이다.

17 다음을 참고하라.

마태복음 7:14, "생명으로 인도하는 문은 좁고 길이 협착하여 찾는 자가 적음이라."

요한복음 16:33, "이것을 너희에게 이르는 것은 너희로 내 안에서 평안을 누리게 하려 함이라. 세상에서는 너희가 환난을 당하나 담대하라. 내가 세상을 이기었노라."

18 이 부분은 다음을 암시한다. 마태복음 11:30, "이는 내 멍에는 쉽고 내 짐은 가벼움이라 하시니라."

이 말씀에서, "쉽다"라는 표현을 키르케고르는 "유익하다"라는 의미로 해석하고 있다. 이 단어의 의미에 대하여는 헬라어를 더 참고하면 좋다.

19 요한1서 4:18, "사랑 안에 두려움이 없고 온전한 사랑이 두려움을 내쫓나니 두려움에는 형벌이 있음이라. 두려워하는 자는 사랑 안에서 온전히 이루지 못하였느니라."

20 로마서 8:1-2, "그러므로 이제 그리스도 예수 안에 있는 자에게는 결코 정죄함이 없나니 이는 그리스도 예수 안에 있는 생명의 성령의 법이 죄와 사망의 법에서 너를 해방하였음이라."

그리고 다음을 참조하라. 요한일서 5:4, "무릇 하나님께로부터 난 자마다 세상을 이기느니라. 세상을 이기는 승리는 이것이니 우리의 믿음이니라."

21 로마서 8:37, "그러나 이 모든 일에 우리를 사랑하시는 이로 말미암아 우리가 넉넉히 이기느니라."

22 고린도전서 10:13, "사람이 감당할 시험밖에는 너희가 당한 것이 없나니 오직 하나님은 미쁘사 너희가 감당하지 못할 시험 당함을 허락하지 아니하시고 시험 당할 즈음에 또한 피할 길을 내사 너희로 능히 감당하게 하시느니라."

23 14번 각주를 참고하라.

24 이 부분은 누가복음 21:5-28에서 마지막 때와 재림의 때에 일어날 두려운 일에 대한 예수님의 말씀을 가리킨다.

누가복음 21:28, "이런 일이 되기를 시작하거든 일어나 머리를 들라. 너희 속량이 가까웠느니라 하시더라."

25 이 부분은 루터가 시편 51:12를 인용한 것을 재인용한 것이다.

시편 51:12, "주의 구원의 즐거움을 내게 회복시켜 주시고 자원하는 심령을 주사 나를 붙드소서."

VI

영원의 행복이 가장 무거운
일시적 고난보다 더 무거운 기쁨[01]

성찰한다는 것

　사람이 무언가를 시작하기 전에, 그것이 끝내야만 하는 일인지, 고통 당할 수밖에 없는 일인지, 먼저 계산합니다. 일을 시작하기 전에 망대를 세울 수 있는지, 얼마나 높이 세울 것인지, 고통 당하기 전 그가 그 기초를 쌓을 수 있는 능력이 되는지, 그 망대의 크기와 깊이가 어떠한지 측정하는 것처럼 말입니다.[02] 따라서 그는 자신의 능력을 가늠하고 자신의 능력과 과업 사이의 관계를 계산합니다.

　그때 그는 **성찰합니다**(deliberate, overveie).[03] '성찰한다는 것'은 비유된 표현이면서 도발적인(suggestive) 표현이기도 합니다. 따라서 이 말은 비유하는 말이 항상 지니고 있는 장점을 갖고 있습니다. 비밀 문을 통과하는 것처럼, 진실로 갑작스런 마법에 걸린 것처럼, 이 말은 매일의 가장 일반적인 개념으로부터 나와, 가장 고상한 개념들의 정중앙에 서게 됩니다. 그래서 사람이 매일의 단순한 것들에 대하여 이야기하는 반면, 또한 불현듯 가장 고차원적인 것들에 대하여 이야기하고 있는 것을 발견하게 됩니다.

　'성찰한다(deliberate, overveie)'는 말은 "무게를 달다, 측정하다(weigh, veie)"에서 나온 표현입니다.[04] 곧, 저울질을 하거나 저울에 무게를 답니다. 무게를 단다는 것은 무엇을 의미할까요? 그것은 두 개의 크기 사이에서 균형 관계를 의미하거나, 이 관계를 공평하게 보여주는 것을 의미합니다.[05] 둘 중에 어느 것이 더 무거운지 무게를 달고 있는 저울에는 아무 문제가 없습니다. 저울은 단지 무게를 달 뿐이고 이것이든 저것이든 선택하지 않습니다.

이것이 우리가 저울을 높이 평가하는 부분입니다. 저울이 그런 것이라면, 저울은 훌륭하고 정확하다고 말하는 이유입니다. 우리는 저울에 대하여 다른 방식으로 말할 수 있는 것이 없습니다. 왜냐하면 그런 식으로 무게를 다는 것은 어려운 문제가 아니라고 말해야 하니까요. 어려움은 이것이든 저것이든 선택이 있을 때 시작됩니다. 단순하지만 매우 도발적인 표현을 하자면, 이것은 사람의 혀의 균형을 유지하는 문제입니다.[06]

따라서 사람은 저울에 무게를 달고(veie) 성찰합니다(overveie). 한편 사람은 저울이 무게를 다는 것처럼 무게를 다는 것 그 이상을 합니다. 문자 그대로, 그는 무게를 다는 것 **그 이상을 합니다**(over-veie). 그는 무게를 다는 것보다 더 고차원적입니다. 그는 무게를 다는 것 위에 섭니다. **곧, 그는 선택합니다.**

그때, 이 말을 단단히 붙잡기만 한다면, "성찰하다"라는 말은 궁극적으로 인간 본성에 대한 본질을 언급하고 있고, 그 말의 구성과 탁월성을 언급한다고 타당하게 말할 수 있습니다. 무게를 다는 데에는 두 개의 크기가 있어야 합니다. 그러므로 성찰하고 있는 사람은 단순히 무게를 달 수 있기 위해서라도, 두 개의 크기를 갖고 있다는 것은 기정사실입니다.

이것 또한 사실입니다. 그는 시간(temporality)[07]과 영원(eternity)으로 구성되어 있습니다. 영적으로 이해할 때, 시간과 영원은 무게를 달아야만 하는 두 개의 크기입니다. 그러나 성찰하기 위해서, 사람은 결국 스스로 제 삼자가 되어야 하거나, 두 개의 크기와 관련하여서는 세 번째 입장을 취해야 합니다.

이것은 선택입니다. 곧, 그는 무게를 달고, 성찰하고, 선택합니다. 그렇지만 여기에, 두 개의 크기가 똑같이 무게가 많이 나가고, 그것을 눈금으로 나타낼 수 있는 가능성은 전혀 없습니다. 두 개의 크기가 동등한 것과 같은 관계를 보여줄 가능성도 전혀 없습니다. 하나님을 찬양하라! 그런 일은 결코 일어날 수 없습니다. 왜냐하면 올바르게 이해하자면, 영원한 것은 이미 지나치게 무겁기 때문입니다. 이것을 깨닫기를 거부한 사람은 성찰하기를 시작할 수 없습니다.

예를 들어, 사람은 인생 초반에 시작하기에 앞서 성찰합니다. 그는 아직 많은 경험이 없거나 시간에 대한 명확한 지식이 없으므로, 생각에서만 시간과 영원에 대한 은유를 가질 뿐입니다. 그리고 그는 둘 사이에서 선택합니다.

아, 우리는 감히 거의 확실하게 모든 인간에 대하여 말해야 합니다. 옛날에, 처음에는 영원이 지나치게 무겁다는 것이 그에게 아주 명확했었습니다. 맞습니다. 영원은 그에게 명확했을 뿐만 아니라 그에게 깊게 감동을 주었고, 그의 속사람(innermost being)을 뒤흔들어 놓았습니다. 따라서 이 젊은이의 첫 번째 선택은 그의 내면에서 눈물 없이는 불가능했던 것이죠.

하지만 모든 것은 그런 식으로 해결되지 않습니다. 왜냐하면 시간적인 것과 영원한 것 사이의 관계를 중립적으로 알고 있는 것은 사람에게 별로 유익이 없기 때문입니다. 그래서 이 첫 번째 선택은 계속해서 반복되지 않는다면, 소용이 없습니다. 아, 아마도 이 선택은 변화된 조건 하에서 반복되어야만 합니다.

젊은이는 어른이 되었습니다. 삶이 그를 억누르고, 이제 그는 고난 당하는 자가 됩니다. (이 강화들이 어떻게 고난의 복음이 되어야 하는지 더 오래 생각해 보기 위해서라도 좀 더 가벼운 것들에서 서둘러 나옵시다.) 따라서 그가 지속적으로 무게를 재고 성찰하는 데에 시간을 낭비하고 그의 힘을 허비하지 않았다 할지라도 다시 무게를 달아야 하며, 진지하게 무게를 달고 성찰해야 합니다.

그는 이제 시간이 얼마나 무거운지 압니다. 그러나 지금 영원은 진실로 지나치게 무거운 것일까요? 이런 식으로 그는 스스로 질문을 던집니다. 그러나 또한 다른 사람에게도 질문합니다. 그가 누구와도 잡담하는 데에 시간을 낭비하고 힘을 허비하지 않을지라도, 시험받았던 사람에게 진지하게 충고를 부탁합니다.

하나님을 찬양하라! 살아 있는 사람 중에 없다면, 그런 상담가들, 그런 증인들이 심지어 죽은 사람들과 세상을 하직한 사람들 중에서라도 여전히 발견되어야 합니다. 그때 무엇보다도 성서에서 발견되어야 합니다. 아마도 고난 당하는 자는 사도 바울이 말한 이 말씀을 읽습니다.

"우리가 겪고 있는 짧고 가벼운 환난이 우리를 위해 측량할 수 없는 영광의 영원한 무게를 얻게 한다."(고후 4:17)

이 시간에 우리가 덕을 세우기 위한 주제로 이 말씀을 가져올 것입니다. 고난 당하는 자를 위한 기쁨을 고려하면 다음과 같습니다.

**영원의 행복은
가장 무거운 시간적인 고난보다도 더 무겁다.**

영원의 과체중

　사도의 말씀을 자세하게 검토하기 전에, 우리는 먼저 불필요한 것처럼 보이는 한마디를 해야 합니다. 말씀이 말하고 있는 것이 자명한(self-evident) 것임을 고려한다면, 그러나 아직 인간의 삶에 대하여 경험이 가르치는 것을 토대로 본다 해도, 앞서 제시한 말은 충분히 집중할 만한 가치가 있습니다.

　다시 말해, 이 강화에 어떤 의미가 있어야 한다면, 사람이 영원의 행복이 가장 무거운 일시적인 고난보다도 더 무겁다는 확신이 있어야 한다면, 그는 이 말씀의 무게를 달아야 한다는 것, 영원이 지나치게 무겁다는 것을 진지하게 고려해야만 하는 것은 완전히 자명합니다. 진실로, 이것은 완전히 자명합니다.

　모든 사람이 무게를 달았다는 것, 이것 역시 자명했다면, 그때 모든 사람은 영원의 행복이 지나치게 무겁다는 확신이 있어야만 합니다. 왜냐하면 이 생각을 진지하게 저울에 올려놓기만 한다면, 영원의 행복은 지나치게 무거울 테니까요.

　아, 사람이 이런 식으로 제대로 무게를 다는 것(veie)이 얼마나 보기 드문 일입니까. 아직도 세상에서는 거듭거듭, 허구한 날, 아침부터 밤까지, 성찰(overveie)에 대한 이런 지속적인 이야기가 있습니다. 그러나 다른 것들을 생각하는 것만큼도 영원에 대한 생각이 없는 사람은 아무것도 성찰하지 못합니다. 그는 성찰할 수도 없습니다.

　영원한 것이 누락된 상태에서 시간적인 것과 시간적인 것과 대조하여 성찰하는 것은 성찰하는 것이 아닙니다. 이것은 속임을 당하고 있는 것입니다. 이것은 시간을 낭비하는 것이고 인생의 유치한 장난과의 놀이로 속임을 당함으로 인해 영원한 행복을 박탈하고 있는 것입니다.

여기에서, 우리는 다시 '성찰한다'는 이 단순한 용어에 얼마나 많은 거짓이 들어 있는지 보게 됩니다. 인간적인 성찰의 기본적인 의미는 영원한 것과 대조하여 시간적인 것의 무게를 재는 것입니다. 다른 모든 인간적인 성찰에서 이 기본적인 의미는 현존해야만 합니다. 그렇지 않다면, 모든 분주함과 화려한 중요성이 있음에도 불구하고, 성찰은 근거도 없어지고 의미도 없어집니다.

그러나 사람들이 언제나 진지하게 영원에 대한 생각을 고려하면서 실제로 살고 있는지 나는 궁금합니다. 거기에는 어떤 분주함이 있습니다. 거기에는 생활에 필요한 것들에 대한 바쁜 이야기와 바쁜 일이 있습니다. 거기에는 정말로 필요한 것(det Fornødne)[08]이 무엇인지 망각해버린 것처럼 보이는 분주함이 있습니다.

지금 당신이 이런 바쁜 사람들과 어울리고 있다면, 그들이 성찰에 대한 기본적인 의미를 완전히 망각했다 해도, 그들이 끊임없이 성찰과 성찰에 대한 이야기를 하고 있는 것을 듣게 될 것입니다. 더 운이 좋은 사람일수록, 더 혜택을 받은 사람일수록, 시간에 의해 너무나도 쉽게 설득당하고 기만당하고 맙니다. 그래서 그가 이제는 더 이상 어떤 것도 필요하지 않을 만큼 일이 잘 풀려나가는 것처럼 보일 때까지 그렇게 기만을 당합니다. 혹은 그럼에도 불구하고 그에게 일이 잘 풀려나가지 않는 것처럼 보인다면, 그때 그는 여전히 시간에 의해 기만을 당하고 있는 것이고, 바로 그런 이유로 그는 결코 제대로 볼 수 없습니다.

그러나 그런 사람들과 어울린다면, 당신도 역시 그들이 끊임없이 성찰하고 성찰하는 이야기들을 듣게 될 것입니다. 그들이 성찰에 대한 기본적인 의미를 완전히 망각해버리고 말았다는 것을 빠르게 확신할 수 있다 해도, 그렇게 될 것입니다.

아, 아마도 수많은 사람들이 이렇게 살아갑니다. 결정적으로 모든 기독교의 바탕이 되는 것이 성찰에 대한 이 기본적인 의미임에도 불구하고, 그들은 자신을 그리스도인이라고 부릅니다. 아마도 수많은 사람들이 시간에 의해 기만을 당하면서, 이렇게 살아갑니다.

내가 단순한 그림으로 이 상황을 설명해 보겠습니다. 부유한 사람이 어둡지만 별이 빛나는 밤에 그가 손전등을 비추며 아늑한 마차를 타고 가고 있을 때, 그때 그는 안전함을 느끼고 어떤 어려움에 대한 두려움도 없습니다. 그는 그 불빛을 따라가고 있습니다. 그의 주위가 어둡지는 않았습니다. 그러나 손전등을 비추고 있기 때문에, 강한 빛을 가까이 두고 있기 때문에, 그는 결코 별을 볼 수 없었습니다. 그의 손전등은 별을 어둡게 합니다. 그러나 가난한 농부는 손전등이 없이 말을 몰고 있기에, 어둡지만 별이 빛나는 밤에 영광스럽게 별을 볼 수 있습니다.

기만당한 자들은 시간 속에서 이런 식으로 살아갑니다. 그들은 생활에 필요한 것들에 매몰된 채, 바쁜 나머지 넓은 시야를 갖지 못하거나, 그들이 누리는 번영과 즐거운 날로, 말하자면, 그들은 손전등을 비추고 있습니다. 그래서 그들 주위에 모든 것은 그들에게 아주 가까이 있기에, 매우 안전하고, 밝고, 아늑합니다. 그러나 넓은 시야가 부족합니다. 넓은 시야, 별을 볼 수 있는 시야가 부족합니다.

이와 같은 사람들은 스스로 속습니다. 반면, 그들은 맹목적인 안내나 놀랄 만한 안내로 다른 사람들을 속일 의향은 전혀 없습니다. 왜냐하면 시간의 이런 놀랄 만한 손전등 불빛은 언제나 어둠 속에서의 맹목적 안내만큼이나 위험하기 때문입니다. 그러나 또한 건방지게 스스로를 속일 뿐만 아니라, 같은 것을 다른 사람에게 가르치기 원하는 사람들이 있습니다. 그들은 이 영원의 개념과 영원의 행복을 완전히 제거하기 원합니다! 온갖 종류의 안락의 영리한 발명으로, 사람들에게 그들 주위를 가능한 한 밝게 하는 법을 가르치기 원합니다. 결국 그들은 더 이상 영원을 볼 수 없을 것입니다.

혹은 그들이 영원의 개념과 영원의 행복을 완전하게 제거하는 것을 원하지 않는다 해도, 시간적인 것과 영원한 것 사이에 어떤 영원한 차이도 남지 않도록(진실로, 어떤 것도 더 무의미할 수 없다면) 그들은 여전히 그 가치를 하락시키기 원합니다. 그때, 어떤 차이가 남을 수 있겠습니까? 인간과 동물 사이에는 인간의 차이가 존재하는 것처럼, 시간적인 것과 영원한 것 사이에는 영원의 차이가 존재한다는 것은 논란의 여지가 없는 것처럼 보입니다.

혹은 **그 차이**(difference)는 그 둘이 **차이가 나지 않는**(not different) 것으로 여겨집니까? 혹은 모든 영원 속에 있는 영원은 영원의 차이보다는 시간적인 것과의 다른 어떤 차이가 있을 수 있습니까?

아마도 그런 거짓된 선생들은 바리새인이라고 일컫게 될 수 없습니다. 그러나 실제로 어느 것이 더 나쁜가요? 양심적으로 옳은 길을 가르치지만 스스로 그 길을 걸을 수 없는 바리새인일까요? 내가 신뢰를 갖고 그의 말을 받아들이고 행동할 수 있는 바리새인, 반면에 나의 사업이 될 수 없는 것을 하기 위해, 곧 위선자를 비판하기 위해, 나는 그의 말을 하나님께 맡겨 둡니다. 아니면 소위 정직한 안내자가 더 나쁜가요? 그는 다른 사람들에게 추천한 같은 길을 걷습니다. 그러나 주의하십시오! 그는 길을 왜곡합니다. 다른 사람들을 상담하면서 그들과 같은 길을 걷습니다. 곧, 오류의 길입니다.

이제, 고난 당하는 자가 있습니다. 그가 이 영원의 개념과 영원의 행복을 진지하게 고려하는 것을 게을리 할 때, 고난의 무게를 달기 때문에 영원한 행복의 무게를 달지 않을 때, 그때 일시적인 고난이 저울을 기울이는 것, 이것은 당연하지 않겠습니까! 그때 이 고난이 무겁고, 두렵도록 무섭다는 것을 발견하게 되는 것은 결코 놀랍지 않습니다.

아, 영원이 결국 그의 무게를 달 때, 영원은 확실히 그가 너무 가볍다는 것을 발견하게 될 것입니다.[09] 왜냐하면 그가 무거울수록, 그는 영원에 더욱 가까워져 영원에 의해 너무 가볍다는 것이 발견되기 때문입니다.

혹은 고난 당하는 자가 영원에 대한 이 생각을 한번이라도 손에 들고 있었고, 말하자면 그 무게를 달았지만, 그것이 많은 무게가 나가는 것을 발견하지 못했다면, 시간적인 것이 무게가 더 많이 나간다는 것은 놀랄 것도 없습니다!

바로 다음 순간에 고난 당하는 자가 다시 이 영원에 대한 생각을 없애버린다면, 그래서 공평하게, 고난의 무게가 짓누르고 있을 뿐만 아니라, 그가 스스로 하나님께 버림받을 수도 있다는 생각을 고난의 무게에 더할 때, 고난이 더욱 무겁고, 심지어 절망에 이를 만큼 무겁다는 것을 발견하게 되는 것은 놀랄 것도 없습니다! 왜냐하면 그는 스스로 영원한 것을 버렸기 때문입니다. 이런 식으로 고난 당하는 자가 절망의 최후의 탈출구를 찾는 것은 놀랄 것도 없습니다! 그는 이 고통을 끝내기 원합니다. 이런 세상에! 저 영원에서 그를 기다리고 있는 고통을 시작함으로써 말입니다!

이런 슬픈 관찰 다음으로, 우리가 방금 전에 읽은 사도의 말씀에 대한 고찰로 돌아가 봅시다. 바울은 확실히 무게를 다는 법과 성찰하는 법을 알았던 사람이었습니다. 정말로 그리스도의 입술에 어떤 거짓도 없다면,[10] 역시 사도에게 어떤 거짓된 무게도 발견되시 말아야 합니다.

무게 달기

"우리가 겪고 있는 짧고 가벼운 환난이 우리를 위해 측량할 수 없는 영광의 영원한 무게를 얻게 한다." 곧, 환난은 측량할 수 없는 영광의 영원한 무게를 얻게 합니다. 그러나 환난이 매 순간마다, 다시 말해, 시간적인 고난이 가장 무겁게 짓누를 때, <u>그때 영원한 행복이 지나치게 무거운 것처럼 영광의 무게를 얻게 합니다.</u>

곧, 무언가를 얻게 하는 것, 무언가를 획득할 수 있도록 해주는 수단은 당연히 열등한 것이고, 그 목적은 우월한 것입니다. 이것은 너무 쉽게 파악될 수 있고, 너무 보편적으로 받아들일 수 있고, 아주 깊이 기반을 두고 있는 생각이기 때문에, 누군가 그 관계를 뒤집는다면, 목적은 그 자체로 목적인 바, 목적을 수단으로 만든다면, 예를 들어, 진리를 탐욕에 봉사하는 수단으로 만들거나 야망 혹은 다른 비열한 열정들에 봉사하는 수단으로 만든다면, 그것은 가장 통탄스럽고, 가장 혐오스러운 혼란으로 간주됩니다.

사물의 도덕적 체계(the moral order of things)는 그 자체로 목적과 관계하는 것으로, 수단은 목적보다 열등하다고 가르칩니다.[11] 진실로, 목적이 이 세상의 것이고 이 세상의 다른 것이 수단일 때, 둘 다 세상적인 것이므로 다른 의미에서 목적과 수단이 동일하게 열등할지라도, 그 수단은 목적보다 열등합니다.

예를 들어, 누군가 자신의 돈으로 어떤 세상의 유익(the good)을 얻을 때,

그는 돈을 수단으로 자신이 얻은 유익보다 그 돈을 더 열등한 것을 여깁니다. 반면, 그가 돈을 목적으로 여기고 다른 세상적인 유익을 수단이자, 자신에게 돈을 가져나 준 열등한 것으로 여기고 돈을 획득할 수도 있습니다.

그러나 **영광의 영원한 무게**, 이것은 측량할 수 없을 만큼 광대하기에, 어떤 세상적인 유익이 아닙니다. 이 목적은 우연히 우월한 것이 될 수 없고 수단이 열등한 것이 될 수 없습니다. 또한 그 관계도 전환될 수 없습니다. 그래서 이 유익은 한때는 목적이고 다음에는 결과적으로 다른 유익을 획득할 수 있는 수단이 될 수 없습니다. 이 목적은 무한히 우월하며, 그 자체로 목적입니다.

그때, **고난이 이 유익을 얻게 해 준다면**, 고난이 더 많은 무게가 나갈 때에도, 영원한 행복은 아주 단순하게, 직접적으로 지나치게 무겁습니다. 그 유익이 무한히 수단보다 우월하기에 고난의 가장 무거운 순간에도, 고난이 측량할 수 없이 광대한 영광의 영원한 무게를 얻게 한다는 **자각**(consciousness)이 영원한 행복에 지나친 무게를 더해줍니다. 이것을 깨닫고 믿기를 거부하는 자마다 스스로 책임을 져야 합니다. 왜냐하면 고난의 가장 무거운 순간에, 그는 고난이 얻게 해 준 이 자각을 소멸시키기 때문입니다.

시간적 고난이 사람에게 가장 소름 끼치게 무거울 때는 언제일까요? 그것이 그에게 어떤 의미도 없고, 어떤 것도 구하지 못하고, 어떤 것도 획득하지 못하는 것처럼 느낄 때가 아닌가요? 그것은 성급한 사람이 고난을 표현했던 것처럼, 고난이 무의미하고 무가치할 때는 아닌가요?

시합에 참여하려는 자가 준비하는 데에 너무 많은 노력이 들어간다고 해서 불평합니까? 시합이 너무 많은 고난과 고통에 휘말릴 수밖에 없기 때문에 그가 불평합니까? 그는 왜 불평하지 않습니까? 왜냐하면 그가 향방 없이 달릴지라도,[12] 이 고난이 그를 위해 승리의 상급을 가져다 줄 것으로 이해하고 있기 때문입니다.

그 노력이 가장 크고 가장 고통스러울 때, 그는 상급에 대한 생각으로 자신을 격려합니다. 이 특별한 고난이 그를 위해 상급을 얻을 수 있도록 도울 것이라고 자신을 격려합니다.[13] 그리하여 그가 자신이 생계, 혹은 명예, 부, 사랑의 보상, 혹은 우리가 언급하고 싶은 무엇이든 간에 얻을 수 있을 것이라고 이해할 때, 그는 수많은 고난을 견디지 않습니까!

그러나 여기에서 요점은 이런 이해가 시간적이라는 데 있습니다. 혹은 적어도 그가 이것을 아주 잘 이해한다고 생각합니다. 고난이 자신을 위해 그가 탐내는 것들을 가져다 줄 것이라고 이해하거나 그렇게 생각합니다. 아, 그가 **탐내는 것**(coveted), 그것은 측량 불가능한 영광의 크고 영원한 무게보다 무한히 열등합니다.[14]

그렇지만 고난이 사람을 압도한 나머지 그의 이해(understanding)가 고난과 아무런 관련이 없기를 바랄 때, 왜냐하면 이해는 도대체 고난이 어떤 유익을 얻게 해 주는지 파악할 수 없기 때문입니다. 고난 당하는 자가 이 어두운 수수께끼를 이해할 수 없을 때,[15] 고난의 근거도 고난의 목적도 파악할 수 없고, 그가 왜 다른 사람들보다 더 고통을 당해야 하는지도, 그에게 어떻게 유익이 되는지도 인지할 수 없을 때, 그가 지금, 무기력해진 채 고난을 떨쳐 버릴 수도 없다고 느낄 때, 반항적으로 믿음을 버립니다. 고난이 어떤 것을 가져다 줄 것이라는 믿음을 거부합니다. 그때, 영원한 행복은 지나치게 무거울 수 없습니다. 왜냐하면 영원한 행복은 완전히 배제되었기 때문입니다.

그렇지만, 고난 당하는 자가 인정하다시피 이해가 파악할 수 없는 것을 확고하게 붙들고 있다면, 그러나 반면에 믿음이 확고하게 붙들고 있는 것, 곧 고난이 영광의 크고 영원한 무게를 얻게 해 줄 것이라는 것, 이것을 그가 확고하게 붙들고 있다면, 영원한 행복은 지나치게 무겁습니다. 그때 고난 당하는 자는 고난을 견딜 뿐만 아니라 영원한 행복이 지나치게 무겁다는 것을 이해합니다.[16]

고난이 무언가를 얻게 해 줄 것이라고 충분히 이해하고 있는 통찰(insight)은 시간의 인내(perseverance)를 얻게 해 줍니다. 그러나 이해와는 반대로, 고난이 완전히 사악하고 쓸모없는 것처럼 보는 반면, 영광의 크고 영원한 무게를 얻게 해 줄 것이라고 믿는 믿음은 영원의 인내를 가져다줍니다.

때로는 고난 당하는 자가 그가 처한 환난을 견딜 수 있다는 것을 알게 된다 해도, 그러나 다음 순간에는 환난을 견딜 수 없게 될 것인지 걱정하며 두려워한다 해도, 모든 고난 당하는 자에게 개방된 어떤 안전에의 접근이 있습니다. 이것은 인간적인 확률에 기반을 두고 있는 기만적인 안전과는 다른 종류의 것입니다. 다시 말해, 이것은 가장 무거운 고난이 측량할 수 없는 영광의 크고 영원한 무게를 얻게 해 줄 것이라고 기꺼이 믿기 원하는 안전입니다.

따라서 심지어 시간적인 고난이 가장 무거울 때에도, 영원한 행복은 여전히 지나치게 무겁습니다. 우리는 어떤 의미에서 사도가 말한 저 고난이 저 영광을 가져다 줄 것인지 더욱 면밀하게 조사하지 말아야 합니다. 그것은 이 강화의 주제와는 관련이 없습니다.

이것만은 명심합시다. 영원한 행복에 대하여, 우리가 누릴 만한 자격이 있는 것이 아닙니다. 이런 의미에서 이해될 수 없습니다. 왜냐하면 그 경우 고난이 영원한 행복을 얻게 한다는 것은 충분히 이해될 수 있어야 하니까요. 그때 그것은 누릴 만한 가치가 있는 것으로 충분히 이해될 수 있으므로, 결과적으로 사람은 영원한 행복을 충분히 이해할 수 있어야 합니다. 그러나 그 경우 이 강화는 분명히 영원한 행복에 대한 것이 아닐 것입니다. 왜냐하면 영원한 행복은 믿는 것 외에는 길이 없으니까요. 바로 그런 이유로 이것은 누릴만한 자격도 있을 수 없습니다.

우리는 이것을 더 이상 진행시키지 말아야 합니다. 그러나 이것은 확고하게 고정되어야 합니다. 즉, 고난은 측량할 수 없는 영광의 크고 영원한 무게를 얻게 합니다. 따라서 영원한 행복은 지나치게 무겁습니다.

짧고 가벼운 환난

"우리가 겪고 있는 짧고 가벼운 환난이 우리를 위해 측량할 수 없는 영광의 영원한 무게를 얻게 한다." 그러나 환난이 짧고 가볍다면, 영원한 행복이 지나치게 무겁다는 것은 명백합니다. 그래서 한마디도 말할 필요가 없어집니다. 왜냐하면 짧고 가벼운 환난은 게다가 영광의 크고 영원한 무게를 얻게 하는 바, 확실히 균형을 잡아줄 수 없기 때문입니다. 오히려 영광의 이 큰 무게와 비교할 때, 이것은 전혀 무게가 나가지 않는다고 말해야 합니다.

가장 참을성이 없는 고난 당하는 자도 확실히 이것을 인정할 것입니다. 그러나 또한 이것이 아무것도 증명하지 않는다고, 특히 자신의 고난에 대하여는 아무것도 증명하지 않는다고 생각할 것입니다. 왜냐하면 그의 고난은 결코 짧고 가볍지 않기 때문입니다. 그의 고난은 진실로 형용할 수 없을 만큼 무겁고 오래 지속되고 있습니다. 이것이 이런 경우라면, 그때 이 강화는 어색한 상황에 있을 수밖에 없습니다. 그러나 그렇지 않다면, "짧고 가벼운 환난"이라는 사도의 말씀은 특별한 방법으로 이해되어야 합니다.

다른 곳에서,[17] 나는 모든 인간의 고난 중에서 극단적인 것으로 시험 받았던 사람이라고 일컬을 수 있는 사도 바울을 언급하면서, 누구나 확실히 알고 있는 것을 설명하려 했습니다. 여기에서 나는 짧아야 하고 이것과 관련하여, 나 자신을 제한하고 바울이 응석받이로 자란 사람이 아니라는 것, 이것 말고는 더 이상 말할 수 있는 특별한 것이 아무것도 없다는 것을 압니다.

참을성이 없는 사람은 보이는 모습으로 기만당하는 일이 없도록 해야 하고 이것은 약 30분 정도의 환난을 당하고 있는 행운아들이 가장 좋아하는 이야기라고 생각하지 말아야 합니다. 그러므로 사도의 말씀의 의미는 완전히 직접적인 것이 아니라 다음과 같은 것입니다.

"나는 믿음 안에서 측량할 수 없는 그런 영광의 크고 영원한 무게를 기대합니다. 나에게서 영원의 행복은 그것과 비교할 때 내가 온갖 종류의 고난의 30년 세월[18]을 짧고 가벼운 환난이라고 부를 수 있는 그런 유익입니다."

보십시오. 이것이 사도의 말입니다. 우리는 영원의 행복에 대한 김빠진 수많은 찬사들을 듣습니다. 그런 찬사들은 화려한 문구와 감상적인 서술로 우리의 감각을 현혹시키는 것을 목표로 하고 있습니다. 사도는 그런 것들에 대하여 모르나, 영원한 행복이란 말하는 자가 그런 고난이 짧고 가벼운 환난이라고 부를 수 있는 그런 유익이라는 것을 이해합니다. 또한 이렇게 말하는 것이 영원한 행복에 대한 최고의 찬양이라는 것을 이해합니다.

그래서 그것(영원한 행복)은 고난의 30년의 세월을 짧고 가벼운 환난으로 만드는 비교입니다. 결국 비교한다는 것은 무게를 다는 것을 의미합니다. 그러나 이 비교는 두 크기를 서로 멀리 떼어놓고 있는 방식으로 무게를 다는 것이 아닙니다. 대신에, 이 비교는 두 크기를 매우 가깝게 가져온 결과, 영원한 행복의 현존은 이 환난에 대한 표현을 바꾸게 되는 것이죠. 왜냐하면 영원한 행복에 대한 생각이 현존하기 때문에, 영원한 행복이 현존하기 때문에, 사도는 이렇게 환난에 대하여 말하는 것입니다. 이것은 마땅히 그래야 합니다.

왕이 현존하고 있기 때문에 사람이 일반적으로 같은 것에 대하여 말하는 것과는 다르게 말하게 하지 않습니까! 왕의 현존 앞에서, 사람은 평소에 자신을 짜증나게 하고 집에서 투덜거리게 했던 어떤 역경에 대하여 말합니다.

"폐하(Your Majesty), 이것은 사소한 문제일 뿐입니다."

애인의 현존 앞에서, 우리는 일반적으로 같은 것에 대하여 말하는 방법과는 다르게 말합니다. 애인의 현존 앞에서, 자신을 방해하고 있는 어떤 것에 대하여 말합니다.

"자기야, 이것은 작은 문제에 불과해."

이런 식으로 말을 바꾸는 것, 특별히 이런 식으로 마음을 바꾸는 것, 우리는 이것을 왕의 위엄(majesty)에 대한 **백성의 존경**이라고 부릅니다. 우리는 이것을 애인과 관련하여 **사랑의 찬사**(celebration)라고 부릅니다. 우리는 이것을 최고의 것과 관련하여서는 **엄숙함**(solemnity)이라고 부릅니다. 그리고 2류

(minor)의 관계에서 우리는 이것을 **공손함**(politeness)이라고 부릅니다.

공손함은 누군가 현존하고 있고 현존하고 있는 사람이 누구인지 시종 일관 주의를 기울이고 있는 문제입니다. 그러나 영원한 행복, 이것은 이것에 대한 생각 속에 현존할 때, 아, 여기에서는 고난 당하는 자가 얼마나 자주 무례했습니까! 부드럽게 말해서, 영원한 행복에 대하여 아무 관심이 없는 것, 마치 그것이 현존하지 않는 척 하는 것, 이것은 얼마나 무례합니까! 왜냐하면 생각 속에서 영원한 행복은 진실로 항상 현존할 수 있으니까요.

그때 영원한 행복은 지나치게 무겁습니다. 하늘의 궁중말로 말하기 위해 최선을 다하는 고난 당하는 자는 영원한 행복이 지나치게 무겁다는 것을 이해합니다. 루터가 어느 곳에서 말한 적이 있습니다. 그리스도인은 십자가의 궁중 드레스를 입어야 한다고.[19] 그러나 **그리스도인이 말하는 것이 먼저 훈련되어야 하는 것은 아닌지**, 말할 수 있기 위해, 그의 온 마음을 다해 하늘의 궁중말을 말할 수 있기 위해 연습해야 하는 것은 아닌지, 나는 궁금합니다.

전에 언급했다시피, 영원한 행복의 영광에 대하여 수다스럽게 쏟아내는 것은 공허하고 어리석은 말입니다. 그러나 말하자면, 닫힌 입술로, 영원한 영광에 대하여 직접적으로 말하는 대신, **인생의 환난에 대하여 다른 방법으로 말함으로써**, 사람이 영원한 행복에 대하여 말하고 있는 것을 보여주는 것, 이것이 궁중의 언어입니다.

하늘의 궁중 언어는 오직 전심으로만 말할 수 있습니다. 일반적으로 궁중의 언어는 적법하게 아첨하는 거짓말을 포함할 수 있는 반면, 하늘의 궁중 언어는 어떤 허위도 포함할 수 없기 때문입니다. **하늘의 궁중 언어는 궁중의 언어처럼 일반적으로 말하는 방식**(Talemaade)**이 아닙니다.** 아, 그런 것이 아닙니다. 하늘의 궁중 언어는 하나의 유일한 사고방식(Tænkemaade)입니다.

따라서 사도가 말한 것은 문자 그대로 맞는 말입니다. 우리의 이런 환난은 짧고 가볍거나, 그때 70년의 세월[20]은 영원하거나, 영원과 비교할 때 정말로 짧은 시간입니다! 큰 무게가 환난을 가볍게 하는 한에서만 환난이 가벼울지라도, 사람이 영광의 큰 무게의 기대를 지고 간다면, 환난은 틀림없이 가볍지 않겠습니까! 환난이 가볍지 않다면, 가장 무거운 고난이 영광의 영원한 무게와 비교할 때 도대체 얼마나 무게가 나가겠습니까! 이 질문은 가장 무거운 고난이 무게가 얼마나 나가느냐는 것이 아닙니다. 이 질문은 영광의 영원한 무게와 비교할 때, 환난은 얼마나 무게가 나가느냐에 관한 것입니다.

결과적으로 영원한 행복은 지나치게 무겁습니다. 영원한 행복이 지나치게 무겁다는 것을 충분히 이해하기 위한 유일한 요구조건은, 모든 순간마다 그리고 영원히 변하지 않는 것에 대한 모든 고난 중에 변함이 없이 말하기 위한 유일한 요구조건은, **영원한 행복에 대한 이 개념에 대한 충성**(fidelity)입니다.

그 표현이 바뀌는 순간에, 고난 당하는 자를 변하게 하는 것은 영원한 행복이 아닙니다. 보십시오. 목적(cause)이 그에게 봉사하는 한에서만 목적을 섬기려는 사람, 그의 표현은 많은 변화에 종속되어 있습니다. 그리고 사랑이 그에게 유익이 되는 한에서만 소녀를 사랑하려는 사람, 그의 표현은 기복(ups and downs)이 심합니다. 이런 종류의 두 마음을 품은 자는 어떤 때에는 이 목적에 봉사하면 영광(honor)을 얻게 된다며 허위로 말을 합니다. 다른 때에는 반역자처럼 이 목적에 봉사하는 수치는 기꺼이 받아들이지 않습니다.

그는 어떤 때에는 아첨꾼처럼 사랑받는 영광에 대해 말을 하면서도 다른 때에는 뻔뻔하게 이 수치를 거부합니다.

그러나 사랑이라는 목적을 갖고 있는 겸손하고 열정적인 사람은 그 목적이 여전히 동일하게 남는다는 것, 그것은 그가 봉사할 수 있는 영광을 누렸던 불변의 목적으로 남는다는 것을 이해합니다. 이 목적을 포기하지 않을 뿐만 아니라, 목적을 위해 모든 고난을 당합니다. 또한 이 동일한 목적으로 고난 당하고 있는 영광을 갖고 있다는 것을 이해합니다.

열정이 이해한 대로, 그는 이 목적에 대한 그와의 관계는 영광의 관계라는 것을 망각하지 않습니다. 자신이 승리하든 고난을 당하든 이 관계하고는 아무런 상관이 없다는 것도 망각하지 않습니다. 그 관계는 불변한 채로 남습니다. 그는 이 목적에 봉사하며 승리하는 영광을 누리거나 이 영광에 봉사하며 고난 당하는 영광을 누립니다.

폐위된 왕이 도망칠 때, 그를 따라가는 신하들은 얼마나 고귀하게 충성스럽습니까! 그의 제국의 위엄(majesty)이 누더기로 옷을 입을 때, 한때 궁전 앞에서 "당신의 위엄이여(폐하, Your Majesty)!"라고 말했던 것처럼, 동일한 복종과 존경으로 그에 대하여 말하고 있는 신하는 얼마나 고귀하게 충성스럽습니까! 그가 황제를 알아본 것은 굽실거릴 때의 자주색 옷이 아니었으며, 따라서 지금 누더기를 입고 있는 황제를 고귀하게 알아볼 수 있기 때문입니다.

이와 마찬가지로 영원의 행복도 선(the good)과 함께 있습니다. 모든 것이 변하는 동안, 충성은 영원한 행복에 대하여 한결같이 생각하고 말하는 것입니다. 충성은 시간의 유쾌한 날에 이런 선에 대하여 알랑거리며 고상한 말투로 말하지 않습니다. 충성은 믿음을 영원한 것과 단절하지 않습니다. 충성은 자기 자신에 대한 반역자가 되어, 고난의 때에 언어를 바꾸지 않습니다.

아, 여기에 차이가 있습니다. 신하가 변한다면, 그것은 황제를 슬프게 합니다. 그러나 누구도 영원한 행복을 고난 당하게 할 수 없습니다. 영원의 행복이 고난 당하고 있다고 착각하지 마십시오. 사람이 믿음과 영원의 행복과 단절할 때, 그는 자기 자신에 대한 반역자가 되기 때문입니다.

따라서 사람의 인생이 역경에 대한 경험이 없다면, 하늘의 영원한 행복에 대하여 말할 수 있는 단 한 가지가 있습니다. 그가 모든 종류의 고난으로 시험을 당했다 하더라도, 여전히 말해야 하는 단 한 가지가 있습니다. 즉, 이 선이 불변한 채 남을 것이고 고난에 의해 변하지 않지만, 반대로 이 선은 가장 무거운 고난을 순간적이고 가벼운 환난으로 바꾼다는 것입니다.

비교 불가능한 기쁨

이것이 지나치게 무겁다는 것이 의미하는 바가 아닙니까! 진실로, 영광의 영원한 무게는 고난과 동일한 저울에 무게를 달 수 없을 정도로 지나치게 무겁지 않습니까! 왜냐하면 영원의 행복은 큰 무게가 요구되는 것이 아니라 단지 그것의 눈곱만 한 부분도 크고 영원한 무게이기 때문입니다. 이것 역시 사도의 말씀에 포함되어 있습니다. 다시 말해, 우리의 환난은 일시적인 환난이고 이 환난은 짧고 가볍지만 영원한 무게를 얻게 해 줍니다. 그러나 그 경우에, 영원한 행복은 지나치게 무거울 뿐만 아니라, 그 관계는 두 개의 크기를 같이 달 수 없을 만큼 무겁다는 데에 그 본질이 있습니다.

우리가 이것을 각각 이해해 봅시다. 한 파운드의 금과 한 파운드의 깃털은 같은 무게입니다. 이것은 확실히 맞습니다. 그러나 그때 우리는 다른 의미에서 그리고 더 중요한 의미에서, 이 두 개의 크기와 함께 무게를 달지 않습니다. 왜 안 됩니까? 왜냐하면 저울은 한 파운드는 금이고 다른 한 파운드는 깃털들이라고 표시할 수 없기 때문입니다. 다시 말해, 금은 금과 깃털을 함께 무게를 재는 것이 무의미할 만큼 특별한 가치를 지니기 때문입니다.

여기에서 언급된 두 개의 크기도 이와 마찬가지입니다. 차이는 행복과 고난 사이에 존재하는 것이 아니라, **영원한 행복과 일시적 고난 사이에 존재합니다.** 그 관계는 이런 잘못된 관계(misrelation)에 있습니다. 그리고 그 관계가 잘못된 관계라는 것은 이것에서 가장 명확하게 나타납니다. 곧, 일시적 행복(bliss)과 영원한 행복 사이의 관계는 동일한 잘못된 관계라는 것, 일시적 행복은 영원한 행복과 비교할 때, 아무것도 아니라는 것, 그것 역시 일시적 고난과 동일하다는 것.

일시적 고난과 영원한 행복은 금과 깃털과의 관계만큼이나 본질적인 의미에서 이질적일 뿐만 아니라, 무한히 본질적인 의미에서 이질적입니다. 영원한 행복의 눈곱만 한 부분도 가장 긴 세상적인 고난보다도 더욱 무한히 무게가 나갑니다.

이 표현할 수 없고 측량할 수 없이 큰 기쁨이여! 고난 당하는 자가 충분히 이것을 이해하게 하소서. 이것을 믿게 하소서. 일시적 고난이 가장 무거울 때에도, 영원한 행복이 여전히 지나치게 무겁다는 것을 깨닫게 하소서. 고난 당하는 자가 올바르게 무게를 달게 하소서. 무게를 더 잘 달게 하소서. 그래서 고난의 무게 아래에서 붕괴되는 대신에 영원한 행복의 무게 아래에 푹 잠기게 하소서. 이 영원의 예감에서, 말하자면, 이 균형을 박살내고 "여기에 무게를 달 만한 어떤 질문도 있을 수 없다!"라는 말을 하게 하소서.

그러나 그와 같이 고난 당하는 자를 발견하는 것이 얼마나 보기 드문 일입니까! 세상에서 그것은 얼마나 어려운 일입니까! 우리는 이것이 이 강화의 주제인 기쁨을 방해하고 있다고 말하지 말아야 합니다. 우리는 너무나 많은 사람들이 빠져 있는 상태인 슬픔을 방해하기 위해, 가능하다면 이것을 말합니다.

얼마나 많은 사람들이 영원한 행복이 지나치게 무겁다는 것을 무심하게 인정할 정도로 살아갑니까. 얼마나 많은 사람들이 영원한 행복이 시간적인 것과는 이질적인 크기라는 것을 무심하게 인정할 정도로 살아갑니까. 다시 말해, 그들은 이 생각을 중지된 상태로 남겨둡니다. 이 생각이 그 가치를 나타내게 할 뿐입니다.

<u>그들은 이 생각과 그들 자신과 관계하지 못합니다.</u> 영원한 행복은 그들의 삶의 일시적인 목표들과는 이질적인 것이 되었습니다. 그들은 우리 모두가 하나님의 축복으로 행복해질 것이라는 무딘 착각 속에 살아갑니다. 그래서 영원한 행복은 그들에게 이질적인 것이 되어 버렸습니다.

이것이 평생 동안 지속되는 가장 무거운 고난도 영원의 행복과 비교할 때 아무것도 아닌 것과 같기 위한 것이라면, 이것이 시간의 모든 위험들 속으로 용감하게 걸어 들어가는 사람뿐만 아니라, 너무 용감해서 그 모든 위험들을 위험으로 거의 결코 인지하지 못하는 사람을 위한 것이라면, 이것이 두려움과 떨림으로 자신의 구원을 이루기 위한 사람을 위한 것이라면,[21] 이 얼마나 놀라운 변화입니까! 진실로, 이 변화로 인해 무엇을 잃게 되었습니까! 이것이 로마인들이 죽음보다 더 나쁜 것에 대한 두려움을 배우기 위한 것이 아니었다면, 그들은 무엇 때문에 전투에서 용감하게 되었습니까![22]

그러나 믿는 자는 무엇 때문에 어떤 로마인들과도 완전히 다른 방법으로 삶의 위험 중에 용감하게 되었습니까! 그가 더 큰 위험을 알았다는 것을 제외하고, 또한 영원한 행복을 제외하고 다른 무엇이 있겠습니까! 그때 무엇 때문에 이 세대가 심지어 세상적인 삶의 위험 중에 비겁해졌습니까! 이 세대가 최고의 위험을 알지 못했다는 것을 제외하고 다른 무엇이 있겠습니까! 이 세대의 가장 큰 죄가 무엇입니까? 이 세대가 영원한 행복을 존중하지 않았다는 것 말고는 다른 무엇이 있겠습니까! 나는 사람들이 형벌을 어떻게 피할 수 있는지 궁금합니다. 성서가 다음과 같이 말하지 않습니까!

"우리가 이같이 큰 구원을 등한히 여긴다면, 우리가 어떻게 이 형벌을 피할 수 있겠습니까!"(히브리서 2:3)

그러나 심판을 통과하는 것이 이 강화의 의도가 아닙니다. 이 강화는 사람들이 다른 방법으로 판단하기를 바랄 뿐입니다. 이 강화는 고난의 복음을 선포하기만을 바랄 뿐입니다. 하지만 이것은 말하는 자가 스스로 발명하지 않았고, 이 복음을 선포할 자격이 있다고 생각하지도 않습니다. 이를 위한 기쁨으로 가득차 있기 때문입니다. 누군가 이런저런 일시적인 진리를 설교함으로써 공로를 얻을 수 있습니다. 그러나 영원한 진리와 구원의 기쁨은 너무 기쁜 나머지 비참하게 공로를 장부에 기입할 만한 여유가 없습니다.

사람이 순전한 자기희생과 가장 무거운 고난 중에도 계속적으로 이 기쁨을 선포한다 해도, 어떤 공로도 얻지 못할 것입니다. 왜냐하면 일시적 고난이 가장 무겁게 짓누를 때, 영원한 행복은 여전히 지나치게 무겁다는 데에 이 기쁨이 있기 때문입니다. 일시적 진리는 그 진리의 설교자들과 현재 계정(Mellemregning)을 유지해야만 합니다. 그러나 영원의 행복은 일반 영수증

(General-Qvittering)²³을 갖고 있기에 더 이상 계산할 것이 없습니다. 왜냐하면 고난이 가장 무거울 때도, 영원한 행복은 여전히 그것보다 더 무겁기 때문입니다.

참고 자료

01 다음을 참고하라.

여섯 번째 강화의 요점과 이에 대한 특별히 기독교적인 것은 특별히 이 강화가 시간과 영원이 병치될 때, 고난의 개념이 생긴다는 취지의 설명이 없다는 것이다. 오히려, 이 주장은 엄격하게 사도의 말에 토대를 둔다. 생각을 돕는 기능을 수행하고 있는 덕을 세우는 강화는 결코 이런 식으로 조직화될 수 없다. -Pap. VIII1 A 21 n.d., 1847

02 누가복음 14:28, "너희 중에 누가 망대를 세우고자 할진대 자기의 가진 것이 준공하기까지에 족할지 먼저 앉아 그 비용을 계산하지 아니 하겠느냐"

또한 다음을 참고하라. Four Upbuilding Discourses(1844), in Eighteen Discourses, pp. 361-2, KW V (SV 136-37).

03 다음을 참고하라

"성찰(Overveielser)"라는 단어가 이미 "기독교 강화" 중의 하나를 소개하는 암시 단어라는 것을 거의 대부분이 깨닫지 못한다. No. VI. -JP V 6054 (Pap. VIII1 A 308) n.d., 1847

또한 다음을 참고하라. NB2:176, Pap. VIII1 A 293

덕을 세우는 강화와 성찰의 차이

성찰(Overveielse)은 기존의 이해하고 있는 개념적 정의를 전제하지 않는다. 따라서 성찰은 감동적이고, 위로를 주며, 납득시키기기보다 사람들을 일깨우고, 도발하고, 생각을 날카롭게 해야 한다. 성찰을 위한 순간은 행위 앞에 선다. 따라서 성찰의 목적은 모든 요소들을 적절하게 행동으로 옮기는 것이다. 성찰은 '쇠파리'이어야만 한다. 그 어조는 덕을 세우는 강화와는 상당히 다르다. 덕을 세우는 강화가 그 분위기가 쉼을, 안식을 제공하는 것인 반면, 성찰은 좋은 의미에서, 조급하면서도 맹렬한 기분을 갖게 한다. 여기에서는 아이러니가 필요하다. 게다가, 코믹한 것은 더 중요한 요소이다. 그 사상이 더욱 명확하고, 충격적인 한, 잠시 웃을 수도 있다. 사랑에 대한 덕을 세우는 강화는 본질적으로 사랑이 무엇인지를 사람들이 알고 있다고 전제한다. 그때 사랑을 하도록 그들을 설득하려 하고, 감동을 주려 한다. 그러니 이것은 여기에서는 맞지 않다. 따라서

'성찰'은 무엇보다 그들을 지하실에서 끌어올려, 그들을 부르고, 진리의 변증법을 사용하여 그들의 편안한 사고방식을 뒤집어야 한다.

04 덴마크어를 비교해 보라.

05 양팔저울을 의미한다.

06 덴마크어 "at holde Tungen lige I Muden"은 문자적으로 "혀를 입의 중앙에 균형을 잡는 것"을 의미하지만 관용적인 표현으로는 "말조심 하는 것" 그리고 확장해서 "언행을 조심하는 것"을 의미한다.

07 이 단어는 덴마크어로 Timelighed로 '일시성' 혹은 '시간성'으로 번역할 수도 있다. 키르케고르의 글은 이 단어를 생각할 때, 일시적인 것과 시간적인 것을 동시에 고려할 필요가 있다. 하이데거의 실존철학적인 의미에서 이 단어는 '시간성'이다. 이하의 번역에서는 '시간'으로, 형용사는 '시간적인' 혹은 '일시적인'으로 번역했음을 참고하기 바란다.

08 누가복음 10:42절을 암시한다. "몇 가지만 하든지 혹은 한 가지만이라도 족하니라. 마리아는 이 좋은 편을 택하였으니 빼앗기지 아니하리라 하시니라."

09 이 부분은 다니엘이 벨사살 왕의 벽에 적힌 글자(메네 메네 데겔 우바르신)에 대한 다니엘의 해석에 대한 설명을 암시한다.

다니엘 5:27, "데겔은 왕을 저울에 달아보니 부족함이 보였다 함이요."

10 베드로전서 2:22, "그는 죄를 범하지도 아니하시고 그 입에 거짓도 없으시며"

11 이 부분은 철학자 임마누엘 칸트와 관련이 있다. 그에 따르면, 선은 그 자체로 목적이라는 것이다. 이것이 도덕이 이 목적에 따라 절대적으로 행동하도록 명하는 '정언 명령'과 연결되는 이유이다. 이와 반대가 되는 것은 '가언 명령'으로, 어떤 목적을 달성하기 위해 특정한 수단에 따라 행동하도록 명령한다. 정언 명령은 최고의 도덕 법칙을 표현한다. 반면 가언 명령은 도덕적 가치가 없다. 따라서 목적에 따라 행동하는 것이 수단에 따라 행동하는 것보다 중요하다.

12 고린도전서 9:26을 참고하라. "그러므로 나는 달음질하기를 향방 없는 것 같이 아니하고 싸우기를 허공을 치는 것 같이 아니하며"

13 이 부분은 다음 구절을 참고하라.

빌립보서 3:14, "푯대를 향하여 그리스도 예수 안에서 하나님이 위에서 부르신 부름의 상을 위하여 달려가노라."

골로새서 2:15, "통치자들과 권세들을 무력화하여 드러내어 구경거리로 삼으시고 십자가로 그들을 이기셨느니라."

14 고린도전서 9장 24-25절을 참고하라. "운동장에서 달음질하는 자들이 다 달릴지라도

오직 상을 받는 사람은 한 사람인 줄을 너희가 알지 못하느냐? 너희도 상을 받도록 이와 같이 달음질하라. 이기기를 다투는 자마다 모든 일에 절제하나니 그들은 썩을 승리자의 관을 얻고자 하되 우리는 썩지 아니할 것을 얻고자 하노라."

15 이 부분은 아마도 고린도전서 13:12를 암시하고 있다. "우리가 지금은 거울로 보는 것 같이 희미하나 그 때에는 얼굴과 얼굴을 대하여 볼 것이요, 지금은 내가 부분적으로 아나 그 때에는 주께서 나를 아신 것 같이 내가 온전히 알리라."

16 이 부분을 이해하기 위해서는 계속해서 양팔저울을 생각해볼 필요가 있다. 여기에서 비교는 고난과 영원한 행복과의 관계다. 그때 영원한 행복은 언제나 고난을 압도한다.

17 아마도 "육체에 있는 가시"라는 강화일 것이다. 아직 한국어로 번역되지 않는 1844년의 강화이다. 다음을 참고하라. "The Thorn in the Flesh," Four Upbuiding Discourses(1844), in Eighteen Discourses, pp. 327-46, KW V (SV 106-23).

18 이 부분은 사도 바울의 생애를 언급한 것이다. 바울은 아마도 예수의 죽음과 부활 2년 후인, 35년에 회심했고 63년에 로마에서 포로 생활을 끝냈을 것이다. 그러나 바울은 해방되어 스페인으로 선교를 갔다. 그 후 그는 로마에서 네로 황제 아래 참수형을 당했다. 그는 68년 6월에 사망했다. 다음을 참고. 2. bog, kap. 22 og 25, i Kirkens Historie gjennem de tre første Aarhundreder af Eusebius, overs. af C.H. Muus, Kbh. 1832, ktl. U 37, 95쪽과 104쪽. 따라서 바울은 약 30-33년에 걸쳐 활동했을 것이다.

19 다음을 보라. Luther, "Am Tag Nicolai des heiligen Bischoffs"(Luke 12:35-40), Werke, XVII11, p. 279.

또한, 다음의 일기를 참고하라. NB:96, Pap. VII1 A 209

루터는 어느 곳에서 크리스천이 되고 싶으면 궁중복(uniform of the court, 십자가)을 입어야 한다고 말한다. 이것은 "Kreuz" 기사 7장에 있는 나의 색인에서 인용되었다.

20 이 표현은 일반적인 인간의 수명을 나타낸다. 이에 대하여는 시편 90:10을 참고하라. "우리의 연수가 칠십이요 강건하면 팔십이라도 그 연수의 자랑은 수고와 슬픔뿐이요 신속히 가니 우리가 날아가나이다."

21 빌립보서 2:12, "그러므로 나의 사랑하는 자들아 너희가 나 있을 때뿐 아니라 더욱 지금 나 없을 때에도 항상 복종하여 두렵고 떨림으로 너희 구원을 이루라."

22 이 부분에 대한 명확한 출처는 확인되지 않았다.

23 채권자로부터 더 이상 채무자에 대한 청구권이 없는 영수증

VII

고난 당하는 자가 담대함으로
세상에서 능력을 빼앗고
그 능력으로 능욕을 영광으로
파멸을 승리로 바꿀 수 있는 기쁨

고백한다는 것

사람에 대한 두려움으로, 세상의 이익에 대한 관심으로, 세상 앞에서 자신의 사랑의 대상을 고백하는 것을 비겁하고 비열하게 두려워하는 것, 이것은 확실히 사람에 대하여 말할 수 있는 가장 혐오스럽고 가장 경멸적인 것들 중의 하나입니다.

사람에 대한 두려움으로, 세상의 이익에 대한 관심으로, 세상 앞에서 자신의 믿음의 대상을 고백하는 데 있어 비겁하고 비열하게 두려워하는 것, 이것은 사람에 대하여 말할 수 있는 가장 혐오스러운 것입니다.

따라서 이것이 기독교를 고백하는 사람들(confessors)[01]이 세상 앞에서 그들의 믿음을 고백하는 것이 필요하다고 성서가 가장 엄숙하게 가르치려는 의도가 아닐지라도(진실로, 그들을 고백하는 사람들이라고 일컬을 때, 그들에게 필요한 것은 이미 선포되었다), 이것이 그리스도께서 "누구든지 사람 앞에서 나를 부인하면, 나도 하늘에 계신 내 아버지 앞에서 그를 부인하리라."[02]라고 말했던 의도가 아닐지라도, 그리스도인들이 세상 앞에서 믿음의 대상, 사랑의 대상을 고백할 수 있는 것, **이것은 그 자체로 저절로 나오며, 내면의 강한 충동으로부터 나옵니다.** 반면에, 이 고백이 명령받은 것일지라도, 이 고백이 영원(eternity)에 대한 전폭적인 강조로 부과된 명령일지라도, (사람 앞에서 고백하는) 그런 종류의 고백은 필요한 것이 아닙니다.

따라서 누군가 스스로 속아 이 고백이 필요한 것이기 때문에, 영원한 심판의 관점에서 가장 현명한 것은 그리스도를 고백하는 것이라고 생각한다면, 그런 사람은 그리스도를 고백한 것이 아닐 뿐만 아니라, 마치 그리스도께서 이 세상에서 위대한 이름을 갈망했던 자만심이 강한 권력 추구자였던 것처럼 그분을 왜곡하는 것입니다. 아닙니다. 그것은 그리스도께서 그 고백을 요구했던 이유가 아닙니다. 또한 그것은 그리스도께서 그 고백을 요구했던 방법도 아닙니다.

반면, 고백이 필요할 때, 그리스도께서는 그의 제자들이 실제로 그 고백이 저절로 따라 나오는 그런 경건(inwardness, Inderlighed)[03]**이 있기를 요구했습니다.** 동일한 경건이 침묵일 수도 있습니다. 그것은 하나님께 기쁨이 되니까요. 그러나 이런 동일한 경건이 침묵이 아닐 수도 있습니다. 고백이 필요할 때 말입니다!

사람이 감히 고백할 만큼 충분히 강하고, 충분히 무시할만한 믿음이 없다면, 또한 고백이 필요하다면, 어떻게 사람의 믿음이 구원에 이르는 믿음을 가질 만큼 충분히 강할 수 있습니까? 어떻게 이런 식으로 충분히 강하기도 하고 충분히 무시할 수 있습니까? 아, 이것은 가장 어려운 종류의 무시에 관한 것일 수 있습니다. 공로에 대한 자신의 환상을 무시하는 것, 혹은 자신의 열정의 온화한 발명을 무시하는 것, 혹은 죄의 자각 중에 끔찍한 상상 (Skrækkebilleder)[04]으로 인한 소름 끼치는 모습을 무시하는 것, 그러나 이런 무시 없이 사람은 구원에 이르는 믿음을 가질 수 없습니다.

따라서 모든 진정한 그리스도인들은 고백이 필요하다면, 기꺼이 언제든지 자신의 믿음을 고백하기 원했습니다. 그는 자만심으로, 자화자찬할 마음으로 고백의 때를 찾았던 것이 아닙니다. 이것은 칭찬할 만합니다. 대신에 하나님 앞에서 정직하기에, 고백이 필요하다면, 믿음을 고백하기 원했던 것을 스스로 만족시켜 왔던 것입니다.

이것은 기독교 주위에 있는 온 세상이 이교도였고 그리스도인들이 모든 면에서 세상 앞에서 그의 믿음을 고백하도록 부르심을 받았을 때, 언젠가 고백이 존재했던 방식입니다. **왜냐하면 그의 믿음을 고백하는 것은 그리스도를 선포하는 것과 같기 때문입니다.**

그 당시에 또한 고백하기 위한 자발적 준비와 열정이 있었습니다. 그런 고백은 그리스도인들에게 대단한 존경을 받았습니다. 따라서 모든 사람이 같은 믿음을 고백하는 자들이었지만, 그들은 몇몇을 선정했고 그들이 순교자처럼 자신의 삶을 희생한 것은 아니지만 고백의 많은 위험 가운데 시험을 당했던 그 사람들을 고백하는 자들[05]이라고 불렀습니다.

그 당시에 고백은 무조건적으로 누구나에게 요구되었습니다. 왜냐하면 세계가 원했던 것이 그들이 그리스도인이 아니라고 고백하도록 강요하는 데 있었기 때문입니다. 이교도는 그리스도인들을 범죄자처럼 다루기 원했습니다. 그때 (몇몇 교부들이 명확하고 날카롭게 설명했듯이) 이교도는 그리스도인들이 인정하고 고백하기 원했습니다. 그러나 범죄자들처럼 그들의 죄를 고백하기 원했던 것이 아닙니다. 반대로, 이교도는 그리스도인들에게 그가 그리스도인이 아니라는 것을 고백하도록 요구했습니다.

그러나 기독교가 의기양양하게 승리한 지금은, 모든 사람이 그리스도인이 된 지금은, 요구조건이 그리스도인이 아니라는 것을 고백하는 것이 결코 아닌 지금은, 그 상황이 변하지 않았습니까. 그런데도 의문의 여지가 없이, 최고의 요구조건은 그리스도인이라는 것을 고백하는 것입니다.

우리가 이 문제를 침착하게 절제력(self-control)을 갖고 살펴봅시다. 힘과 능력이 있는 영(spirit)을 주시는 분이 하나님이라면, 그때 또한 "절제하는 영(the spirit of self-control)"[06]을 주시는 분도 동일한 하나님이십니다. 사람에 대한 두려움과 비열한 비겁은 어느 시대를 막론하고 혐오스럽다 해도, 간설한 열정의 과잉(excess), "지혜 없는 열심(zeal)"[07] 역시 부패한 것이나 다름없고 때로는 근본적으로는 그만큼 혐오스럽고 그만큼 불경스럽습니다.

이방인 중에 있는 그리스도인이 그리스도를 고백할(bekjende) 때, 그것은 그리스도를 모르는(kende) 사람들 앞에 기독교를 선포하는 것과 같습니다. 그런 종류의 고백은 이방인들에 대한 판단(judgement)을 담고 있지 않습니다. 곧, 이방인들이 그리스도인이라고 주장하지 않으므로, 그들은 그리스도인들이 아니라는 그런 판단을 담고 있지 않습니다.

그러나 그리스도인이 그리스도인들 사이에 살아갈 때, 혹은 모두가 자신들을 일컬어 그리스도인이라고 부르는 사람들 중에 살아갈 때, 그때 그리스도를 고백하는 것은 기독교를 선포하는 것과 같지 않습니다. (왜냐하면 고백을 들은 사람들은 결국 기독교에서 배웠고 자신들을 일컬어 그리스도인이라고 부르기 때문입니다.) 하지만 그 고백은 다른 사람들을 판단하고 있으며, 자신들을 일컬어 그리스도인이라고 **부르는** 사람들을 판단하고 있습니다. 다시 말해, 그들이 그리스도인인 것처럼 **행세만 하는** 것을 판단하고 있습니다. 이리하여 그들이 그리스도인들이 아니라는 것을 판단하고 있는 것이며, 따라서 그들의 경솔함과 부주의를 가장 관대하게, 그들의 위선에 대하여는 가장 엄하게 판단하고 있는 것입니다.

두 상황은 완전히 다르고 구별하기에도 쉽습니다. 왜냐하면 한 경우에는 그리스도인이 이방인들에 의해 둘러싸여졌고, 따라서 그리스도인이 되는 것은 정확히 그리스도를 고백하는 것과 같기 때문입니다. 다른 경우에,

기독교를 고백하는 그리스도인은 역시 기독교를 고백하는 그리스도인들에 둘러싸여졌고, 따라서 더 탁월한 정도로 그리스도를 고백하기 바라는 것은 다른 사람들의 기독교를 부정하는 것입니다.

이것을 더 명확하게 하기 위해서, 단순하고도 뚜렷한 예로 이 지점을 설명해 봅시다. 어떤 종류의 음식, 혹은 요리가 있다면, 어떤 면에서 그것은 누군가에게 아주 중요한 나머지 그것은 가장 깊숙한 감정들과 뒤엉킵니다(우리는 국민 음식(national dish) 혹은 종교적 중요성을 담고 있는 음식을 상상할 수 있습니다). 그리고 이 음식이 조롱당하거나 경멸조로 말하는 것을 듣게 된다면, 결과적으로 그 사람은 가만히 앉아 있을 수가 없습니다. 이런 일이 그의 눈앞에 벌어지기라도 한다면, 그는 자신의 감정을 시인하고 그 감정을 고백하는 것은 당연히 따라오는 결과입니다.

이제 우리가 약간 다른 상황을 상상해 봅시다. 이 사람이 다른 몇 명의 사람들의 무리 가운데 있고 저 특별한 음식을 제공받습니다. 그 음식이 제공될 때, 각 손님들이 선포합니다.

"이것은 모든 요리들 중에서 가장 영광스럽고 값을 매길 수 없을 만큼 가장 귀중합니다."

이제, 우리가 말하고 있는 이 사람이 놀라서 발견한다면, 혹은 적어도 우리가 생각하기에 그가 발견한다면, 그 손님들이 이 요리를 먹고 있지 않거나 손도 대지 않은 채, 가만히 있다는 것, 그들이 이 요리가 가장 영광스럽고 값으로 매기지 못할 만큼 귀중하다고 주장할지라도, 다른 요리에만 정신이 팔려 있다는 것, 이런 것들을 발견하는 경우, 이 사람은 자신의 확신(conviction)을 시인하도록 요구받습니까?

결국 누구도 그를 반대하지 않습니다. 누구도 그가 말하고 있는 것과 다른 어떤 것도 말하지 않습니다. 이 기회에 그가 자신의 감정을 진지하게 시인한다면, 그의 행동에는 어떤 의미도 **없든가**(다른 모든 사람늘이 같은 것을 말하고 있는 한, 그들의 만장일치의 확신과 조화를 이루는 그의 확신을 **고백하는 것**은 아무런 의미가 없습니다. 왜냐하면 결국 이것은 고백하는 것이 아니라 동의하는 것입니다), 아니면 그는 정말로 다른 사람을 판단하게 될 것입니다. 곧, 그는 그들이 말한 것이 진심이 아니라는 사실을 판단하게 됩니다.

우리가 은유의 불충분함을 명심한다면, 자신들을 일컬어 그리스도인이라고 부르는 사람들 중에서 그리스도를 고백하는 것도 이와 같습니다. 다시 말해, 우리는 사람이 그토록 대단히 찬양했던 음식을 먹든지 말든지, 이에 대한 감각적 확신을 가질 수 있습니다. 그러나 영적인 의미에서 마음을 아는 자만(Hjertekjenderen)[08]이 그가 진심을 말하고 있지 않다는 것을 압니다.

그리스도인이 놀라서 발견하거나, 적어도 그가 발견했다고 생각할 수 있습니다. 곧, 많은 사람들, 그들 모두가 그리스도인이 되는 것이 최고의 선(det høiste Gode)이라고 말한다는 것, 그들 스스로 그리스도인이라고 말하고 있으나 이 최고의 선에 대하여는 별로 관심이 없는 것처럼 보인다는 것, 이런 것들을 발견하게 되는 것이죠. 그러나 그때 그가 그리스도를 고백하기 위한 기회를 이용한다면, 그의 고백은 기독교를 선포하는 것이 아니라 다른 사람들을 판단하는 것입니다.

성경과 교회가 이 말을 이용하는 방법으로 고백하는 것은 반대(opposition)를 전제하고 있고, 거기에 이 말에 저항하며 말하고 있는 누군가 있다는 것을 전제하고 있습니다. 그러나 물론 여기에서 이것은 사실이 아닙니다. 반대로, 그가 생각하기에, 모순된 말을 하고 있는 많은 사람들이 있는 것을 발견했거나, 그들이 말한 것이 진심이 아니었던 사람들을 발견했습니다.

그러므로 그는 그리스도를 거부하는 사람들을 반대하면서 그리스도를 고백한 것이 아니라, 그들 역시 그리스도를 고백하고 있는 사람들이지만 그들에게 반대하면서 그리스도를 고백한 것입니다. 다시 말해, 그는 다른 사람을 판단하고 있습니다. 그는 그들의 고백이 거짓(untruth)임을 판단하고 있는 것입니다. 그들이 말한 것은 진실하므로, 그들이 말한 것이 거짓이라는 것이 아닙니다. 오히려 진실한 진술(the true statement)이 그 안에 어떤 진리(truth)도 없다는 것입니다.

동일한 기독교의 신앙을 갖고 있는 자들에게 그리스도를 부인하는 것처럼, 그리스도를 고백하라고 요구받는다면, 그것은 완전히 별개의 문제입니다. 누구도 이 질문에 대한 해답으로 직접적으로 초기 기독교 세계에 호소할 수 없습니다. 그것은 완전 별개의 문제로, 누구나 진지하게 고려해야만 합니다.

그 해답이 무엇이든, 믿음 안에 있는 자들이 계속 전진할 수 있도록 돕는 일에서 면제될 수 없습니다. 당연히 면제되는 것이 아닙니다. 아니, 자신의 모든 능력을 다해 도와야 합니다. 그러나 기독교에 대한 보편적인 고백을 한다는 점에서 본질적인 공통점이 있는 다른 사람들을 격려하고, 그들을 가르치고, 안내하는 것, 이것은 그리스도를 고백하는 것이 아닙니다.

기독교가 그리스도를 부정하는 이교도와 다투던 당시에, 모든 사람들이 세상 앞에 그리스도를 고백하도록 요구받았을 때, 그들 내부의 상호 간의 관계에서 서로 그리스도를 고백하는 일이 그리스도인들에게 결코 일어날 수 없었습니다. 왜냐하면 그와 그리스도인들과의 관계에서 그리스도를 고백하려고 자청하는 그리스도인 각 개인은 건방지게 다른 사람들이 그리스도인이라는 것을 거부하는 것으로 여겨지기 때문입니다. 따라서 기독교를 선포하는 것과 동일한 의미를 지닌 것이, 기독교가 이교도로 둘러싸여 있는 동안, 기독교 안에서는 너무 쉽게 파벌적인 자만과 건방진 확신이 될 수 있다는 것을 계속해서 명심해야 합니다.

그렇지만, 이런 언급을 통해서 소위 기독교 세계가 한창일 때, 사람이 부득이하게 기독교를 고백하는 상황은 결코 일어날 수 없다는 결론이 나오는 것이 아닙니다. 우리는 그것에 대한 어떤 결정도 하지 않을 것입니다. 다만, 우리는 그것(부득이한 고백)을 단독자의 진지한 자기시험(den Enkeltes alvorlige Selvprøvelse)으로 남겨둡니다.[09]

우리는 이 강화의 주제가 "그리스도를 고백할 때"인 것처럼, 이것을 고찰하며 발전시키지 않았습니다. 아니, 우리는 확신을 위해 싸우는 최고의 모범(example)을 상기시킵니다. 그리하여, 최고의 모범으로부터 우리는 조금 더 작은 사례들을 배울 수 있습니다. 그리하여, 우리에게 할당된 확신을 위한 싸움 중에, 우리는 올바른 방법으로 싸울 수 있습니다.

이런 일이 일어나지 않는다 해도, 사람이 싸울 때처럼 그의 인생이 그리스도를 고백해야 하는 어려움 중에 머물지 않더라도, 물론 다른 방법으로 중대한 결단으로 이끌려 갈 수 있습니다. 곧, 그는 결단해야 할 의무와 필요 가운데 놓일 수 있고, 절대적으로 최후의 순간까지, 그의 속사람의 확신과 양심적으로 관련된 관점 아래에 놓일 수 있습니다.

그러나 여기에서도 역시, 사람에 대한 두려움으로, 세상의 이익에 대한 관심으로, 자신의 신념을 고백하는 데 있어 비열하고 비겁하게 두려워하는 것, 이것은 사람에 대하여 말할 수 있는 가장 혐오스럽고 가장 경멸적인 것들 중에 하나라는 것은 사실입니다. 따라서 사람이 위험 가운데 결단할 수 있도록, 그러나 또한 **담대함**(Frimodighed)으로 안내하는 기쁜 생각과 친밀해질 수 있도록, 미리 어려움을 깨닫고 잘 준비하는 것은 유익합니다.

아! 어떤 특별한 문화가 점진적으로 전파될수록, 사람들의 다양한 서로의 관심이 증폭될수록, 끊임없이 비교의 옹졸함(small-mindedness), 부러워하면서도 비겁한 이 옹졸함의 전염병이 점진적으로 전파될수록, 불행하게도 모든 것은 사람의 담대함을 질식시키는 것을 목적으로 하는 것처럼 보입니다. 동시에 거기에는 지배체제와 정권(dominions and regimes)의 전복을 위한 싸움들이 있으므로,[10] 가장 위험한 노예 상태(slavery)를 점점 더 발전시키기 위한 최고의 노력이 있는 것처럼 보입니다. 곧, 이 굴종은 자신과 동등한 사람들에 대한 옹졸한 두려움입니다.

[11]아, 폭군(tyrant)을 타도하는 것은 너무나 쉽습니다. (적어도 그런 사람이 있기라도 한다면, 그리고 이것이 폭군을 타도하는 영웅적인 공적을 위해 다시 제작한 옛날이야기가 아니라면) 그는 확실히 타도될 수 있습니다. 정말로 쉽게, 그를 겨냥하는 것은 가능합니다. 오늘날, 통치자와 권력자들과 관련된 사람에 대한 두려움은 옛날이야기로 고려되어야 합니다.

어쨌든, 이런 점에서 위험과 맞서 싸우는 많은 사람들이 있습니다. 그래서 그 위험은 확실히 무가치합니다. 아마도 경험이 부족한 사람들은 순진하게도 많은 사람들이 맞서고 있는 위험이 틀림없이 크다는 결론에 이릅니다. 왜냐하면 그렇게 많은 싸우는 사람들이 있기 때문입니다. 그러나 조금 더 경험이 많은 사람은 더욱 확고하게 다음과 같이 결론을 짓습니다.

많은 사람이 맞서고 있는 위험은 그렇게 크지 않다. 왜냐하면 거기에는

많은 사람들이 있기 때문이다. 하지만 싸워야 하는 더 큰 위험이 있는 곳에, '많은 사람들'은 거의 볼 수 없다.

그러나 평등한 자들의 폭군이자, 평등과 관계한 사람들의 옹졸한 두려움인 이 악한 영(evil spirit), 우리가 이 악한 영을 스스로 불러옵니다. 이 영은 각 개인에게 거주하고 있는 것도 아니고, 어떤 각 개인도 아니지만 은밀히 돌아다니며 사냥감(prey)을 찾습니다. 또한 악한 영은 교묘하게 개인들 사이의 관계로 스며듭니다. 이 악한 영은 본질적으로 모든 개인과 하나님과의 관계를 제거하기 바라는 바, 박멸하기에는 어렵습니다.[12]

사람들은 그들이 만들고 있는 노예 상태가 있다는 것을 거의 깨닫지 못합니다. 그들은 지배체제를 전복시켜 사람들을 자유롭게 해준다는 열정으로 이것을 망각합니다. 그들은 그것이 노예상태라는 것을 깨닫지 못합니다. 평등한 자들과의 관계에서 어떻게 노예가 되는 일이 가능할 수 있겠습니까? 그러나 사람은 또한 부자유한 상태에서(unfreely) 의존하고 있는 것이 있다면, 그는 그것의 노예라는 것을 올바르게 배웁니다.

그러나 자유를 사랑하는 우리의 시대는 다르게 생각합니다. 우리 시대는 사람이 통치자에게 의존하지 않는다면, 노예도 아니라고 생각합니다. 통치자가 없다면, 거기에는 노예도 없습니다. 사람은 그가 만들고 있는 노예상태를 깨닫지 못합니다. 바로 이것 때문에 사람이 자신을 노예상태로부터 분리시키는 것이 그렇게도 어려운 것입니다.

이 노예상태는 한 사람이 많은 사람들을 지배하기 원하는 데에 있지 않습니다. (그때 물론 사람은 노예상태라는 것을 깨닫게 될 것입니다.) **이 노예 상태는 각 개인들이 하나님과의 관계를 망각할 때, 서로를 두려워하게 된다는 데에**

있습니다. 단독자(single individual)는 결국 하나님을 망각하고 서로가 서로를 두려워함으로써, 끈끈이처럼 단결하고 군중을 형성시켰던 그 이상의 사람 혹은 많은 사람들을 두려워하게 됩니다. 이는 각 사람과 모든 사람들을 개인(individual)이 되도록 승인한 영원의 고귀함을 포기하는 결과입니다.

이런 식으로, 그렇게 많은 다른 방식에서와 같이, 사람은 세상에서 시험을 당합니다. 그는 확신을 고수해야 하는 지점까지 이끌려 갈 수 있습니다. 그러나 그가 확신을 구하기만 한다면, 그리고 그가 올바른 장소에서, 그때 오직 성서에서 구하기만 한다면, 그는 결코 안내 없이 남겨지는 일은 없을 것입니다.

예를 들어, 우리는 사도행전에서 사도들이 그리스도를 선포하는 것을 공회(council)에 의해 금지당한 것을 읽습니다. 하지만 사도들은 그런 일들로 방해받고 있는 것이 아니라 사람보다는 하나님을 더욱 두려워했고 그리스도를 선포했습니다. 이로 인해, 가말리엘(Gamaliel)이 이 사건에 대하여 충고하지 않았다면, 공회는 그들을 붙잡아 죽였을 것입니다. 그러나 그때 사도들은 채찍질을 당하고 풀려났습니다. 이제, 그들이 채찍질을 당했을 때(우리가 사도행전 5:41을 읽는다),

"그때 사도들은 그리스도의 이름을 위하여 능욕을 받는 일에 합당한 자로 여겼기 때문에 기뻐하며 공회 앞을 떠났습니다."[13]

우리는 계속해서 이 말씀을 명심하면서, 확신으로 고난 당하는 모든 사람들을 위한 기쁨을 위해 다음을 깊이 생각해야 합니다.

담대함(Frimodigheden)[14]으로 고난 중에도

세상으로부터 능력을 빼앗을 수 있다는 것,

그리고 그 능력으로 능욕을 영광으로,

파멸을 승리로 바꿀 수 있다는 것.

뒤집기

우리가 진리 안에서 잘 교육받은 젊은이를 상상한다면, 그가 진리를 안다는 것을 결코 부정할 수 없습니다. 그러나 그의 경험은 아마도 그의 앞에 있는 다른 사람들의 경험과 같을 것입니다. 그가 여전히 진리만을 알고 있다 하더라도, 어른이 되었을 때, 그는 완전히 다른 무언가를 알게 될 것입니다. 그는 진실로 진리를 알고 있으나, 그의 주위를 둘러싼 전체 세계에 대한 경험, 현실(actuality)의 조건에 대한 경험도 없고 그런 경험에 대하여 무지합니다. 그 세계 안에서 진리는 앞으로 전진해야만 합니다.

이런 관점에서 사람은 조금 더 애매한 암시와 같은 초기의 어린 시절로부터 도움을 받는다는 것은 거의 불가능합니다. 통상적으로 젊은이들은 잘 속는 경향(credulity)이 있고 그런 경향이 매력적으로 보입니다. 그 결과, 그것이 때로는 그의 파멸이 되고 맙니다. 지식에 대한 젊은이의 갈증은 진리가 그에게 전달된 것처럼 기꺼이 그리고 간절히 진리를 독점합니다.

그때, 그의 미숙하지만 아름다운 상상은 그를 위하여 그가 세상에 요청했던 그림을 그려줍니다. 그가 배웠던 것은 그곳에서 무대에 상연되는 것처럼 그의 앞에 펼쳐집니다. 젊은이의 해를 입지 않은 생각 속에서, 이 둘은 서로 완전하게 조화를 이룹니다. 그가 가장 순수한 형태로 배웠던 진리, 말하자면, 그가 스스로 창조한 상상의 무대인 세상입니다. 젊은이가 생각하기에, 진리와 세상 사이의 관계는 그렇게 되어 있음에 틀림이 없습니다. 그때 그는 확신을 갖고 현실의 세상 속으로 나갑니다.

그러나 그는 거기에서 무엇을 보았을까요? 우리는 그의 주위에 있는 세상 속에서 그가 목격했던 모든 결함과 평범함과 불안정과 옹졸함을 깊이 생각하지는 않을 것입니다. 우리는 젊은이의 자기 자신에 대한 이 슬픈 발견 앞에 멈추지 않을 것입니다. 또한 어떻게 그가 자신이 상상했던 사람이 되지 못했는지, "그는 자기도 연약함에 휩싸여 있었다는 것"(히 5:2), 아, 이 구절을 그가 어떻게 상세하게 해석했는지, 어떻게 증명했는지를 우리가 발견하기 위해 멈추지 않을 것입니다.

우리는 더욱 강력하고 극적인 장면으로 이동합니다. 다시 말해, 세상은 이 해를 입지 않는 젊은이가 무엇을 믿었는지 두 가지 방법으로 그 이면을 보여줄 수 있습니다. 젊은이는 두려움 없이 이 광경의 어떤 것도 보지 못합니다. 그가 한 광경의 거룩한 영광으로 인해 높이 올려질 때도, 그는 이 동일한 광경(Syn)에 대한 첫 인상에서는 벌벌 떱니다. 이 광경은 하나님 경외(God-fearing)의 검사(inspection, Eftersyn)를 통과했을 때에만 그렇게 그를 높이 올립니다.

젊은이는 진리와 선으로 교육을 받습니다. 젊은이는 진리를 위하여 선을 사랑할 수 있고 악은 어떤 모양이라도 피하도록 교육을 받습니다. 그러나 세상은 지금 그에게 정반대(Omvendte)의 모습을 보여줍니다. 거기에는 "**뻔뻔함**(Frækhedens)"이라고 부를 수 있는 '**반전**(Omvendthed)'이 있습니다. 거기에는 그 개념들을 반전시킨 사람들이 있습니다. 곧, 사도들이 말하듯이, "**그들의 영광을 수치**(shame) **속에 놓고,**" "**그들의 망신**(disgrace)**을 자랑하는**" 사람들이 있습니다.[15]

젊은이는 두려운 마음으로 이것을 보아야 합니다. 그들은 악을 행할 뿐만 아니라, 그것을 숨기기도 합니다. 그들은 그 악을 숨기지 않을 뿐만 아니라, 공공연하게 행하기도 합니다. 우리가 통상적으로 악은 빛을 피한다고 생각할지라도, 그들은 빛을 찾습니다.[16] 우리가 통상적으로 사악한 양심은 그 눈을 떨구고 다닌다고 생각할지라도, 그들은 오히려 눈을 높이 들고 다닙니다. 이런 특징으로 알려집니다. 그들은 악을 공공연하게 행할 뿐만 아니라, 그것을 자랑하고 "악을 행한 사람들을 칭찬합니다."[17]

그러나 세상은 해를 입지 않는 젊은이가 무엇을 믿었든 이와 정반대의 모습으로 보여줄 수 있습니다. 거기에는 확실히 가장 고상한 것을 담고 있는 다른 반전(Omvendthed)이 있습니다. 어떤 광경을 보고 젊은이가 두려운 나머지 벌벌 떤다 해도 말입니다. 왜냐하면 젊은이는 자신이 상상했던 아름다운 개념과는 일치하지 않기 때문입니다.

선이 진리를 위해 이 세상에서 고난 당해야만 할 때, 세상이 자신에게 이 선이 얼마나 무가치한지를 보여줄 때, 의로운 자가 아무 보상도 없고, 진실로 능욕과 핍박으로 보상을 받을 때, 마침내 혼동이 너무 커진 나머지 사람들이 진리의 증인들을 핍박하는 일이 하나님을 섬기는 일[18]이라고 생각할 때, 그때 이 반전은 일어납니다.

선이 부득이하게 능욕을 영광이라고 부를 수밖에 없을 때, 선이 정반대의 의미에서 그리고 진리에 대한 영원한 강조로, 부득이하게 영광을 수치 속에 놓을 수밖에 없을 때, 그때 이 반전은 일어납니다. 이런 일들은 의심할 바 없이 젊은이에게는 거의 일어나지 않았습니다. 젊은이는 이런 일을 거의 상상조차 하지 못했습니다. 젊은이는 너무 종종, 너무 당연히 그런 매력적인 것에 잘 속는 경향(credulity)이 있습니다. 그러나 젊은이는 이와 같은 어떤 것도 충분히 이해하지 못합니다.

이런 일이 일어날 때, 이 개념들이 지진보다 더욱 끔찍한 격변(upheaval)으로 흔들릴 때, 진리가 미움을 받고 진리의 증인들이 핍박을 받을 때, 그때 무슨 일이 일어났습니까? 진리의 증인들은 세상에 복종해야 합니까? 그렇습니다. 그러나 그것이 모든 것을 상실했다는 것을 의미할까요? 아닙니다. 정반대입니다. 우리는 이것을 확신하며 남아 있습니다. 그렇기 때문에 어떤 증거도 필요하지 않습니다. 만약 이것이 그렇지 않다면, 그때 그런 사람은 진리의 증인도 아닙니다.

그러므로 그런 사람은 최후의 순간에도 젊은이가 젊은 시절에 기대했던 기억을 간직하고 있었다는 것을 우리가 재확인한 셈입니다. 따라서 그는 자신에게 어떤 결점(defect)이 있을 수 있는지, 젊은이가 기대했던 대로, 그 결점이 세상을 위하여 아마 지금도 그가 가장 바라고 있는 무언가 되는 것이 가능한 것은 아닌지, 다시 말해, 진리가 승리를 얻고 선이 세상에서 보상을 받는 것이 가능한 것은 아닌지 보기 위해, 그는 하나님 앞에서 자기 자신과 자신의 관계를 시험해 왔던 것입니다.

그러나 그가 죄책(guilt)을 견디지 못한다는 것을 재확인했을 때, 지금부터는 그가 행하지 않는다면 책임감을 견뎌야 한다는 것을 재확인했을 때, 그때 담대함은 그의 안에서 초인간적인 능력으로 일어납니다. 그때 그는 그 관계를 반전시키고 놀랍게도 수치를 영광으로 바꾸고, 이런 식으로 세상에 의해 능욕 받았던 곳에 자신의 영광을 놓습니다. 그는 "그의 핍박과 그의 매임을 자랑합니다."[19] 그는 "이런 식으로 고난 당하는 것을 허락하셨던" 하나님을 찬양합니다.[20] 이런 뒤집기(Omvendte)가 담대함의 반전(Frimodighedens Omvendthed)입니다. 이것은 또한 해를 입지 않는 젊은이가 세상에서 보기를 기대했던 뒤집기입니다.

화 있을진저! 건방지게, 무분별하게, 성급하게 혼란의 공포를 가져와 더욱 평화로운 상황으로 바꾸는 자들이여! 그러나 또한 화 있을진저! 처음으로 모든 것이 뒤집힐 때, 그 모든 것이 필요하게 되었어도, 두 번째로 모든 것을 뒤집을 만한 담대함이 없는 자들이여! 그에게 화가 있을지라!

세상의 핍박을 견디는 것이 힘들다면, 행하지 못했기 때문에 책임감을 견뎌야 하는 것, 영원에서 수치를 당하며 견디는 것은 훨씬 더욱 힘들 것입니다. 왜냐하면 그가 하나님에 의해 수치를 영광으로 바꿀 만한 담대함을 얻지 못하기 때문입니다.

이것이 사도들이 행한 바이지만, 그들은 **고난 중에** 확신을 얻었습니다. 이런 점에서 우리는 즉각적으로 우리가 계속해서 반복해야만 하는 것을 말해 봅시다. 그들은 고난 중에 확신을 얻었습니다. 그렇지 않다면, 이 강화는 본질적으로 건방진 거짓말이 되었을 것입니다. 누군가 그에 부응하여 행한다면, 이 결과 이 강화는 가장 두려운 오류가 되었을 것입니다. 사도들은 채찍을 맞은 후에, "그리스도의 이름을 위하여 능욕 받는 일을 합당한 자로 여기심을 기뻐하면서 공회 앞을 떠나갔습니다."[21]

이 세상에는 사람들의 죄와 잘못에 대한 많은 무서운 이야기들이 전해지고 있습니다.(우리는 고대 예언자들과 사사(judges)들을 상기할 필요가 있을 뿐입니다.) 아, 그러나 가장 가혹한 형벌에 대한 이야기(Straffetale)조차 이 사도들의 담대함만큼이나 무섭지 않습니다. 왜냐하면 가장 가혹한 형벌에 대한 이야기도 맹렬히 형벌을 가하는 사람들과 공동체를 이루고 있음을 인정하기 때문입니다. 이것은 형벌이 가혹한 이유입니다. 즉, 형벌은 사람들을 개선하는 것을 목표로 합니다. 그리하여 형벌을 가할 때, 형벌은 그들을 다루면서 거들먹거립니다.

그러나 단 하나의 의지할 대상(recourse)만을 남겨 놓을 만큼 최극단에 이르는 것, 곧 자신이 능욕 받을 수 있도록 허락하신 것을 하나님께 감사하는 것, 그리고 이것을 기뻐하는 것. 심지어 가장 가혹한 형벌과 비교할 때, 이것

은 방언으로 말하는 것입니다.[22]

누군가 실제로 벌벌 떨지 않고 이 상황을 생각할 수 있는지 나는 궁금합니다. 왜냐하면 그런 말이 광기가 아니라면, 그리고 이 경우, 모든 규칙에 반대된다면, 그때 이것은 뻔뻔함의 극치이든가 담대함의 놀라움(marvel)이든가. 우리가 가장 타락하고 혼탁한 시대를 특징짓는다면, 우리가 그 시대를 다음과 같이 말하는 것보다 더 정확하고 또한 더 소름 끼치게 특징지울 수 있는지 나는 궁금합니다.

"타락과 혼탁이란 선한 사람을 강제하여 뻔뻔함의 경계에 풀어놓는 것, 그래서 그를 강제하여 능욕 받는 것을 자랑하도록 하는 겁니다!"

반면에, 우리가 선은 언제나 승리한다는 표현을 하기 위한 가장 신뢰할 수 있는 방법을 찾기 바란다면, 이보다 더 신뢰할 수 있는 표현이 과연 있을까요?

"고난 당하는 중에, 담대함은 세상으로부터 힘을 빼앗을 수 있고 그 힘으로 능욕을 영광으로, 파멸을 승리로 바꾼다!"

우리가 이것을 말할 때, 선한 사람이 다른 세상에서 마침내 승리한다는 것을 말하는 것이 아닙니다. 혹은 그의 대의명분(cause)이 이 세상에서 궁극적으로 승리할 것을 말하는 것이 아닙니다. 그가 살아 있는 동안 그는 승리합니다. 그가 여전히 살아 있는 동안, 고난 당하고 있지만 그는 승리합니다. 곧, 그는 고난의 날에 승리합니다.

모든 인간적인 반대가 늘어나도, 세계가 그에게 맞서 폭동을 일으킨다 해도, 그는 더 강한 자입니다. 언어의 힘도 그를 억제할 수 없습니다. 말하자면, 그는 언어를 돌파합니다. 그는 하나님에 의해 담대함을 얻어, 수치로부터 영광을, 파멸로부터 승리를 끌어내기 위해 앞으로 전진합니다.

몽유병자를 보고 깜짝 놀란다면, 진실로 그가 도저히 이해 불가능한 방법으로, 거대한 자신감(enormous assurance)으로, 저 깊은 심연(abyss)을 넘어 걷고 있기 때문일 것입니다. 그때, 우리가 벌벌 떨지 않고는 이 사도들의 자신감을 볼 수 없습니다. 왜냐하면 그것은 광기의 극치로, 하나님에 의해 담대함으로 방언(frimodigt i Tunger)을 말하고 있기 때문입니다.

사도 바울이 "인간의 법정에서 판결을 받는 것은 나에게 작은 것에 불과하다"[23]라고 말할 때, 이것은 확실히 강력하고 힘이 있는 말씀입니다. 이 말씀은 정말로 경솔하게 반복되어서는 안 됩니다. 왜냐하면 우리는 인간적인 심판(judgement)에 관심을 기울일 필요가 있기 때문입니다. 그러나 그럼에도 이 말씀은 더욱 인간적입니다.

그러나 채찍질을 당했기 때문에 하나님께 감사하는 것, 능욕 받은 것을 자랑하는 것, 이것은 충격적입니다. 그리고 이것은 또한 인간적인 심판이 작은 것보다 훨씬 더 작은 것으로, 무(nothing)보다도 더 작은 것으로 간주되고 있다는 것을 의미합니다. 우리가 모든 정직함으로, 단지 위험만을 피하기 바라는 어떤 속임도 없이, 감히 다음과 같이 말할 만큼, 이것은 충격적입니다.

"우리가 이런 식으로 시험을 받지 않은 것을 하나님께 감사합니다. 우리가 이런 담대함을 가질 만한 결단에 직면하지 않은 것에 대해 하나님께 감사를 드립니다."

사도들에게, 사소한 것들에 대해 훌쩍거리며 울 만한 문제가 없습니다.

또한 그들에게는 모든 시대에 언제나 있었던 것처럼, 몇몇 타락한 개인들의 타락하고 뻔뻔한 사람들에 대한 문제도 없습니다. 반면에, 그때 거기에는 다시 언어와 개념들을 공통적으로 지니기를 바라고 또 바라는 수많은 사람들이 있습니다.

사도들은 자신들에 대항하는 세상과 홀로 서 있었습니다. 그들은 우리가 나쁜 사람들이라고 부르는 자들과만 대항하는 것이 아니었습니다. 사도들에게 대항하는 것은 전체 세상이었습니다. 이 세상과 그들의 관계에서, 사도들은 채찍질 당하는 것이 영광이었고, 능욕을 받는 것이 자랑할 만한 것이었다는 것을 판단해야만 합니다. 사도들은 이런 식으로 홀로 서 있었습니다.

그들에게 중요한 것은 오직 한 가지였습니다. 바울이 덧붙이듯이, "다른 모든 유익은 손실입니다."[24] 아, 그런 말이 너무 자주 반복되고 앵무새처럼 너무 자주 되풀이됩니다. 그래서 마침내 우리는 순전한 반복으로 인해 그런 말이 우리의 공통의 언어와 잘 어울린다고 생각합니다. 그러나 그 말은 우리들의 언어와는 밤과 낮만큼이나 확실히 다릅니다. 이 진술이 담고 있는 담대함의 의기양양한 반전(seierrige Omvendthed)을 생각할 수 있는 능력을 지닌 자가 얼마나 될까요?

사람이 현실에서 대의명분을 위해 무언가를 기꺼이 헌신할 만큼 열정적일 때, 우리는 이미 그를 불쌍히 여기며 얼간이라고 간주하는 데에 가까이 있습니다. 또한 우리는 그를 이미 가엾은 멍청이로 애처롭게 느낍니다. 그러나 그의 열정은 그가 대의명분을 너무나 사랑한 나머지 그로 인해 세상의 재물들에 대한 손실, 금전적인 손실, 명성의 손실과 같은 다른 무언가의 손실을 기꺼이 견딜 것이라는 것을 암시하고 있을 뿐입니다.

그러나 사도의 관점은 이것과 얼마나 확연히 다릅니까! 열정가는 그가 아무리 세상적인 재물(goods)의 소유를 포기하고 손실을 견딘다 해도, 그 소유를 이익으로 간주합니다. 사도의 관점은 소유를 손실로 간주한다는 데 있습니다. 누군가 이 세상의 재물을 무로 여길 만큼 열정적이라면, 그때 세상은 그런 사람을 미쳤다고 여기는 데 가까이 있습니다. 그렇지만 이런 열정이 사도적이지 않습니다. **왜냐하면 사도는 세상적인 재물을 무로 여길 뿐만 아니라, 그는 심지어 그것들을 손실로 간주하기 때문입니다.**

따라서 사람이 일반적으로 부, 명예, 존경을 추구하는 반면, 사도는 이런 재물로부터 달아나기 위해 노력합니다. 이런 점에서 우리 모두는 사도들과 의견이 같습니다. 우리 모두는 손실을 피하고 싶습니다. 그러나 다시 불일치는 그 크기가 가능한 만큼 큽니다. 왜냐하면 우리는 사도가 손실로 이해한 것의 정반대를 정확히 손실로 이해하기 때문입니다.

그럼에도 불구하고 담대함이 이런 식으로 승리할 수 있는 능력을 갖고 있다는 것, 언어와 모든 사람들이 있음에도 불구하고, 이런 식으로 개념들(concepts)에 하나님의 진실한 표시의 도장을 찍는 것(우리가 이것을 잊지 맙시다!), 이것은 기쁘고, 형용할 수 없을 만큼 기쁩니다.

이리하여 의기양양한 담대함에게는 우리가 천진난만하게 울먹이며 손실이라고 일컬었던 것은 유익이요, 세계가 반역적으로 수치라고 일컬었던 것은 영광입니다. 이리하여 세상이 유치하게 파멸이라고 일컬었던 것은 승리입니다. 이리하여 전체 인류가 만장일치로 말하고 있는 언어는 뒤집힙니다. 그리고 거기에 인간의 언어를 정확하게 말하는 유일한 단 한 명의 사람이 있습니다. 그는 전체 인류가 만장일치로 전체 인류로부터 쫓아버린 그 사람입니다.[25]

사도들의 모범

그러나 사도행전에서의 이 말씀이 우리의 주제이므로, 하나님에 의해 담대함이 이런 능력을 갖게 되었던 이 기쁨에 우리의 관심을 집중시켜 왔으므로, 우리가 또한 사도들을 이해하기 위해 노력해 봅시다. 사도들이 이것에 대하여 자신들을 어떻게 이해했는지 알아봅시다.

확실히 그런 말씀과 그런 믿음의 기적은 담대함으로 논의되어야 합니다. 사람들에게 책임회피(evasions)와 계산(calculations)을 가르치기 원하는 모든 소심한 지혜가 있음에도 불구하고, 이 논의는 담대하게 확신이 있어야 하고 솔직해야 합니다. 왜냐하면 경건한 관점에서 보면, 하나님 앞에서 감히 세속성(worldliness)을 선포하는 자마다 영원히 책임이 따르게 될 것이기 때문입니다. 가능하다면, 이 논의는 건방지게 그 길로 모험하기 원하는 자를 통해서 떨림(shiver)이 전달되어야만 하는 그런 것이 되어야 합니다. 또한 이 논의는 기독교가 세상에서 어떻게 싸워야 하는지 나머지 우리에게 충격적으로 상기시켜주는 그런 것이 되어야 합니다.

그리하여, 우리에게 더 유리한 조건이 허락된다면, 우리가 겸손한 감사로 하나님을 찬양할 뿐만 아니라 올바른 방법으로 사도들을 존경해야 합니다. 다시 말해, 그런 고난으로 은혜를 입는 것은 하나님 앞에서의 탁월함(distinction)이라는 것을 정직하고 솔직하게 고백함으로써 그들을 존경해야 합니다. 뿐만 아니라, 혈육(flesh and blood, Kjød og Blod)[26]은 그런 탁월함으로부터 면제되는 것이 더 낫다는 것을 정직하고 솔직하게 고백함으로써 그들을 존경해야 합니다.

돈이나 재능과 같은 것처럼 누구나 갖고 싶어 하는 것으로 사도들의 탁월함에 대하여 가볍게 이야기하는 것은 자기기만입니다. 탁월함이 고난의 비밀이라는 것은 말할 것도 없고, 실제로 그런 탁월함이 요구되었을 때, 사도가 말했던 것처럼 치명적인 진지함으로 "만물의 찌꺼기, 세상의 구경거리"[27]가 되어야 할 때, 실제로 모든 사람들은 감사함으로 이런 탁월함을 거절하였을 것입니다. 이것은 우리가 사도들의 모범을 통해 배울 때, **고난 당하는 중에** 담대함이 이 놀라운 일을 수행할 수 있다고 우리가 말한 이유입니다.

담대함이 행동하기를 원한다면,[28] 그 놀라운 일을 수행하는 것은 불가능합니다. 그러나 사도들은 진실로 계속해서 고난을 당하고 있습니다. 행동하는 사람 역시 고난을 당할 수 있으므로, 사도들은 고난 당했을 뿐만 아니라, 그들의 모든 과정은 고난이었고, 그들의 태도(bearing)는 복종이었습니다. 그들은 권위에 대한 반역을 설교하지 않았습니다.

반대로 그들은 권위의 권세를 인정했습니다.[29] 그러나 고난 당하는 중에 사람들보다 하나님께 더욱 순종했습니다. 그들은 어떤 형벌로부터 면제되기를 요구하지도 않았습니다. 그들은 벌받는 것을 불평하지도 않았습니다. 그러나 그들은 벌을 받으면서도, 계속해서 그리스도를 선포했습니다. 그들은 누구도 강요하려 하지 않았습니다. 그러나 그들 자신이 정복된 상태가 되었고, 그들 자신을 정복된 상태로 내어 줌으로써 승리했습니다.

그 관계가 이런 것이 아니라면, 담대함은 놀라운 일을 수행할 수도 없습니다. 왜냐하면 놀라운 일이란 바로 이것이기 때문입니다. 곧, 모든 사람에게 파멸처럼 보이는 것이 사도들에게는 승리라는 것. 담대함이 이보다 더 적을 때, 담대함은 행동하기를 원하고, 스스로 옳은 것을 하고자 합니다. 그리고 담대함은 사람들이 옳은 것을 인정하도록 강요하고 싶어 합니다.

그때, 담대함은 고난 당하는 중에 광기의 순교(the martyrdom of madness)를 견딜 수 없고 견디지도 않을 것입니다. 곧, 온 세상이 파멸이라고 부르는 것, 그것이 파멸이라는 믿음으로 온 세상이 공들이고 있는 것, 하나님에 의한 믿음의 비밀에서, 이것은 승리라는 것, 이것을 견딜 수 없습니다. 온 세상이 망신이라고 부르는 것, 그것이 망신이라고 생각하며 온 세상이 공들이고 있는 것, 하나님에 의한 믿음의 비밀에서, 이것은 영광이라는 것, 이것을 견딜 수 없습니다.

"그때, 사도들은 그리스도의 이름을 위하여 능욕 받는 일에 합당한 자로 여김을 기뻐하면서 공회 앞을 떠나갔습니다."

이것은 그 마음이 하나님에 대한 신뢰 가운데 있는 사도들의 가장 깊은 확신(conviction)입니다. 이것은 표현의 차분함(coolness) 속에 불타고 있는 열정의 열기를 숨기려 할 때처럼, 부자연스러운 언급이 아닙니다. 우리는 사도들이 말한 것들 중에서 인간에 대한 어떤 적대감도 찾을 수가 없습니다.

그들은 하나님과 화해하고 있기 때문에, 그들이 희생당하고 있다는 생각과 화해하고 있기 때문에, **그래서 그들은 오로지 하나님과의 관계에만 사로잡혀 있기 때문에, 그들은 사람들과의 관계를 완전히 망각해 버렸던 것입니다.** 그들은 실제로 사람들과 싸우지 않습니다. 실제로 사람들의 행동은 그들의 관심 밖에 있습니다. 사람들의 행동은 기껏해야 하나님과의 관계를 시험하는 기회로서 작용할 뿐입니다. 오직 이것에만 사로잡혀, 그들은 자신의 삶을 삽니다.

바울은 아그립바 왕을 판단하지 않았습니다.[30] 대화하면서 그를 공격하지도 않았고, 한마디 말로도 그에게 상처를 주지도 않았습니다. 반대로 바울은 그를 부드럽게 상대했습니다. 그가 다음과 같이 말할 때, 그의 말은 부드럽고 달래는 듯 했습니다.

"말이 적으나 많으나, 당신뿐만 아니라 오늘 내 말을 듣는 모든 사람도 다 이렇게 결박된 것 외에는 나와 같이 되기를 하나님께 원하나이다."[31]

사도는 고난을 당합니다. 그는 사람들과 싸우지 않습니다. 이는 교만하게, 건방지게 그들의 공격 위로 자기 자신을 들어올리기 때문이 아닙니다. 결코 그렇지 않습니다. 오히려 그는 유일하게 자기 자신과 하나님과의 관계에 사로잡혀 있기 때문입니다. 이것은 동시에 고난 당하는 동안 기분전환의 영원하고 확실한 수단일 뿐만 아니라 최고의 높임(elevation)입니다. 온 세상이 그들의 모든 능력을 집중시켜 사도들을 공격할 때, 세상은 동등한 상태에서 그와 싸워 이길 수 없습니다. 왜냐하면 사도는 지속적으로 제삼자의 입장이기 때문입니다. <u>그에게 단순하고 유일하게 가장 중요한 것, 그에게 모든 것이 되는 것, 그것은 하나님과의 관계이기 때문입니다.</u>

보십시오. 인간적으로 말해 결백하지만 사형 선고를 받는 것, 그러나 그의 입술로 재치 있는 말을 하고 죽는 것,[32] 그것은 자랑스러운 승리입니다. 또한 그것이 이교도의 승리입니다. 그것은 또한 인간과 인간의 관계에서 최고의 성취입니다. 그러나 조심하십시오. 하나님이 생략되었을 때, 전체 인생과 그 인생의 가장 위대한 장면들이 근본적으로 놀이일 때, 왜냐하면 하나님이 그 놀이에 참가하지 않으셨으니까요, 하나님이 참여하신다면, 그때 인생은 진지해집니다.

그렇지만, 사도는 다른 모든 것을 생략합니다. 다른 모든 것은 망각합니다. 다른 모든 것은 보지도 않고, 듣지도 않고, 느끼지도 않습니다. 다만, 그는 하나님만을 바라봅니다. 이것이 우리가 순교자들로부터 이런 겸손한 말을 듣는 이유입니다.

"내가 십자가에 달려 죽기에 합당한 자로 여기시고 이를 허락하신 하나님께 감사를 드립니다."[33]

이런 말은 사람들을 조롱하기 위해 말한 것이 아닙니다. 이 겸손한 순교자를 위해서 사람들이 단순히 참석하고 있는 것이 아닙니다. 그는 그들과 하등의 관련이 없습니다. 그들의 모든 악의와 무시에도 무관심합니다. 그들을 이기고 승리할 것을 구하지도 않았습니다. 결국 자신이 더 강한 자라는 것을 보여주려 하지도 않았습니다.

아, 아닙니다. 그는 하나님을 의지했습니다. 최후의 순간에서조차, 그가 올바르게 그의 과업을 완수하고 있는지에 대한 어떤 두려움과 떨림[34]도 없었을 뿐만 아니라, 이런 수치스러운 죽임을 당하기에 합당한 자로 여기면서 하나님 앞에 감사를 드렸습니다.

보십시오. 순교자 주위에 성난 군중들이 모여듭니다. 그들은 이 사건이 자신들과 순교자 사이에 벌어진 일이라고 믿습니다. 그들은 이 최후의 순간에서조차 그를 비웃고 고난 당하는 자로부터 울부짖는 소리를 듣거나 경멸적인 말이 나오기를 기다립니다. 거기에 다른 누군가가 참석했다는 것은 군중들의 눈에는 숨겨집니다. 그러나 순교자는 오직 하나님만 보고 있으며 오직 하나님과 대화한다는 사실입니다. 그의 말은 마치 착각에 빠진 군중들을 조롱하고 있는 것처럼 들려집니다. 그러나 그는 그런 식으로 말한 것은 아닙니다. 순교자는 하나님과 대화하기 때문입니다. 그는 이런 고난 당하는 것을 합당하게 여기며 하나님께 감사하고 있습니다.

이 말이 기적을 일으킵니다. 그가 십자가에서 내려온 것이 아닙니다. 그러나 그는 훨씬 더 놀라운 무언가를 합니다. 그는 담대함의 도움을 받아 언어를 변화시킵니다. 아무리 언어의 고상한 구절도 이 순교자의 결백을 서술하기에는 부적합할 때, 이 문제에 대해서, 인간적으로 말해서, 이 순교자의 보상(reward)도 서술하기에 부적합할 때, 왜냐하면 그는 사람하고는 아무런 관련도 없으며 하나님 앞에만 있기 때문에, 그는 자신이 무엇이든 보상을 받을 만한 자격이 없다고 느낍니다.

그는 사람들과 상대했던 회계장부를 찢어버립니다. 그들의 모든 잘못은 그들에게 맡기고 겸손하게 하나님께 감사합니다. 나머지 우리들은 선한 일들에 대하여 하나님께 감사를 드리는 반면, 그는 십자가에 달리는 은혜에 대하여 감사를 드립니다. 이 놀라운 언어, 이 놀라운 고상함이여! 광기(madness)의 정점에서 이런 담대함이 있을 수 있다니!

그러나 나의 독자, 십자가에 달린 것에 대하여 하나님께 감사하는 것이 무엇을 의미하는 것인지 생각해 보십시오! 세상이 조금만이라도 우리에게 반대한다면, 우리는 징징거리며 불평합니다. 우리는 권리를 주장하는 데 바쁘고, 우리가 옳았다는 것을 자랑스러워합니다. 그러나 우리가 정직하고 싶다면, 결과적으로 사도의 이 말을 광기라고 부르는 데에 가까이 있다는 것을 고백해야 합니다!

사도들은 채찍질을 당하고 난 후, "기뻐하면서 공회 앞을 떠나갔습니다." 그들은 실제로 기뻐했습니다. 그것은 세상이 바라보고 있는 동안의 거짓된 모습이 아니었습니다. 그들은 자신들이 세상을 얼마나 경멸하는지 세상에 보여주기 위해 기뻐하며 공회 앞을 떠난 것이 아니었습니다. 아니, 그들은 실제로 기뻐했습니다. 진실로 어떤 소녀도, 사도들이 채찍질당한 날만큼이나, 하나님과의 약혼식을 거행했던 그런 수많은 날만큼이나, 그녀의 약혼식을 거행했던 날을 기뻐하지 못했습니다.

우리가 사는 세상

승리의 관점(triumphal view)을 인정하는 사람은 물론 승리의 날에 기뻐합니다. 승리했기 때문만이 아니라, 그에게 승리는 실제로 선택하려고 계획했던 그 길을 따라가고 있다는 확증(confirmation)이기 때문입니다. 그가 기다려 왔던 것이 지금 일어났기 때문입니다. 그러나 **전투의 관점**(militant view)을 인정하는 사람은 핍박의 날에 기뻐합니다. 왜냐하면 그가 틀림없이 기다려 왔던 것이 지금 일어나고 있기 때문입니다. 이것은 그의 전체 관점과 조화를 이룹니다.

첫 번째 사례에서의 승리는 행운의 우연한 몫이 아니라 본질입니다. 두 번째 사례에서, 기쁨은 고난이 불행의 우연한 몫처럼 되어 있는 것이 아니라 본질처럼 되어 있다는 데에 있습니다. 저 첫 번째 사람이 승리를 거머쥐는 데에 실패한다면, 그는 확실히 자신 안에서 결점을 찾았을 것입니다. 두 번째 사람이 핍박을 받는 데에 실패한다면, 그는 아마도 자신에게서 결점을 찾았을 것입니다. 적어도 인생에 대한 관점을 갖는다는 것이 무엇인지, 그 관점으로 살아간다는 것이 무엇인지에 대한 개념을 갖고 있지만, 반대로 어리석고 사소한 것들의 불확실성 가운데 사는 것에 대하여 익숙하지 않는 누구나 이것을 이해하는 것은 너무나 쉽습니다.

그리고 지금 사도가 있습니다! 그는 거룩하신 자[35]가 십자가에 달리신 것을 보았습니다. 그는 구주이자 주님께서 능욕 받을 때, 온 세상의 악과 타락이 밝히 드러나는 것을 보았습니다. 이런 깊은 인상을 받고 사도는 세상 속으로 들어갔습니다.

가능하다면, 이것을 상상하기 위해 노력해 보십시오. 곧, 이 사람이 같은 세상이 같은 방식으로 그를 다룰 것을 원해야만 한다는 것, 이 사람이 핍박을 받지 않았다면, 낙심하고 몹시 괴로워하며 자기 자신을 고발해야만 하는 것, 반면에 그는 오직 한 가지만을 두려워할 수 있습니다. 십자가에 달리는 것이 어마어마한 영광이 되지 않고 있는 것은 아닌지! 이 사람이 이것 외에 다른 것을 할 수 있는지 상상해 보십시오!

이것을 시험해 보십시오! 두 명의 강도들 사이에서 거룩하신 자가 범죄자로 십자가에 달린 것에 대한 이 메시지를 세상에 선포하고 있는 이 사람, 그가 찬란한 영광의 자색 옷을 입고 있었다는 것, 그가 세상의 모든 재물을 소유하고 있었다는 것, 거룩하신 자의 나라는 이 세상에 속하지 않았다는 그분의 가르침을 선포해야만 하는 것,[36] 이런 것들을 상상해 보십시오!

이것을 시험해 보십시오! 당신이 이 시험을 견딜 수 있는지, 이와 같은 단순한 생각이 사도에 대한 건방진 조롱을 담고 있기 때문에, 당신은 시험당하는 것을 거부해야만 하는 것은 아닌지. 그러나 이 경우, 당연한 것처럼 하나님 앞에서 신실한 사도들은 채찍질을 당하고도 기뻐했습니다.

혹은 기독교에 대한 사도적 선포가 그들이 말한 대로 빠르게 승리했다는 것을 상상해 보십시오. 어떤 사도는 후대 시대가 시험당했던 위험을 경험할 수 있었다고 상상해 보십시오. 그들에게 능력과 영광과 권세가 제공되었습니다. 그것은 그리스도의 선포를 중단하기 위한 것이 아니고 그분을 선포하기 위한 것입니다. 사도가 실제로 이것을 이해했다고 확신할 수 있는지

나는 궁금합니다.

범죄자 취급을 받았던 주님께서, 진실로 "선생보다 높지 않은"[37] 제자 취급을 받았던 주님께서 영광과 높은 지위를 획득했다는 것을 상상이나 할 수 있었는지 나는 궁금합니다. 그분이 삶과 기독교에 대한 전투의 관점을 확신하는 대신에, 승리의 관점을 확신할 만큼 많이 바뀔 수 있는지 나는 궁금하다.

승리의 관점은 평균적인 대부분의 사람들에서, 사람들의 대다수는 진리에 속한다고 가정합니다. 바로 이런 이유 때문에 능력과 영광의 소유는 탁월하게 선하다는 증거입니다. 그러나 전투의 관점은 선은 패배해야만 한다고 가르칩니다. 그러므로 선의 종은 핍박받고, 모욕을 당하고, 범죄자나 얼간이처럼 취급받습니다. 아, 그들은 이렇게 알려지고, 바로 이런 이유로 해서 그들은 영광과 능력을 바라지도 않습니다. 왜냐하면 그것은 그들의 관점과 관련하여 허위 인정(false admission)을 포함하고 있기 때문입니다.

담대함으로 영광과 능력을 소유할 수 있는 유일한 사람은 인간 종족이 평균적으로 선하다고 납득된 자입니다. 그것은 언젠가는 맞을 수도 있습니다. 그러나 그때 영광과 능력을 소유할 만한 가치가 있을 때, 그것을 원하지 않는 것, 그것은 결국 병적으로 왜곡된 열정의 증거일 것입니다.

사도들은 채찍질을 당하고도 기뻐했습니다. 그리고 그들은 진실하게 기뻐했습니다. 그들은 "모든 희생은 불로써 소금 치듯 함을 받으리라."[38]는 말씀을 생각하고 있었을 것입니다. 아마도 사도들에게는 조금 적게 노출되는 위험이 있을 수 있습니다. 그 당시의 위험은 매일 그리고 매 순간마다 생사를 건 싸움의 문제였기 때문입니다. 그럼에도 불구하고, 조롱을 당하고 핍박을 당하고도 사도들이 기뻐할 수 있었던 것을 더 잘 이해하기 위해 이 위험을 깊이 생각해 봅시다.

평화로운 상황에서, 모든 것은 더욱 안전한 것처럼 보일 때, 사람들이 "평화로다, 평화로다!"[39]라고 말할 때, 일시성이 겉보기에 마술 주문처럼 (magic spell) 되었을 때, 위험은 훨씬 더욱 가까워집니다. 그래서 사람은 스스로 성령님을 망령되이 일컫는 방향으로 기울게 되고 다른 사람들도 그렇게 하도록 그를 돕게 됩니다.

그때 그런 날이 오게 되면, 사람들은 소위 하나님으로부터 능력을 받았던 사람들을 감탄하게 될 것입니다. 그의 보기 드문 탁월성에 감탄하게 될 것입니다. 사람들은 그 모든 것이 하나님의 선물이라는 것을 망각하고, 또한 능력을 선물로 받은 자가 그것을 잊도록 도울 것입니다.

그때 사람들은 서로에게서 영광을 취하고,[40] 감탄 게임(wonder game)[41]를 하게 될 것입니다. 또한 그들은 서로 감탄하고 감탄을 받으며, 일상생활의 틀에 박혀 자신의 삶을 낭비하게 될 것입니다. 이것은 실존을 맛있게 하지 못합니다. 왜냐하면 그들의 삶에는 소금이 없기 때문입니다. 이것은 실존을 하나의 사탕(confection)으로도 만들지 못합니다. 왜냐하면 그들의 삶에는 진지함(earnestness)이 없기 때문입니다.

사도가 이와 같은 것을 경험했는지 상상해 보십시오. 이 세상에서 누구도 부여받을 수 없는 권한을 수여받았고, 하나님 앞에서 무(nothing)가 되었다는 것[42]을 언제나 겸손하게 깨달았던 그를 상상해 보십시오. 사람들이 그에게 허락된 은혜의 선물을 망령되이 일컫고 같은 짓을 하도록 돕고 있는 것을 그가 발견했다고 상상해 보십시오. 사람들은 그를 자주색 옷과 화려한 보석으로 치장하기를 원한다는 것을 그가 발견했다고 상상해 보십시오.

그가 거룩한 진노로 이 보석들의 연결된 사슬들을 다 박살내어 버리지는 않을지 나는 궁금합니다. 실존이 속(pith)이 꽉 차 있었고 풍미(flavor)가 있었을 때, 사도가 채찍질을 당하고도 기뻐하며 떠났고 그것에 대하여 틀림없이 기뻐할 수밖에 없었을 때, 그는 자신이 느꼈던 기쁨을 슬프게 생각했던 것은 아닌지 나는 궁금합니다!

우리는 담대함이 이런 승리의 능력을 갖고 있다는 생각 속에 있는 기쁨에 대하여 깊이 생각했습니다. 우리는 또한 사도들이 이런 생각 중에 자기 자신을 어떻게 이해했는지 상기해 보았습니다. 우리는 이 생각 속에 담겨 있는 승리의 기쁨, 이 기쁨을 감히 누구에게서도 억제하지 못합니다. 담대함이 이 능력을 갖고 있다는 것을 감히 숨길 수도 없었습니다. 그러나 또한 이 능력에 대해 부주의하게 헛된 말로 말할 수도 없었습니다.[43] 반대로, 가능하다면 최선을 다하여 억제하는 영향력을 행사하기 위해 이 기쁨에 진지한 반성의 무게를 더하여 왔던 것입니다.

[44]이 기쁜 생각은 어떤 방식으로든 아무런 위험 없이 사용할 수 있고 가벼운 감기에도 사용할 수 있는 소위 그런 해가 없는 치료약(remedy)과 같은 것이 아닙니다. **이 기쁜 생각은 강한 약과 같기 때문에 이 약의 사용은 어떤 위험과 관련이 있습니다. 그러나 제대로 사용하게 된다면, 이 약은 죽음에 이르는 병으로부터 구원할 수 있는 약입니다.**[45]

그러나 진실로 우리 시대에 그가 그리스도를 위해 고난 당하고 있다고 감히 신실하게 말할 수 있는 경우는 거의 없습니다. 우리는 이교도의 세상과 사도들과의 관계를 감히 우리에게 적용시킬 수 없다는 것을 명심하는 맨 정신(sobriety)을 반복적으로 칭찬하고 있습니다. 그러나 그리스도를 위하여 고난 당하는 일이 극히 드물다 하더라도, 그 일은 종종 일어날 수 있습니다. 그리고 사람이 "뒤로 물러가 파멸에 이르기를"[46] 원치 않는다면, 이 일은 모든 인간에게 일어날 수 있습니다. 그리하여 그는 확신(conviction)으로 고난을 당하게 될 수 있습니다.

그러나 담대함(bold confidence)의 도움을 받지 않는 한, 올바른 방법으로 이 확신의 싸움을 하는 것은 불가능합니다. 위험과 비례하여 위로부터 오는 담대함[47]을 주는 것은 우리의 소망과 우리의 믿음입니다. 그러나 담대함은 사소한 위험들에서도 필요합니다.

따라서 당신이 누구이든, 당신의 확신을 요청하고 있는 어떤 것을 지니고 있다면(그것이 없다면, 그것은 당신에게는 슬픈 일입니다), 그리고 당신이 그 확신을 위한 싸움이 필요하다면, 세상의 도움이나 사람들의 도움을 구하지 마십시오. 진실로 이 도움은 기만적입니다. 때로는 이 도움이 우리를 실망시키고 가장 어려운 순간에 우리에게 나타나는 데에 실패했다는 점에서 기만적이고(이것은 진정한 위험도 아니다), 이 도움이 풍부하게 주어질 때(이것이 진정한 위험이다), 이 도움은 선한 목적(the good cause)을 질식시켜 버린다는 점에서 기만적입니다. 많은 목적들이 세상의 도움을 받는 데에 실패했기 때문에 상실될 수 있는 것처럼, 많은 목적들이 세상이 도울 수 있도록 허용했기 때문에 파멸됩니다.

아닙니다. 하나님 앞에서 담대함을 구하십시오. 당신이 아마도 확신으로 고난 당하고 있다면, 혹은 확신으로 고난 당하기 위해 준비하고 있다면, 혹은 심각하게 사람들에게 벌어질 수 있는 일에 대하여 생각하고 있다면, 그때 잠시 동안만이라도 이 강화의 주제인 기쁨의 진리로 즐거워하십시오. 그러나 실수하지 마십시오. 이 기쁨 중에 만족하지 마십시오. 오히려 진지하게 하나님 앞에서 담대함을 얻기 위해 노력하십시오. 그러면 기쁨은 한층 더 풍부하게 당신에게 오게 될 것입니다.

확신(Overbeviisningen)은 세상에 급하게 내놓을 일이 아닙니다. 아, 미성숙한 사람이 미성숙한 확신을 내놓아 많은 혼란과 피해를 입혔습니다. 아닙니다. 확신이 침묵 속에서 자라나도록 하십시오. 그러나 확신이 하나님 앞에서 담대함과 함께 자라나도록 하십시오. 그때 어떤 위험이 당신에게 닥치든, 당신은 담대함이 할 수 있는 것을 확신하게 될 것입니다.

대팻밥에서의 불꽃은 물 한 잔으로 끄면 그만입니다. 그러나 불이 집안 전체로 퍼질 만큼 시간을 갖게 되면, 우리가 깊은 한 숨을 쉴 때(이 예화에서 일어나는 일은 우리의 정신의 경험에서도 일어난다), 그 불은 즉시 모든 것을 불태워버립니다. 그때 소방관은 말합니다.

"여기에서는 더 이상 할 수 있는 일이 아무것도 없습니다."

소방관이 불이 모든 것을 정복했다고 말할 때, 그것은 매우 슬픈 일입니다. 그러나 모든 것을 정복한 불이 확신의 불일 때, 그것은 기쁩니다. 그때 그들의 적이 말합니다.

"여기서는 더 이상 할 수 있는 일이 아무것도 없습니다."

다시 말해, 확신의 불이 사람 속에서 천천히 타오를 만한 시간이 있다면, 그 순간이 올 때까지, 곧 우리가 깊은 한숨을 쉴 때, 순식간에 확신의 불은 담대함의 불을 뿜어버립니다. 그때, 담대함은 고난 당하는 중에(그리고 어떤 의미에서 확신을 위한 열정(zeal)이 불처럼 사람을 소멸시킬 때, 정말로 고난은 분명하다) 세상으로부터 능력을 빼앗고 그 능력으로 수치를 영광으로, 파멸을 승리로 바꿉니다.

따라서 우리 각각은 이런 귀중한 보석(gem)을 굳게 지킵시다. 누구도 우리에게서 담대함을 빼앗지 못한다는 담대함에 대한 기쁜 생각을 굳게 지킵시다. 가장 위대한 결단으로 시험을 당한 이런 영광스러운 사람들[48]의 문제와 비교할 때, 세상에서 우리의 노력이 시시한 문제들이라는 것을 우리가 기꺼이 인정하게 된다 하더라도 그리합시다. 반면에, 우리가 이 시시한 싸움에서 담대함을 잃게 된다면, 그때 그것은 결코 시시한 문제가 아닙니다.

01 마태복음 10:32, "누구든지 사람 앞에서 나를 시인하면 나도 하늘에 계신 내 아버지 앞에서 그를 시인할 것이요." 이 말씀에서 '시인하다'라는 말은 헬라어로 ομολογηση가 사용되었다. 이 단어는 성경에서 일반적으로 '고백하다', '시인하다', '증언하다'라는 의미로 쓰인다. 또한, 다음을 참고하라.

누가복음 12:8, "내가 또한 너희에게 말하노니 누구든지 사람 앞에서 나를 시인하면 인자도 하나님의 사자들 앞에서 그를 시인할 것이요."

디모데전서 6:12, "믿음의 선한 싸움을 싸우라. 영생을 취하라. 이를 위하여 네가 부르심을 받았고 많은 증인 앞에서 선한 증언(ομολογιαν)을 하였도다.

02 마태복음 10:33, "누구든지 사람 앞에서 나를 부인하면 나도 하늘에 계신 내 아버지 앞에서 그를 부인하리라."

03 이 단어는 일반적으로 '내면성'으로 옮기고 있으나, 내면(indre), 영적인 삶(åndeligt liv) 혹은 경건(fromhed)과 같은 의미로도 쓰인다. 따라서 여기에서는 '경건'으로 옮긴다.

04 예를 들어 판옵티콘(panopticon) 같은 것을 생각할 수 있다. 이는 죄수를 감시할 목적으로 만든 감옥을 말한다.

05 초대 교회 당시에, 판사 앞에 불려가 고문을 당했지만 순교하지 않은 그리스도인들을 일컬어 "고백하는 자들"이라고 불렀다. 예로, 다음을 참고하라. Tertullian, Aplogy, II; Qu. Sept. Flor. Tertullian Opera, I-IV, ed. E. F. Leopold (Leipzig: 1839; ASKB 147-50), I, pp. 56-59; The Ante-Nicene Fathers, III, pp. 18-20.

06 디모데후서 1:7, "하나님이 우리에게 주신 것은 두려워하는 마음이 아니요, 오직 능력과 사랑과 절제하는 마음이니"

또한, 다음을 참고하라. Four Upbuilding Discourses(1844), in Eighteen Discourses, pp. 347-75, KW V (SV V 124-48).

07 로마서 10:2, "내가 증언하노니 그들이 하나님께 열심이 있으나 올바른 지식을 따른 것이 아니니라"

08 이 부분은 하나님을 의미한다.

누가복음 16:15, "예수께서 이르시되 너희는 사람 앞에서 스스로 옳다 하는 자들이나, 너희 마음을 하나님께서 아시나니 사람 중에 높임을 받는 그것은 하나님 앞에 미움을 받는 것이니라."

또한, 다음을 참고하라. 사도행전 1:24, 15:8

09 고린도후서 13:5, "너희는 믿음 안에 있는가 너희 자신을 시험하고 너희 자신을 확증하라. 예수 그리스도께서 너희 안에 계신 줄을 너희가 스스로 알지 못하느냐? 그렇지 않으면 너희는 버림받은 자니라."

또한 고린도전서 11:28을 참고하라. "사람이 자기를 살피고 그 후에야 이 떡을 먹고 이 잔을 마실지니"

10 이 부분은 그 당시에 절대왕정, 절대군주제의 폐지와 관련이 있다. 덴마크는 나폴레옹 전쟁에서 프랑스 편에 서게 된다. 따라서 프랑스가 절대왕정을 폐지하고 입헌군주제를 도입할 무렵, 덴마크에서는 프레데리크 7세의 절대왕정이 비판의 대상이 된다. 1842년에 입헌적 대의정치를 주장하는 국민자유당이 결성되고, 1849년 프레데리크 7세는 전제정치를 포기하고 자유헌법을 성립시켜 입헌 군주제를 수립하였다.

11 이 단락의 남아 있는 부분과 이후에 나오는 단락은 다음을 참고하라.

그리고 권력에 굶주린 폭군, 그런 사람이 기라도 한다면, 쉽게 전복될 수 있다. 그러나 이 악한 영은, 우리가 스스로 떠올리고 있는 바, 이 악한 영은, 어떤 개인에게 머무는 것도 아니고 어떤 각 개인도 아니고 은밀히 돌아다니면서 계속해서 사냥감을 찾는 바, 겁이 많은 존경심을 갖고 있는 이 악한 영은 다시 제거하기 어렵다.

Pap. VII1 B 188:2 n.d., 1846

12 이 부분은 아마도 헤겔의 "시대 정신"에 대한 비판인 것처럼 보인다. 키르케고르는 시대정신을 "악한 영," 혹은 "귀신"이라고 비판한다. 다음 자료를 참고하라. 《자기 시험을 위하여》 이창우 역 (서울: 샘솟는기쁨, 2018), 131-2.

13 이 부분은 사도행전 5:17-42의 설명을 간단하게 요약한 것이다.

14 이 단어는 여기에서 중요하게 사용되고 있다. 덴마크어로는 frimodighed이고, 헬라어로는 παρρησια이고, 한글개역 성경에서는 '담력', '담대함'으로 번역되었다. 성서에서 이 단어의 사용은 다음과 같다. 행 4:13, 29, 31; 14:3; 28:31, 고후 3:12; 7:4, 엡 6:19-20, 빌 1:20, 딤전 3:13, 히 3:6; 4:16; 10:19, 35, 요일 2:28; 3:21; 4:17; 5:14

15 빌립보서 3:19를 참고하라. "그들의 마침은 멸망이요, 그들의 신은 배요, 그 영광은 그들의 부끄러움에 있고 땅의 일을 생각하는 자라."

16 요한복음 3:20, "악을 행하는 자마다 빛을 미워하여 빛으로 오지 아니하나니 이는 그 행위가 드러날까 함이요."

17 로마서 1:32, "그들이 이 같은 일을 행하는 자는 사형에 해당한다고 하나님께서 정하심을 알고도 자기들만 행할 뿐만 아니라 또한 그런 일을 행하는 자들을 옳다 하느니라."

18 요한복음 16:2, "사람들이 너희를 출교할 뿐만 아니라, 때가 이르면 무릇 너희를 죽이는 자가 생각하기를 이것이 하나님을 섬기는 일이라 하리라."

19 이것은 다음을 암시한다.

빌립보서 1:12-14, "형제들아, 내가 당한 일이 도리어 복음 전파에 진전이 된 줄을 너희가 알기를 원하노라. 이러므로 나의 매임이 그리스도 안에서 모든 시위대 안과 그 밖의 모든 사람에게 나타났으니, 형제 중 다수가 나의 매임으로 말미암아 주 안에서 신뢰함으로 겁 없이 하나님의 말씀을 더욱 담대히 전하게 되었느니라."

에베소서 3:13, "그러므로 너희에게 구하노니 너희를 위한 나의 여러 환난에 대하여 낙심하지 말라. 이는 너희의 영광이니라."

디모데후서 2:9-10, "복음으로 말미암아 내가 죄인과 같이 매이는 데까지 고난을 받았으나 하나님의 말씀은 매이지 아니하니라. 그러므로 내가 택함 받은 자들을 위하여 모든 것을 참음은 그들로 그리스도 예수 안에 있는 구원을 영원한 영광과 함께 받게 하려 함이라."

20 디모데후서 2:9-10, "복음으로 말미암아 내가 죄인과 같이 매이는 데까지 고난을 받았으나 하나님의 말씀은 매이지 아니하니라. 그러므로 내가 택함 받은 자들을 위하여 모든 것을 참음은 그들도 그리스도 예수 안에 있는 구원을 영원한 영광과 함께 받게 하려 함이라."

또한, 다음을 참고하라. 빌립보서 1:12-30

21 사도행전 5:41, "사도들은 그 이름을 위하여 능욕 받는 일에 합당한 자로 여기심을 기뻐하면서 공회 앞을 떠나니라."

22 고린도전서 14:2, "방언을 말하는 자는 사람에게서 하지 아니하고 하나님께 하나니 이는 알아듣는 자가 없고 영생으로 비밀을 말함이라."

23 고린도전서 4:3, "너희에게나 다른 사람에게나 판단 받는 것이 내게는 매우 작은 일이라 나도 나를 판단하지 아니하노니"

24 빌립보서 3:7-8, "그러나 무엇이든지 내게 유익하던 것을 내가 그리스도를 위하여 다 해로 여길뿐더러, 또한 모든 것을 해로 여김은 내 주 그리스도 예수를 아는 지식이 가장 고상하기 때문이라. 내가 그를 위하여 모든 것을 잃어버리고 배설물로 여김은 그리스도를 얻고"

25 이 부분은 예수 그리스도를 말한다.

26 이 단어는 신약 성경에 등장하는 유대식 표현으로 '사람들'을 나타내는 비유적인 표현이다. 다음을 참고하라. 마태복음 16:17, 갈라디아서 1:16, 에베소서 6:12

27 이 부분은 고린도전서 4:9의 "세상의 구경거리," 13절의 "만물의 찌꺼기"라는 표현을 인용한 것이다.

28 고난 당하는 담대함과 행동하기 원하는 담대함으로 나누어 이해해야 한다.

29 로마서 13:1-2를 참고하라. "각 사람은 위에 있는 권세들에게 복종하라. 권세는 하나님으로부터 나지 않음이 없나니 모든 권세는 다 하나님께서 정하신 바라. 그러므로 권세를 거스르는 자는 하나님의 명을 거스름이니 거스르는 자들은 심판을 자취하리라."

30 사도행전 26:1-29을 참고하라. 본장은 바울이 아그립바 왕에게 이송되었을 때, 그의 최후 변증에 대해 다루고 있다. 베스도와 아그립바 왕, 그리고 수많은 고관대작이 도열했을 이 재판에서 그는 사적인 변호에 급급하지 않고 복음 전파의 기회로 이용한다.

31 사도행전 26:29, "바울이 이르되 말이 적으나 많으나 당신뿐만 아니라 오늘 내 말을 듣는 모든 사람도 다 이렇게 결박된 것 외에는 나와 같이 되기를 하나님께 원하나이다 하니라."

32 다음을 참고하라. Plato, Phaedo, 118 a; Platonis quae exstant opera, I-XI, ed. Friedrich Ast (Leipzig: 1819-32; ASKB 1144-54), I, pp. 618-19; Udvalgte Dialoger af Platon, I-VIII, tr. Carl Johan Heise (Copenhagen: 1830-59; ASKB 1164-67, 1169[I-VII]), I, pp. 124-125; The Collected Dialogues of Plato, ed. Edith Hamilton and Huntington Carins (Princeton: Princeton University Press, 1963), p. 98. 플라톤, 《소크라테스의 변명•크리톤•파이돈•향연》 박문제 역 (파주: 현대지성, 2021), 210-1(118a).

어느새 허리 부분까지 거의 차가워졌을 때, 그분은 자신의 얼굴을 덮고 있던 것을 벗겨내시고는, 이렇게 말씀하셨소. 그것이 선생님이 마지막으로 하신 말씀이었지요. "크리톤, 우리는 아스클레피오스에게 수탉 한 마리를 빚지고 있으니, 그 빚을 소홀히 하지 말고 반드시 갚게나." 크리톤은 "그건 그렇게 할 것이니, 다른 할 말이 있는지 한번 생각해보게."라고 말씀했지요.

그분은 이 질문에 아무런 대답도 하지 않으셨고, 조금 후에 경련을 일으키셨지요. 그 사람이 그분의 얼굴을 덮고 있던 것을 치우자, 그분의 눈은 정지되어 있었지요. 크리톤은 그것을 보고서, 그분의 입을 오므려 드리고 눈을 감겨 드렸습니다. 에케크라테스, 우리의 동반자, 그러니까 우리가 지금까지 겪어본 사람들 중에서 가장 훌륭하고, 게다가 가장 지혜로우며 가장 정의로운 인물이라고 감히 말할 수 있는 그런 분의 최후는 이러했소.

33 이 부분은 출처가 명확하지 않다. 아마도 순교하며 고난 당하기 전, 서머나의 감독 폴리캅의 기도인 것처럼 보인다. 그는 순교의 순간에 다음과 같이 기도했다고 한다.

"오, 주님 저를 구원해주시고 이렇게 순교자의 반열에까지 세워주시니 얼마나 큰 은혜입니까? 이제 저를 받아주옵소서!"

34 빌립보서 2:12-13을 암시하고 있다.

35 예수 그리스도를 의미한다.

36 요한복음 18:36, "예수께서 대답하시되, 내 나라는 이 세상에 속한 것이 아니니라. 만일 내 나라가 이 세상에 속한 것이었더라면 내 종들이 싸워 나로 유대인들에게 넘겨지지 않게 하였으리라. 이제 내 나라는 여기에 속한 것이 아니니라."

37 마태복음 10:24, "제자가 그 선생보다, 또는 종이 그 상전보다 높지 못하나니"

누가복음 6:40, "제자가 그 선생보다 높지 못하나 무릇 온전하게 된 자는 그 선생과 같으리라."

38 마가복음 9:49, "사람마다 불로써 소금 치듯 함을 받으리라."

39 예레미야 6:14, "그들이 내 백성의 상처를 가볍게 여기면서 말하기를 평강하다 평강하다 하나 평강이 없도다."

데살로니가전서 5:3, "그들이 평안하다, 안전하다 할 그 때에 임신한 여자에게 해산의 고통이 이름과 같이 멸망이 갑자기 그들에게 이르리니 결코 피하지 못하리라."

40 요한복음 5:44, "너희가 서로 영광을 취하고 유일하신 하나님께로부터 오는 영광은 구하지 아니하니 어찌 나를 믿을 수 있느냐?"

41 이것은 덴마크어로는 Forundrings-Legen이다. 예를 들어, 다음을 참고하라. Early Polemical Writing, p. 24, KW I (SV XIII 28); Fragments, pp. 52, 80, KW VII (SV IV 219, 244).

42 고린도후서 12:11, "내가 어리석은 자가 되었으나 너희가 억지로 시킨 것이니 나는 너희에게 칭찬을 받아야 마땅하도다. 내가 아무것도 아니나 지극히 크다는 사도들보다 조금도 부족하지 아니하니라."

갈라디아서 6:3 "만일 누가 아무것도 되지 못하고 된 줄로 생각하면 스스로 속임이라."

43 디모데후서 2:16-17을 암시한다. "망령되고 헛된 말을 버리라. 그들은 경건하지 아니함에 점점 나아가나니, 그들의 말은 악성 종양이 퍼져나감과 같은데 그 중에 후메내오와 빌레도가 있느니라."

44 이하의 구절은 다음을 참고하라. 원고에서;

우리는 그리스도를 고백하는 것이 정확히 기독교를 선포하는 것과 같지 않은 곳마다, 그렇게 되자마자, 기독교를 전투적으로 고백하는 실제적인 요구는 맞지 않다. 반대로, 기독교를 고백하는 이것이 정확히 다른 사람들을 판단하는 것과 같은 것을 의미한다면, 그리스도를 고백하기 원하는 것은 편파적인(sectarian) 과장이다. 그러나 그리스도를 고백하는 것이 그를 선포하는 것이 되고 마는 그런 상황을 어딘가에서 발전시킬 수 있는지 누구도 말할 수 없다.

그러나 이것이 사실이 아닌 곳에서, 그럼에도 불구하고 최고의 위로와도 같이 담대함의 능력에 대한 이 기쁜 생각이 남는다. 예를 들어, 사람은 극도의 위험에서 그가 의지할 수 있는 무기를 소유할 수 있다. 결과적으로, 사람이 그것이 필요하지 않기 때문에 그것을 사용하지 못한다 할지라도, 그는 여전히 이 무기를 갖고 있기 때문에, 어떤 극도의 위험도 발생하지 않는다는 것을 안다. 그래서 그는 절망해야 할 것이다.-Pap. VII1 B 188:4 n.d., 1846

45 요한복음 11:4, "예수께서 들으시고 이르시되 이 병은 죽을 병이 아니라 하나님의 영광을 위함이요, 하나님의 아들이 이로 말미암아 영광을 받게 하려 함이라 하시더라."

46 히브리서 10:39, "우리는 뒤로 물러가 멸망할 자가 아니요 오직 영혼을 구원함에 이르는 믿음을 가진 자니라."

47 이 부분은 야고보서 1:17을 암시한다. "온갖 좋은 은사와 온전한 선물이 다 위로부터 빛들의 아버지로부터 내려오나니 그는 변함도 없으시고 회전하는 그림자도 없으시니라."

48 1세기 초기 기독교 시대에 그들의 고백으로 인해 순교했던 순교자들을 의미한다.

색인

ㄴ

ㄷ